Beiträge zur Wissenschaft
vom Alten und Neuen Testament
Sechste Folge

Herausgegeben von
Siegfried Herrmann und Karl Heinrich Rengstorf
Heft 17 · (Der ganzen Sammlung Heft 117)

Verlag W. Kohlhammer
Stuttgart Berlin Köln Mainz

Udo Rüterswörden

Die Beamten der israelitischen Königszeit

Eine Studie zu śr und vergleichbaren Begriffen

Verlag W. Kohlhammer
Stuttgart Berlin Köln Mainz

CIP-Kurztitelaufnahme der Deutschen Bibliothek

Rüterswörden, Udo:
Die Beamten der israelitischen Königszeit : e.
Studie zu śr u. vergleichbaren Begriffen / Udo
Rüterswörden. - Stuttgart ; Berlin ; Köln ;
Mainz : Kohlhammer, 1985.
   (Beiträge zur Wissenschaft vom Alten und
   Neuen Testament ; H. 117 = Folge 6, H. 7)
   ISBN 3-17-008819-X

Vorwort

Die vorliegende Publikation ist die überarbeitete Fassung meiner Dissertation, die 1981 von der Abteilung für Evangelische Theologie der Ruhr - Universität Bochum angenommen wurde.

Allen, die ihr Zustandekommen angeregt und ermöglicht haben, möchte ich an dieser Stelle von Herzen danken: Herrn Prof. Dr. Dr. S. Herrmann, dem Betreuer der Arbeit, für seine Förderung, Herrn Prof. Dr. H. Graf Reventlow, Litt. D. für die Erstellung des Koreferates, den Herren Prof. Dr. M. Dietrich, Prof. Dr. J. Ebach, Prof. Dr. Dr. M. Görg für den Unterricht in orientalischen Sprachen, den Herausgebern der "Beiträge zur Wissenschaft vom Alten und Neuen Testament", Herrn Prof. D. Dr. K. H. Rengstorf, D.D., D.D. und Prof. Dr. Dr. S. Herrmann für die Aufnahme dieser Arbeit in ihre Reihe, den Herren Dr. R. Liwak und M. Ohst für das Mitlesen der Korrekturen, Frau S. Daum für die Erstellung der Druckvorlage; der Evangelischen Kirche von Westfalen danke ich für einen namhaften Druckkostenzuschuß.

Kiel   September 1984

INHALT

EINLEITUNG

Orientalisches, patrimoniales und modernes Beamtentum

Einer der wesentlichen Einschnitte in der Geschichte Israels ist der Übergang von der vorstaatlichen zur staatlichen Zeit. Mit der Entstehung des Staates tritt uns als neue Erscheinung das Königtum und damit verbunden das Beamtentum entgegen. Dieses zu untersuchen ist das Ziel der vorliegenden Arbeit.

Hierbei entsteht die Frage, wie denn der Begriff "Beamtentum" in der zu betrachtenden Epoche zu verstehen ist, wobei im Hintergrund die Gefahr steht, daß an einen Gegenstand eine moderne Begrifflichkeit herangetragen wird, die diesem nicht gemäß ist.

Einer Unterscheidung MAX WEBERs folgend ist zwischen dem bürokratischen und dem patrimonialen Beamtentum zu differenzieren.[1] Das moderne bürokratische Beamtentum ist gekennzeichnet durch:

das Prinzip der festen Kompetenzen

das Prinzip der Amtshierarchie und des Instanzenzugs

die Schriftlichkeit der Vorgänge

die Fachschulung der Beamten

die Beanspruchung der gesamten beruflichen Tätigkeit des Beamten

die Bindung der Amtsführung an Gesetze und Regeln.

Von Bedeutung für das moderne Beamtentum ist es, daß es einem sachlichen Zweck, etwa dem Staat, gilt, nicht jedoch auf der persönlichen Bindung, an einen Herrscher, beruht.

Hier liegt einer der wesentlichen Unterschiede zum patrimonialen Beamtentum, das gerade von einer solchen Bindung bestimmt ist. Von der Struktur her liegt ihm die Hausverwaltung des entsprechenden Herrschers zu Grunde mit Ämtern, die in ihren Entsprechungen immer wiederkehren: Hauspriester, Leibarzt, Truchseß, Kellermeister, Mundschenk, Marschall, Hausmeier, Fronvogt, Intendant, Kämmerer, Seneschall. Alle Tätigkeiten, die später durch eine Erweiterung des Herrschaftsbereiches hinzukommen, werden an geeigneter Stelle in diese Struktur integriert; so kommt die Führung des Reiterheeres zum Beispiel an den Stallaufseher (Marschall).

Ein weiterer Unterschied des patrimonialen zum bürokratischen Beamtentum besteht darin, daß die Kompetenzen nicht fest definiert sind; der einzelne Beamte

---

1   Max Weber, Wirtschaft und Gesellschaft, Studienausgabe, besorgt von J. Winckelmann, Tübingen 1976[5], S.551ff. Zur Anwendung von WEBER Kategorien auf das Beamtentum des Mittelalters s. I.-M. Peters, Art.: Beamtenwesen A.I., in: LdM I, Sp. 1720f.

1

hat zwar einen Arbeitsbereich, dessen Umfang ist jedoch veränderbar, dem Willen des Herrschers unterworfen. Somit bildet sich weder eine eindeutige Abgrenzung der Funktionen auf allen Ebenen heraus, noch entsteht ein klar gegliederter Instanzenzug, obwohl eine grobe Unter- und Überordnung durchaus existiert.

Das Amt ist persönliches Recht des Beamten, nicht Folge sachlicher Interessen. Dabei orientiert sich der Auftrag des Beamten nicht an einer - wie immer gearteten - Qualifikation, sondern der jeweilige Herrscher wählt denjenigen aus, dem er die Aufgabe zutraut und dem er vertraut, meist einem Mitglied des Hofstaats oder einem Tischgenossen; entscheidend ist die Nähe zum Herrscher. An dessen Willen orientieren sich zudem die zu treffenden Entscheidungen; sie sind nicht in dem selben Maße wie beim bürokratischen Beamtentum an Gesetze und Ausführungsbestimmungen gebunden.[2]

Die Verwaltungen der ägyptischen und mesopotamischen Großreiche ordnet WEBER in seiner Typologie dem patrimonialen Beamtentum zu.[3] Es ist natürlich zu berücksichtigen, daß es sich bei WEBERs Gegenüberstellung um reine Typen handelt, es ist also mit Übergängen und Mischbildungen zu rechnen.[4]

Zudem sind die Strukturen der Verwaltung nicht immer gleichbleibend. So ist - im mesopotamischen Bereich - die Verwaltung in der Ur III - Zeit hierarchisch und funktional straff organisiert,[5] in Mari dagegen ist die Verwaltungsstruktur stark auf den König zugeschnitten, der auch Detailfragen entscheidet und wenig Kompetenzen delegiert.[6] Es liegt hier eine auf den patrimonialen Typ verweisende "Vorliebe für personalisierte Beziehungen bei Verwaltungsakten"[7] vor, die sich auch in der Korrespondenz Hammurapis von Babylon nachweisen läßt.

Auf diese Personalisierung weist auch die Tatsache hin, daß in den Mari - Briefen die Titel der angesprochenen Beamten kaum genannt werden,[8] was die Rekon-

---

2   Nach R. van Dülmen, Entstehung des frühneuzeitlichen Europa 1550-1648 (Fischer Weltgeschichte 24), Frankfurt/Main 1982, kommt noch als ein wesentlicher Gesichtspunkt hinzu, daß diesem Typus von Beamtentum die Trennung von öffentlichen und privaten Belangen fremd ist (aaO, S. 338).

3   Max Weber, aaO, S. 597, S. 607.

4   Der Eigenständigkeit und - für den modernen europäischen Beobachter - Fremdartigkeit der auf Bewässerungsackerbau beruhenden asiatischen und neuweltlichen Herrschaftssysteme trägt K.A. Wittfogel Rechnung. K.A. Wittfogel, Die Orientalische Despotie (Oriental Despotism, dt.), Frankfurt/M., Berlin, Wien 1977; zum Beamtentum S. 379ff.; vgl. W. Schenkel, Die Einführung der künstlichen Felderbewässerung im Alten Ägypten, GM 11 (1974), S. 41-46.

5   J. Renger, Art.: Hofstaat. A. Bis ca. 1500 v. Chr., in: RlA IV, S. 444; s.a. S. 441-443.

6   J. Renger, aaO, S. 443-445.

7   J. Renger, aaO, S. 444.

8   ebd.

2

struktion der Verwaltung erschwert.[9] Dieses Beispiel zeigt, daß die Entwicklung nicht unbedingt in die Richtung einer Bürokratisierung verlaufen muß.

Im assyrischen Bereich differenziert sich die Umgebung des Königs in den Harem, die Großen, die Würdenträger des königlichen Palastes und das niedere Personal. Dabei handelt es sich um eine Unterscheidung, die in den Texten selbst vollzogen wird.[10] Die Großen (rabûtu, rabâni) sind die Vertreter der höchsten Hof- und Staatsämter; die Gliederung des Hofstaates drückt ein Gefälle der Machtstrukturen aus.

Dabei hat das Beamtentum - zumindest an seiner Spitze - einen Doppelaspekt: es wirkt nicht nur im Dienst des Königs, sondern es bedeutet auch die Partizipation von Teilen der Oberschicht an der Ausübung der Herrschaft. Dies ist ein integrierendes Moment, das Loyalitäten begründen und festigen soll.[11] Dies gilt naturgemäß nur für die höchste Gruppe der Beamtenschaft; im Alten Testament sind dies die שרים.

---

9   Zur Verwaltung von Mari s. O. Rouault, Mukannišum. L'administration et l'économie palatiales à Mari (ARM XVIII), Paris 1977.

10   P. Garelli, Art. Hofstaat. B. Assyrisch., in: RlA IV, S. 447.

11   J. Renger, aaO, S. 435.

KAPITEL I

DIE עבדים DES KÖNIGS

שר und עבד - eine erste Abgrenzung

Einer Bemerkung ALTs folgend[1] geht die bisherige Forschung von der zumindest
partiellen Identität der mit שר und עבד des Königs bezeichneten Personengruppen
aus. Hier liegt ein Problem vor, das für die Analyse des Bedeutungsspektrums von
שר und עבד von Belang ist, denn es geht darum, inwieweit und unter welchem Aspekt
beide Bezeichnungen wechselweise verwendet werden können.

Die dabei zugrunde liegende Frage kann nicht lauten, ob ein שר nicht auch
ein עבד sein kann; dies ist durchaus denkbar; etwa indem ein שר als עבד Jahwes bezeichnet wird. Wie dieses Beispiel zeigt, kommt es auf den Bezugspartner an; der
שר ist von demjenigen עבד abzugrenzen, der im Dienst des Staates, das heißt des
Königs, steht. Dabei tritt der König als Bezugspartner des עבד mit seinem Titel,
מלך, oder mit seinem Namen auf. Es geht hier um die Status-constructus - Verbindungen עבד המלך und עבד + Königsname und um diejenigen עבדים, bei denen der
Kontext zeigt, daß sie dem König zugehörig sind.

Andererseits ist bei den שרים darauf zu achten, daß nicht jeder Träger einer
Amtsbezeichnung, die mit dem Element שר gebildet ist, auch zu den שרים gehört, die
nach 1Reg 4 die höchsten Staatsfunktionen ausüben.[2] So ist zum Beispiel der
שר עשרת, der Anführer von zehn (Soldaten), als niedriger militärischer Grad mit
Sicherheit nicht zu dieser Gruppe zu rechnen.

Zur Begründung der teilweisen Überlappung der mit שר und עבד des Königs bezeichneten Personengruppen führt RIESENER insgesamt vier Belege auf:[3] 2Sam 14,

---

1   A. Alt, Der Anteil des Königtums an der sozialen Entwicklung in den Reichen Israel und Juda, KS III, S. 353.

2   vgl. 1Reg 16,9, eine Stelle, an der ein Träger eines mit שר gebildeten
Titels als עבד des Königs bezeichnet wird. Bei der Abgrenzung von שר und עבד des
Königs geht es hier, was die שרים betrifft, nur um die höchsten Staatsbeamten.

3   I. Riesener, Der Stamm עבד im Alten Testament. Eine Wortuntersuchung unter Berücksichtigung neuerer sprachwissenschaftlicher Methoden (BZAW 149), Berlin,
New York 1979.

19.20; 2Sam 18,29; 2Sam 15,34; 2Reg 19,5//Jes 37,5. Diese geringe Zahl ist überra-
schend, denn שר tritt über 400 mal im Alten Testament auf, עבד im Zusammenhang
des Königtums über 350 mal.

Die erste der genannten Stellen, 2Sam 14,19.20, ist mit Sicherheit aus der
Betrachtung auszuklammern. Hier wird innerhalb der wörtlichen Rede eine dritte
Person als עבד des Adressaten bezeichnet. Dafür gibt es im Alten Testament Parallelen, aus denen hervorgeht, daß der so Bezeichnete faktisch in keinem Abhängigkeitsverhältnis zum Adressaten steht (Gen 43,28; 44,24.27.30.31; 1Sam 17,58; 2Reg
1,13; 4,1; vgl. 1Reg 1,19.26).

In einer Gesprächssituation kann עבד nicht nur zur Selbstbezeichnung des Re-
denden gegenüber dem Adressaten gebraucht werden,[4] sondern auch für Personen, die
in der Rede genannt werden.[5] Dies ist eine Redeform, die dem höfischen Stil zuge-
rechnet werden kann.

Es ist nicht auszuschließen, daß eine solche Form auch in 2Sam 18,29 zugrunde liegt. Die Stelle ist textlich schwierig; BHK schlägt vor:

$$\text{כשלח עבד המלך יואב את עבדך}\ [6]$$

Hier wird Joab in der Rede dem König gegenüber nicht als "dein עבד", wie in
den o.g. Beispielen, sondern als עבד des Königs bezeichnet. Dies muß jedoch nicht
bedeuten, daß der zur Gruppe der שרים gehörende Heerführer Joab ein עבד ist;
עבד המלך kann hier gesetzt worden sein, um die Doppelung von עבדך zu vermeiden.[7]
Da der Angesprochene der König ist, kann עבדך durch עבד המלך ersetzt worden
sein. Auch diesem Beleg kommt damit letztlich keine Eindeutigkeit zu.

In den Zusammenhang einer Redesituation gehört auch 2Sam 15,34.[8] Husai ist
der רעה דוד (2Sam 15,37; 16,16); nach 1 Chron 27,33 der רע המלך. Der רעה המלך
gehört nach 1Reg 4,5 zu den שרים, aber ob der "Freund des Königs" schon zur Zeit
Davids zu dieser Gruppe gehörte, ist mit Sicherheit nicht zu belegen.

Strenggenommen geht aus 2Sam 15,34 nicht unbedingt hervor, daß Husai ein
עבד des Königs ist. Das עבדך אני , "ich will dein עבד sein", geht über eine reine
Selbstbezeichnung in einer Redesituation einem Höhergestellten gegenüber hinaus;

---

4   I. Riesener, עבד , S.156ff.

5   I. Riesener, עבד , S.159 Anm. 16.

6   Zu dem textkritischen Problem vgl. S.R. Driver, Notes on the Hebrew Text
and the Topography of the Books of Samuel, Oxford 1960², S.332; nach DRIVERs Lösung würde in diesem Vers ursprünglich Joab nicht als עבד bezeichnet werden.

7   vgl. 2Sam 11,24; ähnlich auch S.R. Driver, aaO, S.332.

8   In eine Redesituation gehört auch Jer 37,18.

andererseits ist es nicht denkbar, daß Husai, unter der Maßgabe, er sei ein שר,
sagen könnte: שרך אני, "ich will einer deiner 'obersten Beamten' sein". Hier beeinflußt letztlich wieder die Redesituation die Wortwahl. Mit עבד soll eine Beziehung geknüpft werden; welchen Status Husai an Absaloms Hof erhält, ob den eines
שר oder עבד המלך, ist offen; es entsteht eher der Eindruck, daß die Dinge keiner genauen Regelung unterzogen werden.

Eindeutiger scheinen die Verhältnisse in 2Reg 19,5//Jes 37,5 zu liegen. Der
ספר und אשר על הבית (2Reg 19,2//Jes 37,2) werden neben den זקני הכהנים als
עבדי מלך חזקיהו bezeichnet.

Es ist dabei zu beachten, daß dieser Vers (V.5) den Fluß der Erzählung stört.
Die Delegation Hiskias redet Jesaja an (V.3.4); bevor dieser antwortet (V.6),
schildert V.5, daß die עבדים des Königs Hiskia erst zu Jesaja kommen. KAISER
rechnet Jes 37,5 nicht seiner Grunderzählung zu.[9]

Eine vergleichbare Identifizierung liegt in Num 22,15.18 vor. Hier wird die
selbe Gruppe von Personen, die eine Botschaft ausrichten, einmal als שרים, das
andere Mal als עבדי בלק bezeichnet.[10] Dies bezieht sich jedoch nicht auf israelitische Verhältnisse;[11] für Moab kann eine solche Identifikation der Bezeichnungen sachlich zutreffen.[12]

Grundsätzlich ist in 2Reg 19,5//Jes 37,5 und Num 22,18 zu erwägen, welchen
Status ein Bote hat. Da er im Namen seines Auftraggebers handelt, wird er - in seiner Eigenschaft als Bote - als dessen עבד bezeichnet.[13] Es ist die Botschaft sei-

---

9   O. Kaiser, Der Prophet Jesaja. Kapitel 13-39 (ATD 18), Göttingen 1973,
S. 303f.

10   Zu den Problemen der Entstehung der Bileam-Erzählungen s. W. Gross,
Bileam (SANT 38), München 1974, zu unserer Stelle S. 83ff. GROSS hält grundsätz-
lich daran fest, daß die עבדים des Königs und die שרים nicht identisch sind:
"Zwar werden an keiner weiteren Stelle dieselben Personen nacheinander śrym und
'bdy x genannt, auch bezeichnen śrym und 'bdym in Aufzählungen unterschiedliche
Gruppen königlicher Diener, ..." (W. Gross, aaO, S. 86). In 2Sam 10,2 werden Ge-
sandte als עבדים bezeichnet; sie sind jedoch keine שרים (gegen W. Gross, aaO,
S.86).
Den verschiedenen Bezeichnungen der Boten Bileams liegt wahrscheinlich eine Syste-
matik zugrunde, W. Gross, aaO, S.86.

11   I. Riesener hat konsequenterweise diesen Beleg nicht mit aufgenommen.

12   vgl. G. Buccellati, Cities and Nations of Ancient Syria (StSem 26), Rom
1967, S. 130f. BUCCELLATI nimmt an, daß in Moab ein Übergang von einer Struktur
der lokalen Selbstverwaltung (daher die Bezeichnungen זקני מואב, שרי מואב)
zu einer zentralisierten Struktur, die vom König abhängt (ausgedrückt durch den
Titel שרי בלק, עבדי בלק), stattfindet. Die Identifizierung der Titel beruhe
darauf, daß der König die Repräsentanten der alten Institutionen in seine eigene
Verwaltung übernimmt.

13   So auch in 2Sam 10; 2Chron 32,9.16.

nes Auftraggebers, nicht seine eigene, die der Bote ausrichtet, gerade deswegen wird die Relation, die durch עבד ausgedrückt wird, betont.[14] Wie die beiden Belege zeigen, kann ein solcher Bote durchaus auch ein שר sein, aber in seiner Rolle als Bote - und nur darin - ist er ein עבד.

Innerhalb des alttestamentlichen Textmaterials ist die Annahme der Identität der mit שר und עבד des Königs bezeichneten Personengruppen nicht begründbar. Die Frage ist, wie es sich mit anderen Zeugnissen, wie in Palästina gefundenen Siegeln, Ostraka und Inschriften verhält. Die Bezeichnung עבד המלך tritt in einer Gruppe von Siegeln auf:[15]

Vatt. 69 Herr 104,46 lj'znjhw // 'bd hmlk[16]

Vatt. 70 l'bdjhw // 'bd hmlk

Vatt. 71 lšm' ' // bd hmlk

Den Namen des Königs nennt eine andere Gruppe:

Vatt. 65 l'bjw 'bd // 'zjw

Vatt. 68 Herr 82,1 lšm' // 'bd jrb'm

Vatt. 141 Herr 83,2 l'sn'ʼ//bd. ʼḥz

Vatt. 321 Herr 83,4 ljhwzr // h bn. hlk //[j] hw 'bd.h // zqjhw[17]

---

14 Ein vergleichbarer Wortgebrauch liegt in der Vebindung von עבד und נביא in den deuteronomistischen Passagen des Jeremiabuches, Jer 7,25; 25,4; 26,5; 29, 19; 35,15; 44,4,vor (I. Riesener, עבד , S. 177). Dies steht im Zusammenhang mit der Sendung des Propheten: "Die Propheten erscheinen als עֲבָדִים , d.h. als die von Jahwe Gesandten, in seinem Auftrag und Namen Sprechenden." (I. Riesener, עבד , S. 177). Auch hier liegt der Gedanke zugrunde, daß der Übermittler einer Botschaft עבד seines Auftraggebers ist.

15 Die Siegel werden zitiert nach: F. Vattioni, I sigilli ebraici, Biblica 50 (1969), S.357-388, ders., I sigilli ebraici II, Augustianum 11 (1971), S. 447 -454, ders., Sigilli ebraici III, Annali Istituto Orientale di Napoli 38 (1978), S. 227-254, nach Nummern. Zudem L.G. Herr, The Scripts of Ancient Northwest Semi- tic Seals (Harvard Semitic Monographs 18), Missoula/Montana 1978, nach Seiten und Nummern. Zu den Siegeln allgemein s. P. Welten, Art.: Siegel und Stempel, in: BRL², S. 299-307. Berücksichtigt werden israelitische Siegel.

16 s. dazu R. Hestrin, M. Dayagi-Mendels, Inscribed Seals, Jerusalem 1979, Nr. 5. Vgl. ferner: Vatt. 119: lqws'nl // 'bd hmlk, wahrscheinlich edomitisch (R. Hestrin, M. Dayagi, A Seal Impression of a Servant of King Hezekiah, IEJ 24 (1974), S. 28 Anm. 6), Vatt. 125: l'šnjhw. 'bd. hmlk (aus persischer Zeit, R. Hestrin, M. Dayagi, aaO, S. 28 Anm. 6), lmlkl//b' 'bd hmlk (C.M. Bennet, Excava- tions at Buseirah, Southern Jordan, 1972: Preliminary Report, Levant 6 (1974), S. 19, nach Herr (163,3) edomitisch), lg'ljhw 'bd hmlk (W.J. Fulco, A Seal from Umm el Qanāfid, Jordan; g'lyhw 'bd hmlk, OR 48 (1979), S. 107-108.

17 Hier zitiert nach R. Hestrin, M. Dayagi, Seal Impression, S. 27; bei VATTIONIs Wiedergabe liegen mehrere Fehler vor.

Das Schema dieser Siegelinschriften ist:

hmlk

l PN (auch mit Filiation) 'bd

Name des Königs

In allen bisher gefundenen Siegeln dieser Gruppe wird außer עבד keine weitere Bezeichnung genannt.[18] Es ist mit Sicherheit anzunehmen, daß die Inhaber dieser Siegel zu den im Alten Testament bekannten עבדי המלך gehören.[19] Daß sie zu der höchsten Gruppe von Beamten, den שרים nach lReg 4, gehören, legen diese Siegel nicht nahe. Die umgekehrte Probe, eine Betrachtung der Siegel, die hohe Amtsbezeichnungen tragen, führt zu dem selben Ergebnis:

Vatt. 75   lšlm // bn 'dnjh // h?.p(?)r[20]

Vatt. 345 Herr 130,110 lm'š // bn.mnḥ //hspr

Vatt. 149 Herr 91,18   lgdljhw //[ᵓ]šr 'l hbjt

                        lbrkjhw // bn nrjhw // hspr[21]

Das Schema dieser Siegelinschriften ist:

(1) PN (auch mit Filiation) Titel

Im Unterschied zu den oben genannten Siegeln fehlt in dieser Gruppe der Bezug auf den König; es heißt nicht ספר המלך, wie עבד המלך. Zudem gilt auch hier, daß keine Doppelung der Bezeichnungen nachzuweisen ist. Der ספר und der אשר על הבית nennen sich nicht auch zugleich עבדי המלך.[22]

Allein den Siegeln nach zu urteilen treten die עבדים des Königs und die höchsten Beamten als zwei zu unterscheidende Gruppierungen auf, deren Bezeichnungen nicht gleichzeitig für ein und dieselbe Person verwendet werden. Diesem Befund ist allein schon deshalb eine große Bedeutung beizumessen, als es sich bei

---

18   Eine Person vereint auf ihrem Siegel nicht zugleich die Bezeichnungen עבד המלך und שר bzw. eine der Funktionen in lReg 4.

19   Auch im Alten Testament sind beide Bezeichnungsweisen, עבד המלך und עבד + Königsname, belegt.

20   Das letzte Wort ist hspr zu lesen, K. Galling, Art.: Siegel, in: BRL¹, Sp. 488f.

21   N. Avigad, Baruch the Scribe and Jerahmeel the King's Son, IEJ 28 (1978), S. 52-56. Vgl. ferner: Vatt. 74 Herr 154,1 'ms hspr (moabitisch), Vatt. 307 Herr 26,37 ljrmj // hspr (aramäisch), lmwnnš // hspr hbr // k hhtm z (A. Lemaire, Essai sur cinq sceaux phéniciens, Semitica 27 (1977), S. 33, S. ˙34), Herr 156,4 lkms'm kmš'l hspr (moabitisch, s.a. R. Hestrin, M. Dayagi-Mendels, Inscribed Seals, Jerusalem 1979, Nr. 2).

22   Diese negative Feststellung trifft auch für ein Siegel mit der Inschrift שר העִר zu (N. Avigad, The Governor of the City, IEJ 26 (1976), S. 178-182).

den Siegeln um offizielle Verwaltungsdokumente handelt.[23]

Ein עבד המלך wird in einem der Lachisch - Ostraka genannt (KAI 193,19); es geht aus dem Kontext nicht hervor, daß dieser עבד המלך zugleich ein hoher Beamter ist.

שרים werden erwähnt in KAI 196,4 (Lachisch); 200,1.12 (Yavneh-Yam) und Arad 26,2. Eine Grabinschrift aus Silwan (KAI 191) nennt einen אשר על הבית, eine Amtsbezeichnung, die nach 1Reg 4 auf die Gruppe der שרים weist. In KAI 193,14 (Lachisch) wird ein שר הצבא erwähnt.

Es ist allen diesen Belegen gemeinsam, daß die dort zur Gruppe der שרים gehörenden Personen nicht zugleich als עבדים des Königs bezeichnet werden.

Zusammenfassend ist zu sagen, daß sich weder vom alttestamentlichen Textmaterial noch von den in Palästina gefundenen althebräischen Siegeln, Ostraka und Inschriften her nachweisen läßt, daß die selbe Person zugleich עבד des Königs und שר im Sinne des höchsten Beamten sein muß.

Dies bedeutet für die nachfolgenden Begriffsuntersuchungen, daß beide Begriffe getrennt zu behandeln sind und auf die Differenzierung des Sprachgebrauchs zu achten ist.[24]

עבד zur Umschreibung des Verhältnisses
zwischen König und Volk

In einem Teil der Belege entspricht der Wortgebrauch von עבד im Zusammenhang mit dem Königtum dem auch sonst belegten Gebrauch, der die Abhängigkeit von einer Person anzeigt, so in 1Sam 27,12.

Die selbe Verwendung von עבד liegt auch an einigen Stelle zu Grunde, die die Beziehung eines Volkes oder einer Gruppe zum König beschreiben: Gen 47,19.25;

---

23 Es ist damit zu rechnen, daß viele der bisher als 'privat' klassifierten Siegel Mitgliedern der Verwaltung gehören; d.h. es gibt amtliche Siegel, auf denen nur der Personenname, nicht aber die Amtsbezeichnung eingeschnitten ist. Deutlich wird dies an der Gestalt des aus den Arad - Ostraka bekannten Eljašib (J. Aharoni ארץ - ישראל 8 (1967) חותמות של פקידים ממלכתיים מערד , S.101-103, Pl. יג , vgl. ders., (מחקרי מדבר יהודה) כתובות ערד Jerusalem 1975, S.121ff. R. Hestrin, M. Dayagi-Mendels, Inscribed Seals, Jerusalem 1979, S.14f.

24 Zeigte dieser erste Durchgang durch das Material, daß es keinen sicheren Grund zu der Annahme einer Identität der so bezeichneten Personen gibt, sind später die Gründe, die dagegen sprechen, aufzuführen.

Dt 6,21; 1Sam 8,17; 1Reg 12,7//2Chron 10,7; 1Chron 21,3; 2Chron 12,8; 36,20.

Bis auf eine Ausnahme, 1Chron 21,3[1] sind die Wendungen, in denen עבד vorkommt, mit היה gebildet:

Gen 47,19	עבדים לפרעה	ונהיה אנחנו ואדמתנו
Gen 47,25	עבדים לפרעה	והיינו
Dt 6,21	לפרעה	עבדים היינו
1Sam 8,17	לו לעבדים	ואתם תהיו
1Reg 12,7	לך עבדים כל הימים	והיו
2Chron 36,20	לו ולבניו לעבדים	ויהיו
2Chron 12,8	לו לעבדים	כי יהיו

היה hat die Bedeutung "sein". Die formalen Kriterien für היה - Phrasen mit עבד in dieser Bedeutung sind:

4-Gliedrigkeit der Phrase

Wortstellung: x - Form von היה - ל - Person - עבד

oder: Form von היה - x Subjekt - עבד - ל - Person[2]

In der Verwendung von היה kommt ein Element zeitlicher Diskontinuität zum Ausdruck; man wird in Zukunft עבד sein oder ist es in der Vergangenheit gewesen (Dt 6,21); an den Stellen, an denen היה mit ל verbunden ist (1Sam 8,17; 2Chron 12,8; 36,20), liegt die auch sonst für היה belegte Bedeutung "zum עבד werden" vor.[3] Von daher wird man die Übersetzung von עבד an diesen Stellen mit "Untertan" als unglücklich betrachten müssen. Untertanen des Pharao waren die Ägypter auch vor den Maßnahmen, von denen in Gen 47,19 berichtet wird; Untertanen des Königs waren die Israeliten auch unter Rehabeam; das heißt, עבד kann hier nicht als Terminus für Staatsbürger, Untertan oder dergleichen verstanden werden,[4] sondern es geht um eine Bestimmung des Verhältnisses zwischen König und Volk.

---

1 Die entsprechende Wendung findet sich nicht in 2Sam 24,3. Es handelt sich um einen Zusatz des Chronisten. Es ist zu beachten, daß עבד in diesem Vers mit der Präposition ל verbunden ist, und man wird Joabs Frage dahin verstehen müssen, ob nicht durch die Volkszählung die Bürger zu עבדים werden. Daß dies als Verfehlung betrachtet wird, entspricht auch sonst dem Denken des Verfassers der Chronik, s.S. 145.

2 Bei der Bedeutung "haben" sind die Phrasen nur dreigliedrig. In der Form von היה in Gen 47,25; Dt 6,21; 1Reg 12,7//2Chron 12,8; 2Chron 36,20 ist das Subjekt enthalten, deshalb sind auch diese Phrasen als viergliedrig zu betrachten, vgl. I. Riesener, עבד, S. 21 Anm.27, zum Ganzen I. Riesener, עבד, S. 21.

3 C.H. Ratschow, Werden und Wirken (BZAW 70), Berlin 1941, S.9ff.

4 Anders I. Riesener, עבד, S. 135ff., bes. 135 Anm.1. Die Belege bei C. Lindhagen, The Servant Motif in the Old Testament, Uppsala 1950, S. 70 sind in andere Kategorien einzuordnen.

Die Frage dabei war, ob dieses Verhältnis so geregelt werden sollte wie das des Königs zu seinen eigenen עבדים ; darauf gab es positive (Gen 47)[5] und negative Antworten.

Ein Abhängigkeitsverhältnis im außenpolitischen Bereich drückt עבד in 2Sam 8,2//1Chron 18,2; 2Sam 8,6//1Chron 18,6; 2Sam 8,14//1Chron 18,13 aus. Als עבדים , Vasallen,Davids, haben Moab und Aram Tribut (מנחה) zu entrichten (2Sam 8,2.6); zudem werden Vögte (נצבים) über die eroberten Länder eingesetzt (2Sam 8,6.14).[6] Auch das Verhältnis eines Oberherrn zu seinen Vasallenkönigen kann durch den Begriff עבד ausgedrückt werden (2Sam 10,19).

Der עבד des Königs als Arbeiter

Im Zusammenhang mit dem Königtum hat עבד auch die Bedeutung "Arbeiter". Dies geht aus 1Reg 5,15ff. vgl. 2Chron 2 hervor. Die Holzfäller werden als עבדים Hirams bzw. Salomos bezeichnet. Nach 1Reg 5,27 handelte es sich bei den עבדים Salomos um Fronarbeiter. Ob man allerdings עבד selbst in 1Reg 5,20.23 die Bedeutung "Fronarbeiter" unterlegen soll, ist deshalb nicht mit Sicherheit zu begründen, weil 1Reg 5,27-31 von einer anderen Hand stammt als 1Reg 5,15-26.[1] Zudem kommt עבד in 1Reg 5,27-31 nicht vor. Gerade in 1Reg 9,22, ein Vers, der zur selben, deuteronomistischen, Schicht gehört wie 1Reg 5,15-26, wird dargelegt, daß Salomo von den Israeliten niemanden zum Frondienst aushob.[2] Dies ist allerdings eine Konstruktion dieser Schicht; die historischen Verhältnisse mögen ganz anders gelagert gewesen sein.[3]

Als Schiffsbesatzungen erscheinen עבדים Salomos in 1Reg 9,27//2Chron 8,18; עבדים Ahasjas in 1Reg 22,50. Um Arbeit im Dienste des Königs geht es auch in

---

5   s. F. Crüsemann, Der Widerstand gegen das Königtum (WMANT 49), Neukirchen-Vluyn 1978, S. 143ff.

6   vgl. I. Riesener, עבד , S. 142ff.; C. Lindhagen, aaO, S.62ff.; zum historischen Hintergrund S. Herrmann, Geschichte Israels in alttestamentlicher Zeit, München 1980², S.203ff.

1   E. Würthwein, Das erste Buch der Könige. Kapitel 1-16 (ATD 11,1), Göttingen 1977, S. 51ff.

2   E. Würthwein, Könige, S. 109ff. Die Chronik ist noch konsequenter, indem sie darlegt, daß zu dieser Arbeit Fremde, אנשים גירים , eingesetzt werden, 2Chron 2,16f.

3   S. Herrmann, Geschichte, S. 224ff.; E. Würthwein, Könige, S. 113.

lReg 9,22. Salomo macht die Israeliten nicht zu Sklaven; daß es dabei um Arbeits-leistungen geht, verdeutlicht die Chronik mit ihrem Zusatz למלאכתו (2Chron 8,9).

Dieser Gebrauch von עבד als "Arbeiter" ist auch außerhalb der Institution des Königtums nachzuweisen, vgl. Hi 7,2.[4]

Der עבד des Königs als Soldat

In einem nicht geringen Teil der Belege tritt der עבד des Königs in mili-tärischem Kontext auf. Ganz eindeutig ist dies in lSam 22,17 (identisch mit רצים), 2Sam 11,1 (Belagerung einer Stadt), 2Sam 11,11 (Feldlager), 2Sam 20,6 (vgl. V.7), lReg 1,33 (vgl. V.38), lReg 20,12 (Angriff auf Samaria). Mit עבד kann sowohl der einfache Soldat als auch der Offizier[1] bezeichnet werden.

Dabei ist eine Abgrenzung zwischen den עבדים im militärischen und höfi-schen Bereich nicht immer exakt möglich. Dies ist einerseits eine Frage der Ter-minologie, die hier nicht differenziert ist, andererseits auch der zugrunde lie-genden Institutionen; man denke nur an die mittelalterlichen Höfe Europas. Der Mann des Hofes kann zugleich auch ein Krieger sein (lSam 16,18ff.), es ist damit zu rechnen, daß die Übergänge fließend sind.[2]

Der עבד des Königs am Hofe

Weitaus am häufigsten erscheint der עבד des Königs im Bereich des Hofwe-sens. Dies gilt nicht nur für die israelitischen und judäischen Hofhaltungen, son-dern auch für diejenigen des Auslandes, so für den Pharao (Gen 14,20; 41,10.37.38; 45,16; 50,7; Ex 5,21; 7,10.20.28.29; 8,5.7.17.20.25.27; 9,14.20.30.34; 10,1.6.7;

---

4   Dort im Parallelismus membrorum zu שכיר , "Lohnarbeiter, Tagelöhner".

1   שרי החיל 2Reg 9,11; vgl. V.5;   שר מחצית הרכב lReg 16,9; רב טבחים 2Reg 25,8.

2   Soldaten sind die עבדים des Königs wohl auch in: lSam 17,8; 18,5; 22, 6.7.9; 25,10; 29,3.10; 2Sam 2,12.13.15.17.30.31; 11,17; 3,22; 8,7//lChron 18,7; 2Sam 18,7.9; 21,15.22 vgl. lChron 20,8; lReg 20,23; 2Reg 3,11; 6,8; 18,24//Jes 36,9; 2Reg 24,10.11; Jes 37,24; Jer 46,26; lChron 19,19; 2Chron 32,9; 32,23; vgl. Gen 21,25.

11,3.8; 12,30; 14,5; Dt 29,1; 34,11; Jer 25,19; Ps 135,9; Neh 9,10), für den Moa-
biterkönig Eglon (Jud 3,24), für Achisch (1Sam 21,12.15), für Hiram von Tyros
(1Reg 5,15), für die Konigin von Saba (1Reg 10,13), für die aramäischen Königtü-
mer (1Reg 20,6.31; 2Reg 6,11.12); für das Estherbuch (Esth 1,3; 2,18; 3,2.3; 4,11;
5,11).

Innerhalb des deuteronomistischen Geschichtswerkes erscheint der עבד im
Zusammenhang mit dem israelitischen beziehungsweise judäischen König besonders
häufig: 1Sam 8,14.15; 16,15.17; 18,22.23.24.26; 19,1; 21,8; 22,8; 25,40; 28,7.23.
25; 2Sam 3,38; 9,2; 10,2.3.4; 11,9.13; 12,18.19.21; 13,24.31.36; 15,14.15.18; 16,
6.11; 17,20; 19,7.15; 24,20; 1Reg 1,2.9.47; 3,15; 5,15; 9,22; 10,5.8; 11,26; 15,
18; 22,3; 2Reg 5,6; 7,12.13; 9,11.28; 12,21.22; 14,5; 19,5; 21,23; 22,12; 23,30;
24,12.

Vergleichsweise seltener treten sie im Werk des Chronisten auf: 1Chron 19,
2.3.4; 2Chron 13,6; 24,25; 25,3; 33,24; 34,20; 35,23.24[1]; Neh 7,57.60; 11,3; Esr
2,55.58.

Im Bereich der Prophetie beschränkt sich ihr Erscheinen auf das Jeremiabuch
(Jer 21,7; 22,2.4; 36,24.31; 37,2.18) und den Verfassungsentwurf des Ezechiel
(als עבד des נשיא in Ez 46,17); auch in der Weisheit ist vom עבד die Rede
(Prov. 14,35).

Im Zusammenhang mit עבד gibt es eine Anzahl von Reihenbildungen. So ist
vom Pharao sehr oft zusammen mit seinen עבדים die Rede:

Gen 41,37	עבדיו כל ובעיני פרעה בעיני		
Gen 45,16	עבדיו ובעיני פרעה בעיני		
Ex 5,21	עבדיו ובעיני פרעה בעיני		
7,10	עבדיו ולפני פרעה לפני		
7,20	עבדיו ולעיני פרעה לעיני		
9,34	ועבדיו הוא ויכבד לבו		
10,1	עבדיו ואת לב הכבדתי את לבו		
9,30	ועבדיך ואתה		
14,5	ועבדיו פרעה ויהפך לבב		

Dazu gibt es auch Reihenbildungen mit פרעה , seinen עבדים und verschiedenen
Ausdrücken, die für "Ägypten" stehen, wie:

---

1   Möglich ist es, in den beiden Versen עבד in militärischer Funktion zu
sehen.

עם[2]

Ex 7,28	ובעמך	עבדיך	ובבית	... בביתך
8,7	ומעמך	ומעבדיך		ממך ומבתיך
9,14	ובעמך	ובעבדיך		אל לבך
8,25	ומעמו	מעבדיו		מפרעה
8,27	ומעמו	מעבדיו		מפרעה
8,5	ולעמך	ולעבדיך		לך
7,29		עבדיך		ובכה ובעמך ובכל
8,17	ובעמך	ובעבדיך		בך

מצרים

Ps 135,9	בתוככי מצרים בפרעה ובכל עבדיו
Ex 10,6	ומלאו בתיך ובתי כל עבדיך ובתי כל מצרים
12,30	וכל מצרים וכל עבדיו הוא

ארץ מצרים

Ex 8,20	ביתה פרעה ובית עבדיו ובכל ארץ מצרים
vgl.	
Gen 50,7	כל עבדי פרעה זקני ביתו וכל זקני ארץ מצרים

כל ארצו

Dt 29,1	לפרעה ולכל עבדיו ולכל ארצו
Dt 34,11	לפרעה ולכל עבדיו ולכל ארצו

עם ארצו

Neh 9,10	בפרעה ובכל עבדיו ובכל עם ארצו

Die שרים fügt noch ein:

Jer 25,19 — את פרעה מלך מצרים ואת עבדיו ואת שריו ואת כל עמו

Reihenbildungen mit עבד und עם , die mit denen in Zusammenhang mit dem Pharao vergleichbar sind, treten auch im Jeremiabuch auf:

Jer 22,2	ועמך אתה ועבדך
22,4	ועמו הוא ועבדו
37,2	הוא ועבדיו ועם הארץ
37,18	לך ולעבדיך ולעם הזה
21,7[3]	את צדקיהו מלך יהודה ואת עבדיו ואת העם ואת ...

---

2 Daneben gibt es auch die Verbindung mit עבד und עם : Ex 11,3 בעיני עבדי פרעה ובעיני העם

3 s. BHK

14

Die עבדים des Königs sind nach allen diesen Stellen eine Größe eigener Art, die vom Volk (עם) abgehoben und von ihm zu unterscheiden ist. Die Reihung: König - seine Diener - sein Volk/Land umschreibt den Machtbereich eines Herrschers.

Von sachlichem Interesse ist die Frage, von welcher Art die Aufgaben sind, die den עבדים am Hofe des Königs zufallen. Zu den עבדים am Hof des Königs gehören der שר האפים , der Oberbäcker, und der שר המשקים , der Munschenk (Gen 40,20). Es handelt sich dabei um Ämter, die im engeren Sinn dem Hofleben zugehörig sind und mit der Führung des königlichen Haushaltes befaßt sind. Außerhalb der Josephsgeschichte gibt 1Reg 10,5 einen Hinweis darauf, daß auch in der israelitischen Hofhaltung der Tafel des Königs und den damit verbundenen Hofämtern ein besonderer Platz eingeräumt wurde.

Als Angehörige des Hofes gehören die עבדים zum בית ihres Königs (2Sam 15,14ff.; 2Sam 9,2). בית bezeichnet die Anhängerschaft eines Herrschers, die auch den militärischen Bereich mit einschließt (2Sam 3,1.6); es legt sich von daher nahe, für בית im Zusammenhang mit dem Königtum nicht allein die zu enge Bedeutung "Dynastie" zugrunde zu legen.[4]

Das Haus eines Herrschers ist eine politische Größe; dies ist besonders deutlich in dem Aramäertum des nordsyrischen Bereichs. Im Zusammenhang mit dem Königtum ist mit dem בית ein bedeutsamer Machtfaktor genannt. "bit ist also Haus und Hausgemeinschaft des Königs, bezeichnet Palast und königliche Familie. Ein Usurpator richtet / naturgemäß seinen Angriff auf das bestehende bit. ... Immerhin muß bit einen bedeutenden Machtfaktor gebildet haben, wenn sich ein König darauf stützt, ein Usurpator ihn zu vernichten bestrebt ist. Wenn ein König von einem bit spricht, so wird damit zugleich dieser König als der regierende, rechtmäßige Herrscher hingestellt."[5]

Bei der Bezeichnung בית אב liegt eine andere Blickrichtung zugrunde; diese Wendung wird für die Zeit benutzt, in der der momentane Herrscher noch nicht die Königswürde innehatte; der Hinweis auf das בית soll auf die Kontinuität und damit Legitimität der Herrschaft hinweisen.[6] Als König spricht der Herrscher sonst von "meinem Haus",   .

Einem solchen Herrscherhaus ist auch ein bestimmter Schutzgott, der בעל בית ,

---

4   H.A. Hoffner, Art.: בַּיָת , in: ThWbAT I, Sp. 637.

5   K.F. Euler, Königtum und Götterwelt in den altaramäischen Inschriften Nordsyriens, ZAW 56 (1938), S. 285/6.

6   K.F. Euler, aaO, S. 286f.

der die Herrschaft legitimiert, zugehörig, eine Funktion, die bei einem Dynastiewechsel deutlich hervortritt. "In diesen Kämpfen steht bīt ʾb gegen bīt ʾb und
gleichzeitig bʾl bīt gegen bʾl bīt. Und das Bild, das wir dadurch gewinnen, zeigt
uns das Ringen von einzelnen Sippen um die Herrschaft und Vormachtstellung in den
einzelnen Gebieten Nordsyriens bzw. um die Erhaltung einer bestehenden Dynastie."[7]

Zu einem solchen בית eines Herrschers gehören nach EULER die Gruppen des
איח beziehungsweise איחת (Verwandte)[8] und des מודד (Freunde)[9]. Aber auch der
עבד gehört nach KAI 217,4 zum בית.[10] Zu beachten ist, daß בית אב in diesem
Zusammenhang nicht die Bezeichnung für das jeweilige Staatswesen ist.

Bei der Betrachtung dieses Begriffs im aramäischen Bereich fallen sofort die
parallelen Verhältnisse im Nordreich Israel auf.

Die Assyrer haben das Nordreich Israel mit der selben Terminologie bezeichnet wie die damaligen Aramäerstaaten. So findet sich in einer Inschrift Tiglatpilesers III. die Bezeichnung bit ^{m}Hu-um-ri-a (Haus Omris) für das Nordreich Israel.[11]

Auch in Israel geht es nach einem Dynastiewechsel zunächst darum, das Haus
des vorangegangenen Herrschers auszurotten (1Reg 16,11; 2Reg 10,11). Dabei scheint
sogar die Zahl der umzubringenden Mitglieder des alten Königshauses traditionell
vorgegeben zu sein; es sind 70 Prinzen in 2Reg 10,6; die selbe Zahl wird auch in
KAI 215,3 in einem vergleichbaren Kontext genannt. Das Problem der Legitimation
bei Dynastiewechseln stellt sich auch in Israel; hier hat die prophetische Designation ihren Ort.

---

7 K.F. Euler, aaO, S. 313.

8 K.F. Euler, aaO, S. 287f.

9 R. Degen, Altaramäische Grammatik(Abhandlungen für die Kunde des Morgen-
landes 38,3), Wiesbaden 1969, S. 48.

10 Es handelt sich hier allerdings um das Haus des assyrischen Königs; anzunehmen ist, daß der aramäische Verfasser seine eigenen Verhältnisse voraussetzt.

11 Es handelt sich um IIIR 10,2; s. H. Tadmor, The Southern Border of Aram,
IEJ 12 (1962), S. 114f.; Übers. bei TGI^3 Nr. 27; Lit. bei W. Schramm, Einleitung
in die assyrischen Königsinschriften II (HdOEBd 5,1), Leiden, Köln 1973, S. 132.
Dieser Begriff tritt auch in einer weiteren Inschrift Tiglatpilesers III. auf
(Übers. bei TGI^3 Nr. 26; s. W. Schramm, aaO, S. 135).
Dagegen fehlt bit (É) vor Humri in den Inschriften Salmanassers III. (E. Michel,
Die Assur - Texte Salmanassers III. (858-824) 3. Fortsetzung, WO 1 (1949), Nr. 22
III Z. 25/26. Hier - wie in einer Beischrift des Schwarzen Obelisken (E. Michel,
aaO, S. 267 Anm. 9) - erscheint Jehu als mār Humri; s. dazu S. Timm, Die Dynastie
Omri (FRLANT 124), Göttingen 1982, S. 199f.

Zu dem בית des Königs gehört außer den עבדים auch der Kreis der Verwandten, in 1Reg 16,11 der גאל ,[12] und der "Freund", רעה . Man wird sicherlich nicht darin fehlgehen, den מידע (Freund), גדל und כהן in 2Reg 10,11 ebenfalls zum בית zu rechnen.[13]

Wie in den Aramäerstaaten Nordsyriens gehört auch in Israel sowohl die Verwandtschaft als auch ein Personenkreis, der mit verschiedenen Begriffen mit der Bedeutung "Freund" bezeichnet wird, zum בית .[14] Für die שרים gilt diese Bestimmung nicht in dem selben Maße (vgl. 2Reg 10,1ff.). Auf dieses Problem ist noch zurückzukommen.

Auch außerhalb des Königtums, im privaten Bereich, gehört im Alten Testament der עבד zum בית seines Herrn; dies macht die Explikation des Wortes בית in Ex 20,17 deutlich.[15]

Zu dem Kreis der mit עבד bezeichneten königlichen Gefolgschaftsleute gehören auch Personen, die mit der Aufsicht über die Habe des Königs befaßt sind, so der Edomiter Doeg, der als אביר הרעים , der stärkste der Hirten bezeichnet wird.[16] Es geht um Sauls eigenen Besitz - dies macht לשאול deutlich - , der von seinem עבד beaufsichtigt wird. Mit der Aufsicht über die Güter ist auch Ziba, der נער Sauls (2Sam 9,9), der zugleich auch als Sauls עבד bezeichnet wird (2Sam 9,2), beschäftigt.[17]

Als Boten oder Gesandte treten die עבדים des Königs in 1Sam 25,40; 2Sam 10,2; 1Reg 5,15 auf. Jedoch gibt es auch den Fall, daß שרים Boten sind und in dieser Eigenschaft als עבדים bezeichnet werden (2Reg 19,5//Jes 37,5).[18] Als Boten werden sie vom König geschickt (שלח): 1Sam 25,40; 2Sam 10,2.3; 1Reg 5,15.

---

12   Hier mit der Bedeutung "Bluträcher", s. HAL S. 162. Da der גאל zur Familie gehört und damit zum בית (vgl. M. Noth, Könige (BK IX/1), Neukirchen-Vluyn 1968, S. 348), ist vom Inhalt her deutlich, daß sich בית auch auf die beiden letzten Nomina des Satzes bezieht; das ו vor גאליו ist somit explikativ zu verstehen (Belege für explikatives ו bei HAL, S. 248); zudem wiederholt ו die Verneinung, s. HAL S. 249.

13   Auch hier wäre das ו explikativ zu verstehen.

14   Die Einladung der עבדים - neben anderen Personenkreisen - in 1Reg 1,9 zielt darauf ab, daß der Thronprätendent die Nachfolge im Haus seines Vaters antreten will.

15   vgl. M.Noth, Das zweite Buch Mose. Exodus (ATD 5),Göttingen 1968⁴,S. 133f.

16   אביר heißt hier "der Stärkste"; eine Emendation in אדיר hat keinen zwingenden Grund, s. H.J. Stoebe, Das erste Buch Samuelis (KAT VIII 1), Gütersloh 1973, S. 394.

17   נער hat hier die Bedeutung "Aufseher, Gutsverwalter"; s. H.-P. Stähli, Knabe - Jüngling - Knecht. Untersuchungen zum Begriff נער im Alten Testament (BET 7), Frankfurt am Main, Bern, Las Vegas, 1978, S. 179-184.

18   s.S. 6f.

Dabei handelt der König vermittels (ביד) seiner עבדים . Durch die Verwendung von ביד werden die עבדים als ein den Willen des Königs ausführender Personenkreis dargestellt. Dies gilt für die Übermittlung einer Botschaft (2Sam 10,2), für die Übersendung von Schiffen und Personal (2Chron 8,18) und für die Übermittlung von Schmähungen (Jes 37,24).

Eine der wesentlichen Charakterisierungen der עבדים ist es, daß sie vor dem König stehen (עמדים לפניו), 1Reg 10,8//2Chron 9,7, in einem engen Zusammenhang mit der Person des Königs stehen. Dies machen besonders diejenigen Stellen deutlich, an denen die עבדים um das Wohlergehen des Königs besorgt sind. So schlagen sie dem kranken Saul vor, einen Saitenspieler an den Hof zu holen, damit es ihm wieder gut gehe (1Sam 16,14ff.).[19]

Sehr eindringlich ist die Anteilnahme der עבדים Sauls in 1Sam 28,23 geschildert; nachdem bei der Totenbeschwörung Saul eröffnet wurde, daß er mit seinen Söhnen in der Schlacht am nächsten Tag umkommen werde, nötigen ihn seine Begleiter, doch zu essen (1Sam 28,23).[20]

Um die Steigerung der Lebenskraft des Königs sind die עבדים in 1Reg 1,2ff. bemüht; dies ist der Sinn des Vorschlags, dem alternden David Abisag von Sunem als Pflegerin (סכנת) zuzugesellen.[21]

Auch als ein Zeichen der Verbundenheit mit der Person des Königs ist es zu werten, daß seine עבדים den König begraben (2Reg 9,28; 23,30; 2Chron 24,25).

Als Angehörige des בית des Herrschers haben die עבדים Anteil am Familienleben des Königs. So verhandelt Saul über seine Diener mit David, ob er nicht sein Schwiegersohn werden wolle (1Sam 18,20-26);[22] David schickt seine עבדים als Brautwerber zu Abigail (1Sam 25,39ff., vgl. Gen 24). Beim Tode des Kindes Bathsebas scheuen sich die Diener, diese Nachricht David beizubringen (2Sam 12, 18ff.); auch dies zeigt deutlich, daß die עבדים in die Familienverhältnisse des Königs einbezogen sind.

Als Personen, die dem König nahe stehen, nehmen sie Anteil, wenn der König trauert (2Sam 13,31.36); bei einem freudigen Anlaß gehören sie zu denjenigen, die den König beglückwünschen (1Reg 1,47).

Die persönliche Beziehung zwischen dem König und seinen עבדים ist dabei

---

19   s. dazu H.-J. Stoebe, Samuelis, S. 307ff.

20   H.-J. Stoebe, Samuelis, S. 496. Auch darin, daß die עבדים Sauls ihm eine Beschwörerin vermitteln, 1Sam 28,7, wird eine Solidarität sichtbar, die sich über das Verbot bestimmter religiöser Praktiken hinwegsetzt.

21   s. E. Würthwein, Könige, S. 9.

22   s. H.-J. Stoebe, Samuelis, S. 351ff.

durchaus nicht einseitig; so wird immer wieder von dem König berichtet, daß er für seine עבדים ein großes Mahl ausrichtet; dies gilt für den Pharao (Gen 40, 20), für den persischen König (Esth 1,3; 2,18)[23], aber auch für Salomo (1Reg 3, 15). Dabei ist zu beobachten, daß der Anlaß dazu im persönlichen Bereich des Herrschers zu suchen ist, etwa der Geburtstag des Pharao (Gen 40,20) oder die Heirat des persischen Königs (Esth 2,18).[24]

Die Sorge des Königs gilt auch dem Unterhalt seiner עבדים ; dies wird durch Belehnung mit Land (1Sam 8,14, vgl. 22,7) oder durch Steuereinkünfte (1Sam 8,15) geregelt. Die Belehnungspraxis gesteht auch der Verfassungsentwurf des Ezechiel den עבדים des Herrschers zu (Ez 46,17). Dabei können die עבדים des Königs durchaus zu einem gewissen Reichtum kommen (vgl. 1Reg 20,6).

Eine Aufgabe dieser Personengruppe bestand darin, den König zu beraten; עבדים als Ratgeber sind vornehmlich an den nichtisraelitischen Höfen bezeugt: bei den Philistern (1Sam 21,12.15), bei den Aramäern (1Reg 20,31; 2Reg 6,8.11.12), aber auch im Nordreich Israel (2Reg 7,12.13).

Kennzeichnend für den עבד ist die persönliche Verbundenheit mit dem König; um so verdammenswerter muß es erscheinen, wenn sich ein עבד gegen seinen Herrn erhebt, verschwört oder ihn umbringt (1Reg 11,26//2Chron 13,6; 2Reg 12,21.22; 2Reg 14,5//2Chron 25,3; 2Reg 21,23//2Chron 33,24). Diese Geschehnisse spielen sich im Haus (בית) des Königs ab (2Reg 21,23).

Zusammenfassend ist zu sagen, daß der Wirkungskreis der עבדים bei Hofe über das Haus (בית) des Herrschers nicht hinausgeht.[25] Dabei kann es sich durchaus um einen sozial hoch stehenden Personenkreis handeln, denn die עבדים sind berechtigt, Siegel zu führen[26] und עבד als Titel zu gebrauchen (2Reg 22, 12//2Chron 34,20).

---

23 Hier stehen die עבדים neben den שרים .

24 Die Frage, ob zu diesen Anlässen in Ägypten und Persien wirklich in der geschilderten Form gefeiert wurde, ist unerheblich; wichtig ist hier nur die Sicht der Dinge, die der israelitische Erzähler hatte.

25 Dies gilt wahrscheinlich auch für einen Teil derjenigen Stellen, an denen עבד die Bedeutung "Soldat" hat (2Sam 3,1.6).

26 s. S. 7f.

KAPITEL II

DIE שרים

Zur Wiedergabe von שר
in den Übersetzungen
des Alten Testaments

Bei einer Untersuchung des altisraelitischen Beamtentums kommt dem Wort שר
eine zentrale Bedeutung zu. Es handelt sich dabei um einen Begriff, der nach einem Teil der Belege allein auftritt, andererseits aber auch status-constructus
Verbindungen mit anderen Wörtern (wie in שר העיר , שר הצבא) eingeht. Diesem
Wortgebrauch tragen die Übersetzungen des Alten Testaments in verschiedener Weise
Rechnung. So übersetzt die Septuaginta das Wort שר sehr häufig mit ἄρχων.[1] Innerhalb des griechischen Bereichs bezeichnet ἄρχων ein Amt, das in der nach-monar-
chischen Zeit bedeutend gewesen sein muß, in der Demokratie jedoch an Bedeutung
verlor.[2] Ob dieses Amt bei der Übersetzung der Septuaginta im Hintergrund steht,
scheint fraglich. ἄρχων bezeichnet die Vorsteher der Gemeinden in der jüdischen
Diaspora;[3] wahrscheinlich ist der Sprachgebrauch der Septuaginta davon beeinflußt.

Darüber hinaus übersetzt die Septuaginta auch die status-constructus Verbindungen, die mit שר gebildet sind, mit griechischen Begriffen, die das Element
ἀρχ- enthalten.[4] Dies zeigt deutlich eine Übersicht über die entsprechenden griechischen Äquivalente:

---

1   Zur Belegbreite s. Hatch-Redp., S. 166.

2   v. Schoeffer, Art.: Archontes, Ἄρχωντες ., in: PW II,1, Sp. 565-599;
G. Busolt, Griechische Staatskunde (Handb. d. Altertumswiss. IV.1.1.1.), München
1920, S. 503f.; F. Gschnitzer, Art.: Archon, Archonten, in: LAW, Sp. 287; G.
Delling, Art.: ἀρχω κτλ , in: ThWbNT I, S. 487; zu Röm 13,3 s. A. Strobel, Zum
Verständnis von Rm 13, ZNW 47 (1956), S. 67-93.

3   J. Vandervorst, Art.: Dispersion ou Diaspora, in: DBS II, Sp. 436ff.

4   Daneben werden diese hebräischen Bildungen auch mit ἄρχων und einer
Genitiv-Verbindung nachgeahmt, so in Jud 4,2.7; 9,30; 2Sam 24,2, um nur einige
Beispiele zu nennen.

Septuaginta	Übersetzung[5]	Hebräisch	Hatch-Redp.S.
ἀρχιδεσμοφύλαξ	Oberaufseher des Gefängnisses	שר בית הסהר שר הטבחים	165
ἀρχιδεσμώτης	Oberaufseher des Gefängnisses	שר הטבחים	165
ἀρχιευνοῦχος	Eunuchenoberster	שר הסריסים	165
ἀρχιμάγειρος	Oberkoch	שר הטבחים	165
ἀρχιευνοχόος	Obermundschenk	שר המשקים	166
ἀρχισιτοποιός	Oberbäcker	שר האפים	166
ἀρχιστράτηγος	Oberfeldherr	שר הצבא	166
ἄρχων	Herrscher	שר	166
δεκάδαρχος	Anführer von 10 Mann	שר עשרת	288
δέκαρχος	Decemvir	שר עשרת	289
ἑκατοντάρχης ἑκατόνταρχος	Anführer von hundert Mann	שר המאות	420
πατριάρχος	Patriarch	שר המאות	1111
πεντεκόνταρχος	Anführer von 50 Mann	שר חמשים	1119
χιλίαρχος	Befehlshaber von 1000 Mann	שר אלף	1469

Mit wenigen Ausnahmen (z.B. ἀρχιδεσμοφύλαξ) handelt es sich um Begriffe, die auch außerhalb der Septuaginta vorkommen.

In dem Wortgebrauch von ἄρχων differenziert die Septuaginta nicht zwischen שר , נשיא und anderen hebräischen Begriffen. Die Vulgata übersetzt durchgängig ἄρχων mit princeps - dies zeigt ein Vergleich der Septuaginta - Konkordanz mit der Vulgata - Konkordanz[6] - und dabei geht auch in der Vulgata die Differenzierung des hebräischen Originals, zum Beispiel zwischen שר und נשיא, verloren. Diese Lage der Dinge ist bedeutsam für die ältere hebräische Lexikographie, die hier offenbar der Tradition der Vulgata folgt. So übersetzt BUXTORF[7] שר und

---

5   Nach W. Pape, Griechisch - Deutsches Handwörterbuch, Photomech. Nachdr. d. 6. Nachdr. d. 3. Aufl., bearb. von M. Sengebusch, Braunschweig 1914, Graz 1954.

6   B. Fischer, Novae Concordantiae IV, Sp. 3985-3996.

7   J. Buxtorf: Johannis Buxtorfi Lexicon Hebraicum et Chaldaicum ... editio novissima ... Basileae 1735, zu נשיא S. 488, zu שר S. 790.

נשיא mit princeps, ebenso die Lexika von STOCK[8] und SIMON[9]. Als deutsches Äquivalent zu princeps wird 'Fürst' eingesetzt, zum Beispiel bei COCCEJUS.[10]

Diese Tradition der Übersetzung von שר und נשיא durch princeps beziehungsweise Fürst ist schon in Luthers Bibelübersetzung greifbar;[11] allerdings hat eine fortdauernde Revisionstätigkeit andere Begriffe eingeführt, die versuchen, den Vorschlägen der modernen hebräischen Lexikographie, die von dem als unzeitgemäß empfundenen Begriff "Fürst"[12] abkommen, Rechnung zu tragen.[13]

Anstatt hier Klarheit zu schaffen, haben die Revisionen zu noch mehr Verwirrung geführt, da sie inkonsequent blieben und die Übersetzung von שר durch "Fürst" in den Prophetenbüchern beließen. Wie ein Blick in die Zürcher Bibelkonkordanz zeigt, läßt es auch die Zürcher Bibel an Eindeutigkeit fehlen.[14]

---

8   Ch. Stock: Christiani Stockii Clavis Linguae Sanctae Veteris Testamenti ... sextum edita cura Ioh. Frider. Fischeri, Lipsiae 1753, zu נשיא S. 733, zu שר S. 1213.

9   J. Simon: Ioh. Simonis Lexicon Manuale Hebraicum et Chaldaicum ... editio altera ... Halae Magdeburgicae 1771, zu נשיא S. 636; zu שר S. 996.

10   J. Coccejus: Johannis Coccei ... Lexicon & Commentarius Sermonis Hebraici et Chaldaici editio novissima ... Operâ atque studiô Johannis Henrici Maji ... Francofurti et Lipsiae 1714, zu נשיא Sp. 538f.; zu שר Sp. 874f. Mit "Fürst" übersetzt נשיא und שר noch: E. König, Hebräisches und aramäisches Wörterbuch zum Alten Testament, Wiesbaden 1936[7], שר Sp. 470; נשיא Sp. 290. Es ist anzumerken, daß princeps keineswegs die einzig denkbare Übersetzung von שר ins Lateinische ist; so schlägt Zorell für שר "praefectus, antistes" vor (S.806), für נשיא dagegen "princeps" (S. 535).

11   Der Einfachheit halber sei verwiesen auf die Ausgabe: D. Martin Luther, Die gantze Heilige Schrifft Deudsch, München 1972. Für eingehende Betrachtungen ist die Weimarer Ausgabe heranzuziehen.

12   Im Mittellateinischen werden Verbindungen mit princeps als Funktionsbezeichnungen gebraucht, so: Princeps palatii, Regalis curiae princeps, Princeps militiae. Diese und andere Beispiele bei: J.F. Niermeyer, Mediae Latinitatis Lexicon Minus, Leiden 1976, s.v. princeps. Daneben hat princeps die Bedeutung "Fürst".

13   So übersetzt die 1964 revidierte Fassung der Lutherbibel in 1Reg 4,2 השרים אשר לו   mit "seine Großen", Luther dagegen in seiner Ausgabe "seine Fürsten".
Luther übersetzt nicht alle Stellen, an denen שר auftritt, mit "Fürst", zum Beispiel 2Sam 18,5; 1Sam 22,2, zumindest an diesen Stelle nicht mechanisch der Vulgata folgend, die "princeps" liest.
Zudem übersetzt Luther in den Geschichtsbüchern שר oft mit "die Obersten", z.B. 2Reg 24,14; "Fürst" dagegen in den Prophetenbüchern.
Einen Überblick über die Begriffe der deutschen Bibelübersetzung und die ihnen zugrunde liegenden hebräischen und griechischen Wörter findet man bei: M. Friedrich Lanckisch, Concordantiae Bibliorum Germanico - Hebraico - Graeca ... ausgestellt von M. Christiano Reineccio ... Leipzig und Franckfurth 1718; Fürst S. 312-314; Oberster S.800-801.

14   Zürcher Bibelkonkordanz, bearb. v. K.Huber, H.H. Schmid, Zürich 1969ff., s.v. Fürst, Oberster.

22

Es ergibt sich somit, daß unter "Fürst" in den gängigen deutschen Übersetzungen mehrere hebräische Begriffe zusammengefaßt sind, hebräisch שר andererseits mit verschiedenen deutschen Begriffen wiedergegeben wird.

Eine Untersuchung des Wortes שר wird zunächst nicht von den verschiedenen alten Übersetzungen des Alten Testaments auszugehen haben, sondern versuchen, die Kontexte, die innerhebräischen Synonyme und parallele Bezeichnungen aus verwandten Sprachgebieten heranzuziehen. Dabei ist zunächst auf die status - constructus Verbindungen mit שר einzugehen, wobei im Hintergrund die Frage nach den Wörtern steht, die anstelle von שר in diesen Titelbildungen verwendet werden können.

Neben dieser sprachlichen Fragestellung sind auch institutionsgeschichtliche Folgerungen zu ziehen.

Die Zusammensetzungen mit שר in den Beamtentiteln

Die militärischen Ränge. Die שרי עשרת, שרי אלפים, שרי מאות, שרי חמשים treten oft in Reihen auf. So erscheinen alle vier Ränge in:
Ex 18,21

ושמת   עלהם   שרי אלפים שרי מאות שרי חמשים ושרי עשרת

Ex 18,25

ויתן אתם ראשים על העם שרי אלפים שרי מאות שרי חמשים ושרי עשרת

Dt 1,15

ואתן אתם ראשים עליכם   שרי אלפים ושרי מאות ושרי חמשים ושרי עשרת
ושטרים לשבטיכם

Außerhalb dieser drei Reihen, die die Delegation der Gerichtsbarkeit in die Hände der genannten Beamten zum Thema haben,[1] erscheinen die שרי עשרת im Alten Testament nicht mehr.[2]

Außerhalb von Reihen erscheint der שר חמשים mehrfach in 2Reg 1 und einmal in Jes 3,3; allein neben den שרי אלפים sind sie in 1Sam 8,12 genannt.

---

1   Zu dem Problem der Militärführer als Richter vgl. R. Knierim, Exodus 18 und die Neuordnung der mosaischen Gerichtsbarkeit, ZAW 73 (1961), passim.

2   Vielleicht läßt sich noch in Jer 41,1 das Amt eines solchen שר עשרת erkennen, s. R.de Vaux, Das Alte Testament und seine Lebensordnungen II, Frankfurt, Basel, Wien 1962, S. 29. Zumindest ist die Einheit von zehn Mann erkennbar.

Sonst stehen sehr oft die שרי מאות neben den שרי אלפים , so in Num 31,
14.48.52.54; 1Sam 22,7; 2Sam 18,1; am häufigsten in der Chronik, so in 1Chron 13,
1; 28,1; 29,6; 26,26; 27,1; 2Chron 1,2; 25,5.

Diese beiden Ränge sind in der Chronik besonders hervorgehoben; so machen sie
aus ihrer Kriegsbeute Weihegeschenke,[3] leisten Spenden für den Tempelbau,[4] und
werden - zusammen mit den שפטים , נשיאים und den ראשי האבות - von Salomo
zu einem Opferfest befohlen, 2Chron 1,2.

Entsprechend ihrem Rang kommt den שרי אלפים und den שרי מאות mehr Ansehen zu als den שרי חמשים und den שרי עשרת , die in den oben aufgeführten
Stellen nicht genannt sind.[5]

Ohne Frage sind nach dem שר הצבא als dem obersten militärischen Befehlshaber die שרי אלפים , Anführer von tausend,[6] Inhaber der höchsten militärischen
Ränge. Ihnen folgen die שרי מאות , Anführer von hundert.[7] Der Unterschied dieser
Ränge zu den שרי חמשים , Anführer von fünfzig, und שרי עשרת , Anführer von
zehn, ist nicht gering zu veranschlagen, da es eine Reihe von Belegen gibt, nach
denen die Vertreter der beiden höheren Ränge agieren, die anderen Ränge jedoch
nicht genannt sind.

Ein Sonderproblem stellt die Frage dar, welches die kleinste geschlossene militärische Einheit, die 'Standardeinheit' sozusagen, im Alten Testament ist. Für
das Südreich ist hervorzuheben, daß zumindest die Truppe der Karer und der Läufer
unter dem Kommando von שרי מאות steht und sich somit eine Untergliederung in
Einheiten zu hundert Mann ergibt.[8] Zu vergleichen ist auch die Untergliederung
des Heeres in der frühen Königszeit in Abteilungen von tausend beziehungsweise
hundert Mann in 2Sam 18,1.4. Dem entspricht, daß die שרי מאות oft neben den
שרי אלפים genannt sind, und dies bezieht sich immer auf die Zeit der vereinigten Königreiche beziehungsweise das Reich Juda.

Andererseits sind auch Einheiten von fünfzig Mann in Juda zu belegen, so die
fünfzig Läufer, die sich Anwärter auf den Königsthron zu halten pflegen (2Sam 15,
1; 1Reg 1,5). Allerdings handelt es sich dabei nicht um offizielle Heereseinhei-

---

3   1Chron 26,26 (s.BHS), genannt neben den ראשי האבות und den שרי הצבא .

4   1Chron 29,6, genannt neben den שרי האבות , שרי שבטי ישראל und den
שרי מלאכת המלך.

5   Dem entspricht es auch, daß die שרי אלפים - neben den זקני ישראל
mit David die Lade überführen, 1Chron 15,25.

6   s. noch 1Sam 17,18; 18,13; 2Chron 17,14.

7   s. noch 2Reg 11//2Chron 23.

8   s.S.30ff.

ten. Sicher dagegen ist in Jes 3,3 belegt, daß es dort das Amt des שרי חמשים
gab.[9]

In 1Sam 8,12 stehen neben den שרי אלפים die שרי חמשים , an der Stelle,
an der sonst die שרי מאות genannt sind. Wie VEIJOLA gezeigt hat,[10] entstammt
die Kritik am Königtum, die in 1Sam 8,11-17 festgehalten ist, dem Norden. Dort begegnen Einheiten von fünfzig Mann (2Reg 15,25; 13,7), befehligt von einem שר חמשים
in 2Reg 1.

Für das Nordreich Israel ist der Rang des שר המאות nicht belegt, doch ist
dies ein argumentum e silentio für die ansonsten vertretbare Hypothese, daß im
Nordreich Israel die kleinste selbständig handelnde militärische Einheit aus fünfzig Soldaten bestand, von denen zwanzig zu der größeren Einheit einer Tausendschaft zusammengefaßt werden, in Juda dagegen die Standardeinheit aus hundert Soldaten bestand, möglicherweise untergliedert in zwei Untereinheiten.[11]

Die Belege für die militärischen Ränge im Pentateuch, in Ex 18,21.25; Dt
1,15 und in dem Kapitel Num 31 könnten den Eindruck erwecken, als handele es sich
um Ämter, die schon in vorköniglicher Zeit nachzuweisen sind. Dies ist mitnichten
zutreffend. KNIERIM hat nachgewiesen, daß die militärischen Ränge als Richter in
Ex 18 sekundär sind; ihr Eindringen in den Kontext spiegele eine Veränderung der
Justizorganisation in der Königszeit wider.[12] Dt 1,15 lehnt sich an die beiden Belege aus Ex 18 an,[13] wenn nicht gar die Verhältnisbestimmung dieser Belege umzu-
kehren ist und damit Ex 18,21.25 die Stelle Dt 1,15 voraussetzt.[14] Num 31 "gehört

---

9   Der Vers geht auf Jesaja zurück, H. Wildberger, Jesaja (BK X/1), Neukirchen-Vluyn 1972, S. 116ff.

10   T. Veijola, Das Königtum in der Beurteilung der deuteronomistischen Historiographie (Annales Academiae Scientiarum Fennicae Ser. B 198), Helsinki 1977,S.65f.

11   Anders M. Noth, Geschichte Israels, Göttingen 1969[7], S. 103.

12   R. Knierim, Exodus 18, S. 154f.; 167f.; G. Ch. Macholz, Zur Geschichte
der Justizorganisation in Juda, ZAW 84 (1972), S. 322ff. Die Verbindung zwischen
den Richtern und den militärischen Amtsträgern sieht M. Weinfeld, Judge and Officer in Ancient Israel and in the Ancient Near East, IOS 7 (1977), S. 65-88, auch
außerhalb Israels in einer allgemeinen Praxis begründet; vgl. H. Cazelles, Institutions et terminologie en Deut. I 6-17, VTS 15 (1966), S. 97-112 mit einem Hinweis auf ägyptisches Vergleichsmaterial S. 107f.
Im Grunde genommen bleiben davon die Feststellungen von MACHOLZ und KNIERIM
unberührt; s. jedoch M. Weinfeld, aaO, S. 86ff.

13   R. Knierim, Exodus 18, S. 167, anders J.G. Plöger, Literarkritische, formgeschichtliche und stilkritische Untersuchungen zum Deuteronomium (BBB 26), Bonn
1967, S. 31-35, der der Annahme einer Abhängigkeit kritisch gegenübersteht. Vgl.
H. Cazelles, aaO, passim.

14   E. Zenger, Das Buch Exodus (Geistliche Schriftlesung 7), Düsseldorf 1978,
S. 187ff. nimmt an, daß die Aufnahme des Abschnittes einer deuteronomistischen
Hand zu verdanken sei.

innerhalb des Pentateuchs zu den jüngsten Geschichten; sie ist kaum P zuzurechnen, doch sind priesterschriftliche Einflüsse zu konstatieren."[15]

Die Bezeichnungen der militärischen Anführer in der vorköniglichen Zeit sind
oft mit ראש gebildet, so die ראשי אלפי ישראל in Num 1,16; 10,4; Jos 22,21.
30; vgl. Jud 11,6ff.[16] Als נשיאים werden sie zudem in Num 1,16; 10,4 bezeichnet.[17] Es ist der König, der in der staatlichen Zeit über die שרי אלפים und die
Inhaber aller anderen Ränge befiehlt und sie einsetzt (1Sam 18,13; 2Sam 18,1); es
handelt sich um seine Offiziere und sein Heer.

Dennoch ist natürlich damit zu rechnen, daß dieses Heer in Kriegszeiten zu
einem großen Teil aus Männern bestand, die nicht im Hauptberuf Soldaten waren,
sondern aus dem Aufgebot der wehrfähigen Israeliten kamen. In dieser Pflicht, Waf-
fendienst zu leisten, kann eine Linie der Kontinuität zu vorstaatlichen Institutionen gesehen werden.

Der Entwicklung in der Königszeit entspricht es, daß die Soldaten nicht wie
vordem nach Stämmen, sondern nach territorialen Einheiten aufgerufen werden.[18]

---

15   F. Stolz, Jahwes und Israels Kriege (AThANT 60), Zürich 1972, S. 75.

16   vgl. J.R. Bartlett, The Use of the Word ראש as a Title in the Old Testa-
ment, VT 19 (1969), S. 1-10; H. Cazelles, Institutions, S. 102ff.; L. Rost, Die
Vorstufen von Kirche und Synagoge im Alten Testament (BWANT 76), Stuttgart 1938,
S. 65-69.

ROSTs Beobachtung, daß an der Spitze der militärischen Einheiten sonst die
mit שר gebildeten Ränge stehen, trifft den Kern der Sache; allein der Schluß,
daß die ראשים dort nicht hingehören, ist insofern fraglich, als daß sich in vorköniglicher Zeit die mit שר gebildeten Bezeichnungen nicht nachweisen lassen.
Der Satz: "Denn die אלפים sind Untergruppen des Heerbanns, an deren Spitze
sonst die שרים stehen." (L. Rost, aaO, S. 68) läßt sich für die vorstaatliche
Zeit - was die שרים betrifft - nicht belegen. Es scheint nicht ausgeschlossen,
daß sich mit ראש eine Bezeichnung von Heerführern der vorköniglichen Zeit erhalten hat.
Nach D. Kellermann, Die Priesterschrift von Numeri 1,1 bis 10,10 (BZAW 120),
Berlin 1970, S. 6f.; 15ff.; 142f.; 146f. ist Num 1,16 deutlich sekundär, während
Num 10,4 zum vom Hauptautor von 10,1-8 übernommenen Gut zu rechnen ist. Bei der
Zuweisung von 1,16 wird das Argument von Rost über den Wortgebrauch von שר und
ראש (s.o.) übernommen.
Es sei darauf hingewiesen, daß das Wort אלף auch zur Bezeichnung einer Un-
tergliederung eines Stammes oder des Stammes selbst dienen kann. In diesem Sinne
versteht HAL S. 58 אלף in ראשי אלפי ישראל unter Angabe der o.g. Stellen.

17   Zum נשיא s. J.H. Ebach, Kritik und Utopie. Untersuchungen zum Verhältnis von Volk und Herrscher im Verfassungsentwurf des Ezechiel (Kap. 40-48), Diss.
theol. Hamburg 1972, S. 45-57.

18   vgl. K. Galling, Die israelitische Staatsverfassung in ihrer vorderorientalischen Umwelt, Der Alte Orient 28, Heft 3/4, Leipzig 1929, S. 24ff. mit Hinweis auf Am 5,3 und 1Reg 22,36.

Zudem scheint die Gliederung des vorköniglichen Heeres an den Waffengattungen orientiert zu sein und nicht an zahlenmäßigen Einheiten.[19]

Sowohl diese zahlenmäßige Untergliederung des Heeres in der Königszeit als auch die Ränge der Offiziere können zeigen, in welchem Raum die Organisationsform des israelitischen Heeres verwurzelt ist. Es hat nicht an Versuchen gefehlt, hier Parallelen zu ägyptischen Einrichtungen zu ziehen.[20] Daher ist hier kurz auf die Militärorganisation des Neuen Reiches einzugehen.

Das Tableau einer ägyptischen Kompanie hat SCHULMAN entworfen.[21] Der Kommandeur einer solchen 250 Mann starken Einheit ist der t3j sryt (Standard bearer)[22]; sein nachgeordneter Offizier ist der jdnw.[23] Die Kompanie ist eingeteilt in fünf Einheiten zu 50 Mann, die von einem ꜥ3 (n) 50 (Platoon - leader)[24] befehligt werden. Offenbar unterteilt sich eine solche Untereinheit noch in fünf Gruppen zu zehn Mann, die vom ꜥ3 10 befehligt werden.[25] Administrative Aufgaben nimmt ein Schreiber wahr.[26]

Es gibt untrügliche Kennzeichen dafür, daß diese Heeresverfassung in den ägyptisch besetzten Gebieten Syrien - Palästinas in der Amarnazeit bekannt war. So ist es auffällig, daß die Stadtfürsten dieser Region Hilfstruppen anfordern, deren Stärke ein Mehrfaches von 50, der kleinsten selbständig agierenden ägyptischen Einheit, ausmacht.[27]

Dennoch ergibt sich über die Amarnazeit keine Beeinflussung israelitischer militärischer Organisationsformen durch ägyptische Vorbilder, da sie voneinander zu stark unterschieden sind. So stimmen die Truppenordnungen nicht überein; sie

---

19   Y. Yadin, The Art of Warfare in Biblical Lands, London 1963, S. 262f. Daß die zahlenmäßige Untergliederung des Heeres der Königszeit entstammt, nimmt auch J. Pedersen, Israel. Its Life and Culture, I-II (Nachdr. d. Ausg. London, Copenhagen 1926) København 1964, S. 50f. an; vgl. G.E. Mendenhall, The Census Lists of Numbers 1 and 26, JBL 77 (1958), S. 52-66, bes. S. 57ff.

20   H. Cazelles, Institutions, S. 107f.

21   A.R. Schulman, Military Rank, Title, and Organization in the Egyptian New Kingdom (Münchner Ägyptologische Studien 6), Berlin 1964, S. 30.; anders W. Helck, Art.: Militär, in: LdÄ IV, Sp. 128-134; vgl. Art.: Heer, in: KlWbdÄ, S. 144-146.

22   A.R. Schulman, aaO, S. 69ff.

23   A.R. Schulman, aaO, S. 34f.

24   A.R. Schulman, aaO, S. 33.

25   A.R. Schulman, aaO, S. 28.

26   A.R. Schulman, aaO, S. 62ff.

27   s. EA 71, 23ff.; 127,35ff.; 131,12ff.; 132,56f.; anders 152,45ff.; Belege bei A.R. Schulman, aaO, S. 125ff.

orientieren sich an einem Fünferschema (250 oder 200[28] - 50 - 10) in Ägypten, nach einem dekadischen Schema (1000 - 100 - 50 - 10) im Alten Testament. Zudem lassen sich auch die Rangbezeichnungen der Offiziere nicht in Zusammenhang bringen.

Am ehesten scheint dies noch für die Ränge des ꜥ3 (n) 50 und שר חמשים und des ꜥ3 10 und שר עשרת möglich. So bedeutet ꜥ3 "groß"[29], in Titeln: "der Vorsteher von"[30]. Im Zusammenhang unserer Titel übersetzt SCHULMAN ꜥ3 50 mit "The great one of the 50".[31] Dabei ist die Überordnung, die ꜥ3 ausdrückt, nicht so strikt wie bei שר ; der ꜥ3 ist eher ein "primus inter pares".[32]

Diesem semantischen Unterschied in der Titelbildung korrespondiert auf der Ebene der Heeresverfassung, daß der ꜥ3 50 zu den fünfzig Mann seiner Truppe gehört, sozusagen selbst der fünfzigste Mann ist und - genau genommen - nur 49 Soldaten befehligt. Das selbe gilt auch für den ꜥ3 10.[33]

Der שר חמשים - und dies gilt wohl auch für die anderen Ränge -[34] ist <u>über</u> die Fünfzigerschaft gesetzt; dies wird sehr schön deutlich in 2Reg 1,9, ein Vers, in dem es heißt:

וישלח אליו שר חמשים וחמשיו

"Und er schickte ihm einen Anführer von fünfzig und seine Fünfzigerschaft."

Die שרי חמשים und die שרי עשרת werden somit nicht zu der Truppe gerechnet und gehören auf die Seite der Offiziere, während die Ränge des ꜥ3 50 und des ꜥ3 10 im ägyptischen Bereich den Mannschaften näher stehen. Auch dies zeigt, daß die Strukturen keine Verwandtschaft erkennen lassen.

Das Tableau einer assyrischen Streitwageneinheit hat KINNIER WILSON aufgezeichnet.[35] Nach seiner Darstellung, die allerdings fraglich ist,[36] ergibt sich, daß bei den 106 Mann Streitwagenpersonal die Offiziere (rab kisri und zweimal der

---

28   W. Helck, Militär, Sp. 132.

29   WbÄS I, S. 161.

30   WbÄS I, S. 163.

31   A.R. Schulman, aaO, S. 33; auch "The greatest", S. 50.

32   A.R. Schulman, aaO, S. 28.

33   A.R. Schulman, aaO, S. 30. Dem Element שר in den Rangbezeichnungen entspräche eher ägyptisch ḥry, das wörtlich "he who is above" bedeutet (A.R. Schulman, aaO, S. 50).

34   vgl. Jer 41,1; s. Anm. 2.

35   J.V. Kinnier Wilson, The Nimrud Wine Lists. A Study of Men and Administration at the Assyrian Capital in the Eighth Century, B.C., London 1972, S. 50ff., abgek.: NWL.

36   S. Parpola, Review, JSS 21 (1976), S. 172.

Rang des rab ḫaššā) nicht mitgezählt sind und damit nicht in die Organisation der Mannschaft eingebunden sind. Eine solche Beobachtung scheint auch für den rab ešerte zu gelten.[37]

Auf jeden Fall weist das Schema der Untergliederung des Heeres (10-50-100-1000) auf den vorderasiatischen Bereich, und es scheint geraten, dort die Vorbilder der israelitischen Rangbezeichnungen zu suchen.

So begegnen in Ugarit die Ränge des rb 'šrt[38] und des rb mit[39] für militärische Befehlshaber. Derartige Bildungen mit rabû und einer Zahl, die denen mit שר und einer Zahl ganz analog sind, sind im Neuassyrischen und Neubabylonischen belegt: rab līmi, Anführer von 1000,[40] rab mē, Anführer von 100,[41] rab ḫamša, Anführer von 50,[42] rab ešerte, Anführer von 10.[43]

Daneben gibt es ähnliche Bezeichnungen, die jedoch nicht mit rabû (GAL), sondern mit waklu (PA) gebildet sind und durchweg älter sind.[44] Diese Bildungen begegnen uns in den akkadischen Texten aus Ugarit und Alalach.[45] Im Bereich der

---

37   J. Friedrich, G.R. Meyer, A. Ungnad, E.F. Weidner, Die Inschriften vom Tell Halaf (BAfO 6), Nachdr. d. Ausg. 1940 o.O., Osnabrück 1967, S. 32f.

38   UT Gl. Nr. 2297; s. KTU 4.609,2; vgl. M.C. Astour, The Merchant Class of Ugarit, Gesellschaftsklassen im Alten Zweistromland und in den angrenzenden Gebieten - XVIII. Rencontre assyriologique internationale, München 29. Juni bis 3. Juli 1970, Hg. D.O. Edzard (Bayerische Akademie der Wissenschaften Phil.-Hist. Kl. NF Heft 75. Veröff. d. Komm. z. Erschließung von Keilschrifttexten Serie A / 6. Stück), München 1972, S. 16.

39   rb mit: KTU 2.42,3; zum ugaritischen Militärwesen s. J. Nougayrol, Guerre et paix à Ugarit, Iraq 25 (1963), S. 110-123; A.F. Rainey, The Military Personnel of Ugarit, JNES 24 (1965), S. 17-27.

40   s. CAD L, S. 198.

41   s. CAD M II, S. 2.

42   vgl. W. Manitius, Das stehende Heer der Assyrerkönige und seine Organisation, ZA 24 (1910), S. 189ff.; zu der kisru-Einheit s. J.N. Postgate, Taxation and Conscription in the Assyrian Empire (StP·Series maior), S. 224ff.; vgl. NWL, S.56f. Zu ksr in der alttestamentlichen Überlieferung s. A. Finet, Termes militaires Accadienś dans l'A.T. conservé dans la LXX, IRAQ 25 (1963), S. 191-192. Zu vergleichen ist auch der   אדר חמשים האש in KAI 101,4, Befehlshaber einer Einheit von 50 Mann.

43   Diese Bezeichnung erscheint auch in nicht - militärischem Zusammenhang (CAD E, S. 365); jedoch ist der rab ešerte als militärischer Rang gesichert; s. J. Friedrich, G.R. Meyer, A. Ungnad, E.F. Weidner, Die Inschriften vom Tell Halaf (BAfO 6), Nachdr. d. Ausg. 1940 o.O., Osnabrück 1967, S. 32f (E.F. Weidner); vgl. NWL, S. 90.

44   s. CAD A I, S. 279; zu der Heeresstruktur in altbabylonischer Zeit s. E. Salonen, Zum altbabylonischen Kriegswesen, BiOr 25 (1968), S. 160-162.

45   PA X, AlT 222,31; PA li-im, AlT 222,25; [LU]PA li-im, RS 20.239,27 (Ugar V S. 142); PA li-im, RS 19.78,4.9 (PRU VI S. 52). Daß der ugaritische PA lîm mit dem   שר אלף zu vergleichen ist, vertritt auch J.Nougayrol, aaO, S. 117, Anm. 47.

nordwestsemitischen Sprachen leben die mit rb und einer Zahl gebildeten Rangbezeichnungen, die schon im Ugaritischen nachzuweisen sind, lange fort; so sind in
einer punisch - numidischen Bilingue aus Dougga aus dem Jahre 139/138 v. Chr.
רבת מאת bekannt.[46]

Dem Alten Testament zeitlich nahe stehen die aramäischen Bezeichnungen aus
der jüdischen Militärkolonie in Elephantine, so die רבי מאות.[47] Auch das Wort
אלף , Tausendschaft, zur Bezeichnung einer größeren militärischen Einheit ist in
den Dokumenten aus Elephantine belegt.[48]

Dies bedeutet, daß es in räumlicher Nähe Bezeichnungen militärischer Ränge,
die mit rb und einer Zahl gebildet sind, gab, die den hebräischen entsprechen,
und zwar schon in Ugarit, das heißt vor der Königszeit, in der neuassyrischen beziehungsweise neubabylonischen Epoche, während der Königszeit,[49] in Elephantine,
nach der Königszeit. Mit diesen Bezeichnungen hat Israel Anteil an Strukturen, die
in ganz Vorderasien verbreitet waren, nicht jedoch in Ägypten.

Die   שרי הרצים. Neben dem Bezeichnungssystem, das die Ränge der Offiziere
kennzeichnet, existiert im Alten Testament ein anderes, das sich an den Truppen-
gattungen orientiert. Die Überschneidung beider Bezeichnungsweisen wird gerade an
den   שרי הרצים deutlich (2Reg 11,4).

Die   שרי הרצים sind im Alten Testament nicht sehr häufig belegt, in 1Reg
14,27//2Chron 12,10 und 2Reg 11,4. Bei den   רצים , eigentlich Läufern,[50] handelt
es sich um eine Palastwache (1Reg 14,27) und Garde des Königs, die auch Exekutions-

---

46   KAI 101,2; wahrscheinlich ein militärischer Rang, KAI II, S. 111f.

47   Cowl. 2,11; 80,3; vgl. 22,19f.

48   Cowl. 71,16; s.a. Cowl. S. XVI; XXIXf.

49   Auf die Verwandtschaft der alttestamentlichen Heeresstruktur mit der assyrischen weist hin: E. Salonen, Art.: Heer, in: RlA 4, S. 244-247; zustimmend M.
Weinfeld, Judge and Officer, S. 74.
      Auch die Zweiteilung von Volksheer und Stehendem Heer ist im assyrischen Heer
belegt, s. H.F.W. Saggs, Assyrian Warfare in the Sargonid Period, Iraq 25 (1963),
S. 145-154; vgl. W. v. Soden, Die Assyrer und der Krieg, Iraq 25 (1963), S. 131-
-144.
      Neben dem dezimalen System der Ränge existierte auch ein sedezimales; darauf
verweisen die Bezeichnungen rab šinšeret und rab šuši (AHw II, S. 938).
      In der Königszeit sind in Moab Einheiten von 50 Mann belegt, KAI 181,28.

50   Die muß durchaus kein demütigender Dienst sein (1Sam 8,11); so ist es in
einer nordsyrischen Inschrift des 8.Jh. (KAI 215,12f.) als eine besondere Gunst
des Großkönigs genannt, daß sein Vasall am Rade seines Streitwagens laufen darf
(vgl. KAI II, S. 228).

befehle auszuführen hat (1Sam 22,17; 2Reg 10,25). Eine solche Garde steht an sich nur dem König zu (vgl. 1Sam 8,11); außer ihm haben nur die Thronprätendenten Absalom (2Sam 15,1) und Adonia (1Reg 1,5) eine solche Truppe.[51]

In 1Reg 14,27 wird mitgeteilt, wie nach dem Feldzug Scheschonks die von ihm weggeführten Schilde Salomos ersetzt und den שרי הרצים übergeben werden. NOTH nimmt an, daß es jeweils nur einen Inhaber dieses Amtes gab;[52] doch dies ist auf Grund verschiedener Erwägungen sehr unwahrscheinlich. So ist es die Aufgabe der רצים , den König auf dem Weg zum Tempel zu begleiten; dabei tragen sie die bewußten, durch Rehabeam ersetzten Schilde (מגן , 1Reg 14,27.). Die Zahl der ursprünglich von Salomo verfertigten Schilde beträgt 200 Setzschilde (צנה) und 300 Tragschilde (מגן),[53] 1Reg 10,16-17. Wir hören nur, daß die Tragschilde (מגן) von Rehabeam für die רצים ersetzt werden, es wäre also mit einer Truppe von 300 רצים zu rechnen. Nach dem gängigen Schema der Heeresverfassung sind dies drei Einheiten à 100 Mann, die von einem שר מאות kommandiert werden. Bestätigt wird die Annahme einer solchen Gliederung durch die שרי המאות לכרי ולרצים in 2Reg 11,4. Wie V.7 zeigt, handelt es sich um fünf Einheiten, unter denen drei Fünftel eine Untereinheit bilden, die als je ein Drittel (השלשית) in V.5 und V.6 auftreten, wobei zwei Einheiten (ידות) übrig bleiben (V.7). Unter der Voraussetzung, daß sich die Zahl dieser Truppen seit Salomo nicht geändert hat, könnte man drei Einheiten von רצים zu je 100 Mann und zwei Einheiten von כרים mit gleicher Stärke annehmen, und es ist naheliegend, daß die 200 Setzschilde für diese beiden Einheiten der כרים bestimmt waren. Gestützt wird diese Annahme insgesamt durch die Parallele in der Chronik, 2Chron 23,1, ein Vers, der die <u>fünf</u> שרי המאות namentlich nennt. Diese Rekonstruktion bezieht sich jedoch nur auf die jetzt vorliegende Fassung von 2Reg 11. Wesentlich ist in dem Text der Wechsel von יצא und בוא (V. 5.7; vgl. V.9), und in der Ausführung des Befehls ist nur von den herausziehenden und den kommenden Truppen die Rede, die in V.6 genannten Einheiten erscheinen nicht. Zudem werden gerade die beiden ידות , nach dieser Annahme Einheiten der Karer, zur Leibwache des Königs eingesetzt; in V.11[54] sind es jedoch die רצים.[55]

---

51   An beiden Stellen ist רצים prädikativ zu verstehen.

52   M. Noth, Könige, S. 332; zu den רצים vgl. R.de Vaux, Lebensordnungen I, S. 200f.

53   Zu den Schilden s. M. Noth, Könige, S. 201, 229f.

54   Beachte die Wiederholung von איש וכליו בידו .

55   Die Karer treten selbst nicht in Erscheinung, es ist nur von den sie befehlenden Offizieren die Rede.

Gewöhnlich wird daher V.6 gestrichen.[56] Es ist mit Zusätzen zu rechnen, die dieses Schema der 3+2 Einheiten eingetragen haben.

Eine andere Bezeichnung für die Leibwache ist משמעת .[57] Zur Zeit Sauls ist David über diese Truppe gesetzt (1Sam 22,14); zur Zeit Davids Benaja (2Sam 23,23).

Die שרי גדודים . Die Bezeichnung שר גדוד tritt nur zweimal im Alten Testament, in 1Reg 11,24 und 2Sam 4,2 auf. In 2Sam 4,2 ermorden die beiden שרי גדודים Baana und Rechab ihren Herren Isbaal; in 1Reg 11,24 wird von Reson ausgesagt, daß er Männer um sich versammle und zum שר גדוד werde. Es ist offenbar diese Truppe von Männern, zu deren Anführer (שר) er wurde, die als גדוד bezeichnet wird.

Im alttestamentlichen Sprachgebrauch hat גדוד die Bedeutung "1. Streifschar, Raubzug 2. Kriegsschar."[58] Das wesentliche Ziel einer solchen Schar ist es, Beute zu machen. Wie 1Sam 30 zeigt, geht es dabei unter anderem um die Gefangennahme von Menschen und als wahrscheinliche Folge die Versklavung der Überfallenen (vgl. 2Reg 5,2). Bei den Zügen einer solchen Truppe handelt es sich nicht um große kriegerische Unternehmungen, sondern eher um Kommandounternehmen, örtlich sowie zeitlich begrenzte Razzien, die allerdings in gewisser Regelmäßigkeit auftreten können (2Reg 13,20).[59]

Die Tätigkeit einer solchen Truppe wird in Hos 6,9 und 7,1 negativ qualifiziert, zwei Stellen, die wohl auf den Propheten selbst zurückgehen.[60] Dagegen stellt das deuteronomistische Geschichtswerk unbefangen dar, daß auch die Israeliten zu solchen Unternehmungen ausziehen (2Sam 3,22); und in der Chronik ist גדוד gar eine Untergliederung des Heeres.[61] Im Hiobbuch verfügt auch Jahwe über

---

56   Zur näheren Begründung s. J. Wellhausen, Die Composition des Hexateuchs und der historischen Bücher des Alten Testaments, Berlin 1963⁴, S. 292 Anm.2; vgl. J. Gray, I&II Kings. A Commentary (OTL), London 1970², S. 570f. vgl. Ch. Levin, Der Sturz der Königin Athalja (SBS 105), Stuttgart 1982.

57   HAL, S. 613.

58   HAL, S. 170.

59   vgl. J. Gray, Kings, S. 600; zu dem iterativen Verständnis der Verbform s. R. Meyer, Grammatik III § 100 2.b.

60   H.W. Wolff, Dodekapropheton 1 Hosea (BK XIV/1), Neukirchen - Vluyn 1965², S. 155ff.; 139ff.

61   2Chron 26,11; vgl. 1Chron 7,4; plündernd dagegen in 2Chron 25,13; vgl. R.de Vaux, Lebensordnungen II, S. 29f. In der Chronik ist eine solche Einheit offenbar 120 Mann stark; s. V. 12.13; s. W. Rudolph, Chronikbücher (HAT I 21), Tübingen 1955, S. 285; sonst folgt die Untergliederung des Heeres dem Schema 1000 - 100 - 50 - 10. Der gesamte Abschnitt 2Chron 26,11-15 ist der Hand des Chronisten zu verdanken; auf vorexilische Quellen verweist nichts, s. P. Welten, Geschichte und Geschichtsdarstellung in den Chronikbüchern (WMANT 42), Neukirchen - Vluyn 1973, S. 87-90.

32

derartige Einheiten (Hi 19,12; 25,3).

Auch außerhalb des Alten Testaments, in der syrischen Staatenwelt, ist ein dem hebräischen Wort גדוד verwandter Begriff belegt. So erscheinen auf einer Inschrift vom Karatepe[62] die בעל אגדדם , "Bandenführer"[63]. Es handelt sich dabei um feindliche Größen, gegen die Befestigungsanlagen errichtet werden. Qualifiziert werden sie als אשם רעים , böse Menschen, was durchaus in einer Linie mit der Beurteilung Hoseas steht.

Für den Zusammenhang der hier untersuchten Beamtentitel ist es von Belang, daß eine dem שר גדוד vergleichbare Bezeichnung, בעל אגדד , im nordsyrischen Bereich nachzuweisen ist.

Die _____ שר רכב. Unter dem שר רכב ist ein Kommandeur von Streitwagen zu verstehen. So wird von den Aramäern berichtet, daß sie שרי הרכב haben (1Reg 22, 31ff.//2Chron 18,30ff.); in der Zeit der vereinigten Königreiche ist der Titel in 1Reg 9,22[64]//2Chron 8,9; später für Juda in 2Reg 8,21 nachzuweisen. Das Kommando über die Streitwagen ist zweigeteilt; darauf verweist der Titel שר מחצית הרכב für Simri in 1Reg 16,9.

Ein solches Amt eines Streitwagenführers ist natürlich im ganzen Alten Orient verbreitet, überall dort, wo es Streitwagen gab. So ist in Ugarit der akil narkabti, "chief of chariotry"[65] belegt; in einer aramäischen Inschrift aus der zweiten Hälfte des achten Jahrhunderts finden wir den בעל רכב , Herrn über Streitwagen.[65b]

---

62 KAI 26 I 15

63 KAI II S. 41, "chefs des bandes pillardes" DISO S. 40. בעל hat hier die Bedeutung "seigneur, chef" (DISO S. 40), darin durchaus dem Wortgebrauch von שר an die Seite zu stellen.

Ein solcher Gebrauch von belu findet sich schon in den hethitischen Dienstanweisungen, s. E.v. Schuler, Hethitische Dienstanweisungen für höhere Hof- und Staatsbeamte (BAfO 10), Nachdr. d. Ausg. 1957 o.O., Osnabrück 1967, S. 22ff.

Das א in אגדד ist ein prosthetisches Aleph. Vielleicht ist ein Zusammenhang mit hebr. אגדה herzustellen, das womöglich von einem גדד II abzuleiten ist, HAL, S. 10. Von גדוד denominiert ist גדד qal "sich zusammenrotten", HAL, S. 170; daneben existiert auch ein גוד qal "angreifen", vgl. auch das Wortspiel in Gen 49,19.

Assyrisch gudūdu (nur einmal belegt, ABL 1237 Rs 15) ist ein aramäisches Lehnwort mit der Bedeutung "Streifschar" (AHw, S.295), vgl. mandäisch gunda,"army" (MD, S. 84).

64 Daneben sind auch noch die Reiter, פרשים , genannt.

65 A.F. Rainey, The Social Stratification of Ugarit, Diss. Brandeis University o.O. 1962, S. 133f.

65b KAI 215, 3.10; KAI II S. 223 übersetzt mit "Besitzer von Streitwagen". Möglich ist es, in Analogie zu dem בעל אגדד , בעל als Anführer einer militärischen Einheit zu verstehen. Zu der Taktik des Streitwagenkampfes s. Walter Mayer, Gedanken zum Einsatz von Streitwagen und Reitern in neuassyrischer Zeit, UF 10 (1978), S. 175-186.

Die שרי החילים. Bei den שרי החילים handelt es sich um eine Bezeichnung, die im Alten Testament insgesamt achtzehn mal belegt ist. Eine der für חיל belegten Bedeutungen ist "Heer", und diese ist auch bei den שרי החילים zugrunde zu legen.[66] In 2Sam 24,2ff. sind diese Befehlshaber an der Volkszählung Davids beteiligt;[67] in 2Reg 9,5 halten die שרי החיל eine Versammlung ab; nach dem Ende des Staates Juda treten sie in 2Reg 25,23.26 auf.

Auch die Aramäer verfügen über שרי החילים (1Reg 15,20//2Chron 16,4). In Neh 2,9 bilden sie ein Geleit für Nehemia. Relativ häufig erscheinen die שרי החילים in den Erzählungen über Jeremia im Jeremiabuch.[68] Allen diesen Belegen eignet insofern eine gewisse Stereotypik, als daß diese Befehlshaber als geschlossene Größe (כל שרי החילים) auftreten. Dabei stehen sie in Wendungen, die mehrfach in gleicher Form auftreten:[69]

Jer 40,7	כל שרי החילים אשר בשדה
40,13	וכל שרי החילים אשר בשדה
41,11	וכל שרי החילים אשר אתו
41,13	ואת כל שרי החילים אשר אתו
41,16	וכל שרי החילים אשר אתו
42,8	ואל כל שרי החילים אשר אתו
43,4	וכל שרי החילים וכל העם
42,1	כל שרי החילים ... וכל העם מקטן ועד גדול
42,8	ואל כל שרי החילים אשר אתו ולכל העם למקטן ועד גדול
vgl.	כל העם מקטן ועד גדול

ושרי החילים   2Reg 25,26

Erwähnt werden die שרי החילים noch in Jer 43,5. Da neben חיל oft noch von Streitwagentruppen die Rede ist,[70] legt sich die Annahme nahe, חיל bezeichne vorzüglich die Infanterie.[71] Dann wäre שר חיל wie שר רכב und

---

66   H. Eising, Art.: חַיִל hajil, in: ThWbAT II, Sp. 902-911. E. Junge, Der Wiederaufbau des Heerwesens des Reiches Juda unter Josia (BWANT 75), Stuttgart 1937, S. 32ff. nimmt an, daß sich חיל - zumindest in dem Bereich der von ihm untersuchten Texte - auf den Heerbann bezieht. Dies gilt allerdings nicht für alle Stellen, an denen חיל vorkommt; so verfügt auch das aramäische Heer über שרי החילים (1Reg 15,20); Belege für nichtisraelitische Heere, die mit חיל bezeichnet werden, bei H. Eising, aaO, Sp. 907.

67   Text em. s. BHK.

68   S. dazu R. Smend, Die Entstehung des Alten Testaments (Theologische Wissenschaft 1), Stuttgart, Berlin, Köln, Mainz 1978, S. 160f.

69   Oft neben Johanan ben Kareah genannt.

70   vgl. aber Neh 2,9.

71   H. Eising, aaO, Sp. 907.

שר גדוד, eine Bezeichnung, die auf die Truppengattung Bezug nimmt. Möglich ist es andererseits aber auch, daß שר חיל eine allgemeine Bezeichnung für militärische Befehlshaber, wie "Offizier" im Deutschen, darstellt.

Eine dem שר חיל zu vergleichende Bezeichnung begegnet später im Bereich aramäischer Sprache[72] als רב חילא , auch in der jüdischen Militärkolonie in Elephantine. Bei der Zusammensetzung dieser Bezeichnung mit Ortsnamen handelt es sich um die Bezeichnung für Garnisonskommandanten; zu vergleichen ist im Alten Testament 2Chron 33,14, wonach Manasse שרי חיל in alle befestigten Städte Judas legt.

Andererseits geht auch der Sprachgebrauch von רב חילא in den Inschriften nicht in "Garnisonskommandant" auf; רב חילא רבא übersetzt DISO mit "le commandant de la grande armée";[73] zu vergleichen ist auch der [רב חיל]לא in einer aramäisch - griechischen Bilingue aus dem ersten Jahrhundert nach Christus aus Farasa, den KAI[74] mit "General" übersetzt.

חיל kann in diesem Sprachbereich den Platz von hebräisch צבא haben, das entsprechend in den Inschriften aramäisch nicht belegt ist.[75]

Der שר הצבא . Die Bezeichnung שר הצבא kommt in dieser Form im Alten Testament 26 mal vor. Wie das Vorkommen des Titels in den Beamtenlisten zeigt,[76] handelt es sich dabei um eines der höchsten Staatsämter, und man wird daher in dem שר הצבא den obersten Befehlshaber des Heeres sehen können. Dem entspricht, daß in fast allen Belegen nur von einem שר הצבא die Rede ist, und dies wird besonders deutlich in Zusammensetzungen mit Personennamen, Orts- und Ländernamen, beziehungsweise an den Stellen, an denen ein Suffix an שר הצבא angehängt wird, wie:

---

72 Belege bei DISO, S. 271. רב חילא übersetzt Cowl., S. 2 mit "Commander", S. 136 "Commander of the army", aus prosopographischen Gründen wohl "Commander of the garrison" S. 58; vgl. noch Krael. 8,2.3; 13,7. Das Vorkommen dieses Titels in den Dokumenten der jüdischen Militärkolonie von Elephantine ist gerade unter der Berücksichtigung der שרי החילים in den Jeremiaerzählungen bemerkenswert. Zu dem Amt des Garnisonskommandanten s. Cowl. S. XXIX. Zu vergleichen ist noch akk. ḫi'alu, aramäischer Herkunft, das "eine Art Truppen" bezeichnet, AHw, S. 342.

73 DISO, S. 271. In der griechischen Version der palmyrisch - griechischen Bilingue CIS 3947, 2/3 steht für רב חילא רבא ʿο μέγας στρατηλάτης,vgl.OGIS 648.

74 KAI 265; Übers. KAI II, S. 312.

75 DISO, S. 240f.

76 In den Beamtenlisten wird dieses Amt mit על הצבא bezeichnet.

שר צבא הדדעזר   2Sam 10,16; 1Chron 19,16

שר צבא יבין   Jud 4,7

שר צבא מלך ארם   2Reg 5,1

שר צבא חצור   1Sam 12,9

שר צבא יהודה   1 Reg 2,23

שר צבא ישראל   1 Reg 2,23

שר צבאו   Gen 21,22.32; 26,26 (Pichol)

    1Sam 14,50   (Abner)

    2Sam 10,18   (Sobach)

    Jud 4,2   (Sisera)

In allen diesen Fällen wird שר צבא titular gebraucht, entweder als Apposition zu einem Personennamen oder im Nominalsatz (Jud 4,2; 1Sam 14,50). Dabei beziehen sich die Hinzufügungen zu צבא auf einen Herrscher oder König[77] oder ein staatliches Gebilde; sie zeigen, welches Heer es ist, dem der שר הצבא vorsteht.

Auch die Belege, in denen שר durch die Determination von צבא selbst determiniert ist, weisen auf einen Oberkommandierenden des Heeres hin: 1Sam 17,55 (Abner); 1Reg 1,19; 11,15.21 (Joab); 1Chron 19,18 (Sobach); 2Reg 4,13; Dan 8,11; in 2Reg 25,19 und Jer 52,25 wird noch ein ספר שר הצבא erwähnt.

Daneben gibt es auch Formen dieser Bezeichnung im Plural und undeterminiert; dies ist besonders häufig in der Chronik der Fall:

שרי הצבא   1Chron 25,1; 26,26; 2Chron 33,11

שרי הצבאות   1Chron 27,3; vgl. 27,5;

שר צבא למלך   1Chron 27,34.

Es handelt sich durchweg um Stellen, die keine Parallele im deuteronomistischen Geschichtswerk haben.[78] Es liegt daher die Annahme nahe, daß sich zur Zeit des Chronisten der Sprachgebrauch von שר הצבא verändert hat und der Titel die allgemeine Bedeutung "Offizier" erhalten hat.[79]

Angelegt ist ein solcher Sprachgebrauch schon im Deuteronomium (Dt 20,9) und im deuteronomistischen Geschichtswerk:

שר צבא   2Sam 2,8; 19,14; 1Reg 16,16;

שרי הצבא   1Reg 1,25

---

77   Bei שר צבאו ist dies immer der Fall.

78   Zu den Titeln, die allein die Chronik nennt, s.S.44ff.

79   s. 1Chron 12,22 ויהיו שרים בצבא . In 1Reg 2,5 bezieht sich dagegen der Plural auf zwei verschiedene Inhaber des Amtes des obersten Heerführers.

Dabei ist in 2Sam 2,8 (Abner); 19,14 (Amasa) und lReg 16,16 (Omri) sicherlich an das Amt des obersten Heerführers gedacht; dies legt auch der numerus
(Singular) nahe; allein in Dt 20,9 und lReg 1,25 kann שר צבא die auch in der
Chronik belegte Bedeutung "Offizier" haben.[80] Der Plural schließt die Deutung
für das Amt des höchsten Militärführers aus.

Die Kontingente, die der שר הצבא zu führen hat, bestehen offenbar aus den
wehrfähigen Männern, die im Kriegsfall ausgehoben werden,[81] vielleicht nicht dagegen, wie die Gegenüberstellung in 2Sam 8,16ff.; 2Sam 20,23 zeigt, aus Söldnern.

Andererseits kommt das Amt des שר הצבא erst mit dem Königtum auf; es entstammt nicht der Tradition der vorstaatlichen Heeresverfassung, und es ist das
Heer des Königs (s.o.), dem der שר הצבא vorsteht.[82]

Der Titel ist in der Königszeit auf einem Ostrakon belegt.[83] Außerhalb Israels findet sich in der Korrespondenz an Rib-Addi von Byblos der rab sābi
(^{m}LU. GAL ERIN. MEŠ)[84], ein Titel, der sonst nicht oft belegt ist[85] und an dieser Stelle mit "Oberst" übersetzt wird.[86]

שר ohne Nomen rectum als militärischer Anführer. In lSam 22,2 wird das Verhältnis Davids zu seinen Männern mit der Formulierung umschrieben: ויהי עליהם לשר .
Ohne Zweifel hat שר hier eine militärische Konnotation und ist passend mit "Anführer" zu übersetzen. Dem ist die Anrede השר an Jehu in 2Reg 9,5 an die Seite
zu stellen. Vergleichbar sein mag diese Anrede mit dem Gebrauch von אדון mit
einem Personalsuffix in der Anrede; jedoch durch die Voranstellung des Artikels
wirkt das השר ungemein wuchtig.[87]

Die Nachstellung des mit Artikel versehenen Titels findet sich auch auf einem Ostrakon aus Yavneh - Yam:

80　Für lReg 1,25 s. jedoch BHK: וליואב שר הצבא

81　s.　יואב וכל ישראל lReg 11,16.

82　Auch Jahwe hat einen שר הצבא , Jos 5,14.15; s.S.118.

83　KAI 193,14. Hier ist der Titel determiniert, und es handelt sich fraglos
um den obersten Heerführer (s. KAI II, S. 193). Damit ist der שר הצבא in einem
offiziellen Dokument als gebräuchlicher Titel erwiesen.

84　EA 96,3

85　CAD Ṣ, S. 55

86　EA II, S. 443. Es handelt sich um Amanappa, der auch sonst als Heerführer bekannt ist, s. EA II, S. 1190.

87　Der Unterschied in der sprachlichen Verwendung mag darin begründet sein,
daß אדון ein Relationsbegriff ist, שר dagegen als Statusbegriff aufgefaßt ist.

ישמע אדני.השר את דבר עבדה .[88]

Es schimmert somit in 2Reg 9,5 eine Redeweise durch, die im amtlichen Verkehr tatsächlich üblich war. In dieser Form der Anrede ist ein Vergleich zu Verwendung von מלך zu ziehen; vgl. die zu dem in dem oben genannten Ostrakon völlig parallele Formulierung in 2Sam 3,21: ואקבצה אל אדני המלך את כל ישראל Ähnlich wird außerhalb Israels das mit שר vergleichbare רב als Titel nachgestellt, so in KAI 51 Rs 1.

Deutlich greifbar wird die Verwendung von שר als militärischer Titel in der Chronik, so in den Formulierungen PN השר beziehungsweise השר PN, 1Chron 27,8; 2Chron 17,14.15. Parallel zu ראש [89] steht שר als militärische Bezeichnung in 1Chron 11,6; es handelt sich bezeichnenderweise um Joab. In 2Sam 23,19//1Chron 11,21 begegnet - ähnlich wie in 1Sam 22,2 - die Formulierung: ויהי להם לשר, hier bezogen auf die Truppe der Dreissig.[90] Sehr deutlich ist dieser Wortgebrauch in 1Chron 12,22: ויהיו שרים בצבא , ein Beleg, der keine Parallele im deuteronomistischen Geschichtswerk hat.

Auch außerhalb der geschichtlichen Bücher des Alten Testaments erscheint שר zur Bezeichnung militärischer Führer, so in Hi 39,25 und Jes 31,9.[91]

Der שר מנוחה. Nach RUDOLPH handelt es sich bei diesem nur in Jer 51,59 belegten Beamten um den obersten Quartiermacher.[92]

Der שר העיר. Der שר העיר ist der vom König bestimmte Aufsichtsbeamte über eine Stadt.[93] Ein solcher Amtsträger ist belegt für Sichem (Jud 9,28-30), Jerusalem (2Reg 23,8//2Chron 34,8) und Samaria (2Reg 10,5; 1Reg 22,26; vgl. 10), Institutionell gehört der שר העיר in den Bereich der königlichen Verwaltung, so ist Sebul, der sichemitische Träger dieses Titels, ein פקיד Abimelechs (Jud 9,28) und damit kein Beauftragter der lokalen Selbstverwaltung.

Die nahe Bindung an den König wird in Jud 9,30ff. deutlich; hier unterstützt der שר העיר Abimelech bei der Wiedererlangung der Herrschaft über Sichem. Einen

---

88   KAI 200,1f.; s. dazu V. Sasson, An Unrecognized Juridical Term in the Yabneh-Yam Lawsuit and in an Unnoticed Biblical Parallel, BASOR 232 (1978), S.57--63 (mit Lit.).

89   s.S. 46f.

90   Gegen die Annahme, daß die Truppe der "Dreissig" ägyptische Vorbilder hat, argumentiert D.B. Redford, Studies, S. 141/142 Anm. 2.

91   s. O. Kaiser, Jesaja 13-39, S. 250ff.

92   W. Rudolph, Jeremia (HAT I 12), Tübingen 1968³, S. 316.

93   N. Avigad, Governor, passim.

anschaulichen Hinweis auf eine solche Bindung erhalten wir durch die Darstellung auf einem Siegelabdruck, der die Inschrift שר העיר trägt.[94] Die Art der Darstellung verrät deutlich assyrischen Einfluß; es stehen sich zwei Personen gegenüber, von denen die rechte gegenüber der linken erhöht steht.[95] Nach AVIGAD ist hier ein Angehöriger des Hofes vor seinem König dargestellt: "The theme of our bulla seems to have its origin in Assyrian reliefs representing a royal personage and his courtier. ...Our bulla depicts the prime portion of such a scene showing the king and one of his courtiers."[96] Unter den bisher bekannten hebräischen Siegeln steht dieses die königliche Autorität sehr stark betonende Siegel isoliert da: "One wonders why, off all official seals known to us, this one belonging to a city governor was decorated with a scene symbolizing royal authority."[97]

Gegenüber dem normalen Gebrauch weicht auch die Inschrift ab; es wird der Name des Siegelinhabers nicht genannt, was die Vermutung nahelegt, das selbe Siegel sei nacheinander von verschiedenen Inhabern dieses Amtes benutzt worden.

Innerhalb der Stadt übt der שר העיר unter anderem polizeiliche Gewalt aus; nach 1Reg 22,26//2Chron 18,25 soll der שר העיר Amon den Propheten Micha ben Jimla gefangen setzen.

Nach 2Chron 34,8 wäre der שר העיר neben Saphan und dem מזכיר mitverantwortlich für die Instandhaltung des Tempels.[98] Daß es sich bei dem שר העיר um ein bedeutendes Amt handelt, zeigt 2Reg 10,5;[99] dort ist er neben dem אשר על הבית, den זקנים und אמנים genannt. Auch ein Stadttor ist nach einem שר העיר benannt (2Reg 23,8).

Der Titel שר העיר für den Stadtkommandanten tritt nur im Singular auf; jede Stadt hatte wohl nur einen Inhaber eines solchen Amtes. Eine Ausnahme stellen die שרי העיר in einem Beleg des Alten Testaments dar, bezeichnenderweise aus der Chronik, in einer Passage, die so nicht im deuteronomistischen Geschichtswerk steht, 2Chron 29,20. Es handelt sich aber hier um die in Jerusalem ansässi-

---

94   N. Avigad, Governor, passim; vgl. נ.אביגד , שר-הׂעיר Qadmoniot 10 (1977), S. 68-69; נ. ברקאי, בולה שנ׳ית של שר-העיר Qadmoniot 10 (1977), S. 69-71. Durch diese Siegelabdrücke wird deutlich, daß es sich bei שר העיר um einen tatsächlich in der Verwaltung gebrauchten Titel handelt.

95   N. Avigad, Governor, Pl. 33d.

96   N. Avigad, Governor, S. 179.

97   N. Avigad, Governor, S. 181.

98   In 2Reg 22,3 wird dagegen nur der ספר geschickt.

99   Dort ist er als אשר על העיר bezeichnet; diese Bildungen alternieren auch sonst, s.S. 63.

gen שרים ; darauf verweist V.30 mit der Nennung von שרים .

Ein solches Amt des Stadtkommandanten in der staatlichen Verwaltung ist auch in Ugarit belegt. In den akkadischen Dokumenten wird er mit ḫazannu, in den Texten ugaritischer Sprache mit rb qrt[100] (vielleicht auch skn qrt)[101] bezeichnet. rabû in Zusammenhang mit Städtenamen begegnet auch in den Amarnabriefen,[102] Beamte der ägyptischen Administration bezeichnend.[103] Der rab āli in neuassyrischer Zeit ist ein Beamter, der dem ḫazannu zugeordnet ist.[104] Hier sind die Ämter des ḫazannu und des rab āli unterschieden; zusammen mit dem tupšar āli bilden die Ämter eine Dreierstruktur, wie sie auch sonst für diese Administration typisch ist. Dabei entspricht den verschiedenen Versionen des hebräischen Titels שר העיר - אשר על העיר eine Variation der assyrischen Bezeichnung rab āli - ša muḫḫi āli.[105] Setzt man die auch sonst belegte Konvergenz zwischen שר und rabû hier voraus, so ist auch dieser Titel, שר העיר , in den Kontext vorderasiatischer Sprache und Verwaltungskultur eingebunden.

Die שרי המדינות . מדינה bezeichnet im Alten Testament den Gerichts- und Verwaltungsbezirk. Im Estherbuch ist das Wort terminus technicus für die 127 Provinzen des Perserreiches.[106] Dieses auf einem aramäischen Hintergrund zu sehende Wort[107] מדינה in dem Titel שרי המדינות ist nach lReg 20,14.15.17.19 auch in dem Nordreich Israel zur Zeit Ahabs belegt. Der Kontext, in dem die שרי המדינות, genauer: die נערי שרי המדינות auftreten, ist an den genannten Stellen deutlich ein militärischer. Diese Truppe ist eine Eliteeinheit, die neben dem Heer der einberufenen Wehrpflichtigen genannt wird (19; vgl. 15). Der Titel ist

---

100   Den rb qrt mit dem rābisu einiger Orte identifiziert A.F. Rainey, Social Stratifikation, S. 90; zum ḫazannu S. 149.

101   So M. Liverani, Art.: Ras Shamra II. Histoire, in: DBS 9, Sp. 1337; vgl. noch M. Heltzer, The Rural Community in Ancient Ugarit, Wiesbaden 1976, S. 81f.

102   EA 129, 84f.

103   s. R. Hachmann, Kamid el-Loz - Kumidi, Kamid el-Loz - Kumidi, Hg. D.O. Edzard, e.a. (Saarbrücker Beiträge zur Altertumskunde 7), Bonn 1970, S. 80ff.

104   NWL, S. 7ff., 96ff.

105   NWL, S. 98 mit einem Vergleich zu der hebräischen Bezeichnung.

106   Esth 1,3; 8,9; 9,3; vgl. V. Hamp, Art.: דִּין dîn, in: ThWbAT II, Sp. 202f., HAL, S. 521.

107   M. Wagner, Die lexikalischen und grammatikalischen Aramaismen im alttestamentlichen Hebräisch (BZAW 96), Berlin 1966, Nr. 152.

mit "Bezirkskommandant" am besten wiederzugeben.[108]

Die שרי הנצבים . Die שרי הנצבים sind im Alten Testament nur dreimal belegt,
in 1Reg 5,30; 9,23 und 2Chron 8,10. Nach diesen drei Belegen hätten diese Beamten
die Oberaufsicht über die öffentlichen Arbeiten.

Von 1Reg 9,23 hängen sowohl 1Reg 5,30[109] als auch der Bericht in der Chronik,
2Chron 8,10, ab. Der Titel wird verschieden verstanden: als "Die Beamten der Vögte"[110], dagegen auch als "Oberstatthalter"[111]. Es ist bemerkenswert, daß das nomen rectum hinter שר sonst nur die Untergebenen des Beamten bezeichnet, mit Ausnahme allerdings der שרי המלך,[112] die in dieser Verbindung allerdings erst spät
belegt sind.[113]

Nach herrschender Meinung ist in 1Reg 9,23 das Fragment einer Personenliste
zu sehen, deren Namen allerdings im Laufe des Überlieferungsprozesses in Wegfall
kamen.[114] Überliefert ist nur - in Analogie zu ugaritischen Verwaltungsurkunden -[115] die Gesamtzahl der Personen am Ende der Aufstellung. Dem Stil solcher
Dokumente entspricht V. 23b nicht, sodaß diese Partie als Zusatz zu betrachten
wäre.[116]

Angesichts der Tatsache, daß im Alten Testament nur der König שרים hat,
scheint es ratsam, vorauszusetzen, daß die שרי הנצבים in der Königszeit so
nicht existierten. Auf eine späte Entstehungszeit verweisen auch die Formulierungen in V.23: רדה mit der Präposition ב wird zur Bezeichnung des Herrschens vorwiegend in nachexilischen Texten gebraucht;[117] auch die Formulierung עשה במלאכה

---

108   H.-P. Stähli, Knabe-Jüngling-Knecht, S. 162. Ob diese Bezeichnung mit den
נצבים zu verbinden ist, dürfte mit Stähli in Frage gestellt werden (S. 161, bes.
Anm. 117). Zur literarischen Einordnung von 1Reg 20 s. ebd S. 158 Anm. 104.
Einen Einblick in die Verwaltung einer מדינה in Ägypten geben die Elephantine -
Papyri, s. B. Porten, Archives from Elephantine, Berkeley and Los Angeles 1968,
S. 28-61.

109   M. Noth, Könige, S. 93, 219.

110   M. Noth, Könige, S. 200.

111   KBL, S. 629. Dieser Vorschlag erkennt zwar die Schwierigkeiten dieses Titels, andererseits ist ihm deshalb nicht zu folgen, weil die Zahlen der so bezeichneten sich nicht mit den נצבים in 1Reg 4 in Einklang bringen lassen.

112   vgl. M. Noth, Könige, S. 93.

113   s.S. 44.

114   M. Noth, Könige, S. 218f.; E. Würthwein, Könige, S. 113f.

115   z.B. KTU 4.63; 4.100.

116   M. Noth, Könige, S. 219.

117   Belege bei KBL, S. 875.

findet sich in nachexilischen Texten.[118]

Es ist gut möglich, daß dieser Vers wie die Passage 19b - 22, die WÜRTHWEIN einer (deuteronomistischen) Redaktion zuweist,[119] der Hand eines Bearbeiters zu verdanken ist. In diesem ganzen Abschnitt geht es um das Problem, daß die Israeliten keine עבדים Salomos gewesen sein sollen. Im Hintergrund stehen die Regelungen über das Sklavenwesen in Lev 25. Lev 25,44 legt fest, daß von den גוים die עבדים genommen werden dürfen - dies entspricht 1Reg 9,20f., ein Abschnitt, nach dem die Reste der vorisraelitischen Bevölkerung die mit מס עבד bezeichnete Fronarbeit leisten müssen. Aber auch die Beteuerung in 9,22[120] verweist auf Lev 25,39. Für die Israeliten ist in Lev 25,46 festgehalten: לא תרדה בו בפרך;das הרדים בעם in 1Reg 9,23 bezieht sich nicht auf die Israeliten, sondern auf die zum Frondienst ausgehobenen Fremdvölker.

אלה in 1Reg 9,23 muß nicht die Schlußnotiz einer verloren gegangenen Personenliste einleiten, eher bezieht es sich auf die vorangegangenen Israeliten.[121]

Damit sind die in 1Reg 9,23 enthaltenen Nachrichten keineswegs als vordeuteronomistisch zu betrachten, vielmehr handelt es sich bei dem ganzen Komplex 19b - 23 um eine unter Rückgriff auf die Bestimmungen von Lev 25, die an sich mit dem Sklavenwesen befaßt sind, formulierte Exkulpation Salomos.

<u>שרי מסים</u> . Diese Bezeichnung tritt nur in Ex 1,11 auf und bezeichnet die Vorsteher über die Fronarbeit.[122]

<u>שר סכים</u> . Die Bedeutung von סכים ist nicht sicher zu erfassen.[123] Es handelt sich um einen babylonischen Beamten, der in Jer 39,3 auch als רב סריס bezeichnet wird.

---

118   HAL, S. 555.

119   E. Würthwein, Könige, S. 109ff.

120   עבדים in 9,22, bezogen auf die Israeliten, hat die Bedeutung "Soldaten" (I. Riesener, עבד , S. 33). Auch die שרים sind als Angehörige des Militärs zu verstehen, ein Wortgebrauch, der auch sonst belegt ist, s.S. 37f.

121   Wahrscheinlich ist שרי zugesetzt, weil ein Glossator wußte, daß die Beamten, die über (על) etwas gesetzt sind, auch Titel tragen, die mit שר gebildet sind. Es handelt sich dann um eine gelehrte Notiz. Mit Eintragungen, die die Priesterschrift voraussetzen, in das deuteronomistische Geschichtswerk rechnet: H.-D. Hoffmann, Reform und Reformen (AThANT 66), Zürich 1980, S. 141ff.

122   vgl. HAL, S. 571.

123   KBL, S. 931, S. 657.

Zusammensetzungen von שר mit ethnischen und geographischen Bezeichnungen.

שר wird im Zusammenhang mit ethnischen und geographischen Bezeichnungen gebraucht. Als Verbindungen mit Länder- und Volksnamen sind aufzuführen:

שרי בני עמון	2Sam 10,3//1Chron 19,3
שרי פלשתים	1Sam 18,30; 29,3.4.9
שרי גלעד	Jud 10,18
שרי יהודה	Hos 5,10; Jer 24,1; 26,10; 34,19; 52,10; Ps 68,28; 2Chron 22,8; 24,17; 36,14 (BHS); 12,5; Neh 12,31.32
שרי ישראל	1Chron 22,17; 23,2; 28,1; 2Chron 12,6; 21,4
שרי מדין	Jud 7,25; 8,3
שרי מואב	Num 22,8.14.21; 23,6.17
שרי פרס ומדי	Esth 1,14

Dazu sind auch Zusammensetzungen mit Stammesnamen zu rechnen:

שרי נפתלי	Ps 68,28
שרי זבלון	Ps 68,28; auch: שרי יהודה
שרי ביששכר	Jud 5,15[124]

Zu den Zusammensetzungen mit Städtenamen zählen:

שרי סכות	Jud 8,6.14
שרי בבל	2Chron 32,31
שרי צען	Jes 19,11.13
שרי יזרעאל	2Reg 10,1 (s. BHS)
שרי נף	Jes 19,13
שרי ירושלים	Jer 34,19 vgl.
שרי יהודה וירושלם	Jer 29,2

In diesen Verbindungen mit regionalen und ethnischen Größen ist die Verwendung von שר mit der von מלך und זקן zu vergleichen.[125] שר bezeichnet in allen Belegen die regierende Oberschicht.[126] Auch רב im Aramäischen wird mit geo-

---

124   Zur Unterbrechung der Status-constructus Verbindung durch eine Präposition s. G. Sauer, Die Ugaritistik und die Psalmenforschung II, UF 10 (1978), S. 373; BL, S. 521 i; S. 526 k 1. Die Septuaginta liest an der Stelle: καὶ ἀρχηγοὶ ἐν Ισσαχαρ .

125   HAL, S. 267, S. 559f.

126   Vgl. auch die suffigierten Formen von שר , die sich auf geographische und ethnische Größen beziehen: Jes 31,9; Jer 8,1; 50,35; 51,57; Ez 17,12; 22,27; Am 2,3; Zeph 3,3; Thr 1,6; 2,9; Jer 1,18. Bei den so bezeichneten Personen handelt es sich oft um Militärführer (1Sam 18,30; 29,3.4.9; Jud 5,15). Vgl. auch die שרי העם (S. 46) und diejenigen Formen, bei denen sich das Suffix auf עם bezieht (S. 141).

graphischen Größen verbunden, darin diesem Wortgebrauch von שר ganz analog.[127]

Die שרים des Königs. Die Status - constructus Verbindung שרי המלך tritt nur
in späten Texten des Alten Testaments auf, im Estherbuch (Esth 1,18; 6,9) und im
Werk des Chronisten (2Chron 26,11;[128] Esr 7,28). In dieser Form ist 2Chron 26,11
der einzige Beleg, der von den שרי המלך eines judäischen Königs spricht; die
drei anderen Belege beziehen sich auf andere Staaten.

Eine solche Bezeichnungsweise, die sich auf die Verhältnisse anderer Staaten
bezieht, ist auch sonst im Alten Testament zu finden, so bei den שרי פרעה Gen
12,15; שרי בלק Num 22,13.35 und den שרי מלך בבל Jer 38,17.18.22; 39,3.

In diesen Rahmen gehören auch diejenigen Formen von שר , die mit einem Personalsuffix versehen sind, das sich auf den König bezieht. Relativ zahlreich sind
dabei wieder die Belege in der Chronik: 2Chron 17,7; 30,2.6; 32,3; 35,8; 36,18;
Esr 8,25. Späte Belege sind zudem Esth 2,18; Dan 11,5.

Diese Bezeichnungsweise tritt zudem im Jesajabuch (30,4), Jeremiabuch (25,19;
24,8; 34,21) und im deuteronomistischen Geschichtswerk (1Reg 9,22;[129] 2Reg 24,12)
und im Amosbuch (Am 1,15) auf. Häufiger als diese Verwendungsweise ist das Nebeneinander von שר und מלך als מלך ושרים (nicht ושריו); sie ist außerhalb
des Alten Testaments für רב im Aramäischen belegt.[130]

Die mit שר zusammengesetzten Beamtentitel in der Chronik und im Esra- und
Nehemiabuch. Bei einer Betrachtung der Beamtentitel im chronistischen Werk fällt
auf, daß hier - neben anderen - Bezeichnungen genannt sind, die sonst kaum im
Alten Testament nachzuweisen sind. Es handelt sich dabei im einzelnen um:

שר הבירה   בירה (Festung) tritt erst in späten Texten auf;[131] zur Be-
Neh 7,2   zeichnung einer Festung dient es auch in den Elephantine -
         Papyri.[132] Der שר הבירה ist ein Festungskommandant.

---

127   KAI 223 A 7/8; s. KAI II, S. 260.

128   Dieser Vers gibt eine Information, die so nicht im deuteronomistischen
Geschichtswerk steht.

129   Vgl. dazu E. Würthwein, Könige, S. 109ff.

130   KAI 222 A 39.40.41; 223 B 3, C 15/16; 224, 13/14.

131   HAL, S. 119; zu den Bemerkungen über Hananja vgl. Ex 18,21.

132   Belege bei DISO, S. 35.

שרי הרכוש 1Chron 27,31 vgl. 28,1	רכוש (Besitz) ist in späten Texten des Alten Testaments belegt; die Stellen aus dem Pentateuch entstammen durchweg der Priesterschrift.[133] Der Titel ist als "Verwalter" wiederzugeben.

שרי מחלקות
1Chron 28,1

"Die Obersten der Abteilungen"[134]

שרי מלאכת המלך
1Chron 29,6

"Die Oberen im königlichen Dienst"[135]

שרי שלישים
2Chron 8,9

"Die Anführer der Adjutanten"[136]

שרי מלחמות
2Chron 32,6

"Kriegshauptleute"[137]

השר המשא המשררים
1Chron 15,27

"Der Oberste 'beim' Anstimmen der Sänger"[138]

שר פלך בית הכרם Neh 3,14

שר פלך המצפה Neh 3,15 vgl. 19

שר חצי פלך בית צור Neh 3,16

שר חצי פלך ירושלם Neh 3,9.12

שר חצי פלך קעילה Neh 3,17.18

... שר פלך wird durchweg als Apposition zu den Personennamen gebraucht. פלך kommt im Alten Testament nur in diesem Abschnitt vor[139] und hat die Bedeutung "Bezirk, Kreis";

---

133 KBL, S. 892.

134 HAL, S. 539f.; W. Rudolph, Chronikbücher, S. 184.

135 HAL, S. 555; vgl. 2Chron 8,9.

136 KBL, S. 977. Nach herrschender Ansicht ist der שליש der dritte Mann auf dem Streitwagen, vgl. assyrisch tašlišu. Vgl. B. Mastin, Was the šališ the Third Man in the Chariot?, VTS 30 (1979), S. 125-154; zu den Darstellungen S. 131. Mastin vermutet, daß שליש "of the third rank" bedeute (S. 154). Zu dem vergleichbaren ugaritischen Terminus s. G. Del Olmo Lete, Notes on Ugaritic Semantics I., UF 7 (1975), S. 96-102. Vgl. auch den in Tell Dan gefundenen Siegelabdruck, der einen mit drei Mann besetzten Streitwagen zeigt, A. Biran, Tell Dan. Five Years later, BiAr 43 (1980), S. 182.

137 HAL, S. 557.; W. Rudolph, Chronikbücher, S. 308.

138 W. Rudolph, Chronikbücher, S. 118f.

139 KBL, S. 763; vgl. akk. pilku I (AHw, S. 863). Ein Vergleich mit dem rab pilkāni kommt wohl nicht in Frage, da es sich bei diesem um einen Aufseher über Bauabschnitte und nicht, wie im Nehemiabuch, um einen Bezirksvorsteher handelt.

der ... שר פלך wäre dann ein Bezirksvorsteher.

Bei allen diesen Bezeichnungen handelt es sich um Titel, die nur das chronistische Geschichtswerk kennt. Dies allein legt schon die Vermutung nahe, es handele sich um dem Chronisten ganz und gar eigentümliche Bildungen, die nicht auf Ämter zurückzuführen sind, die es in der Königszeit wirklich gegeben hat. Bestätigt wird diese Annahme durch die Tatsache, daß sich zu diesen Sonderbildungen der Chronik - im Gegensatz zu anderen Titeln mit שר - keine analogen Ämter dieses Bereichs anführen lassen. Lediglich ein Titel aus dem Nehemiabuch, שר הבירה , beruht auf auch sonst im Alten Orient belegten Begriffen aus dem Bereich der Verwaltung.

Ein weiteres Anzeichen für die eigentümliche Auffassung der Beamtentitel im Werk des Chronisten ist die Gleichsetzung von שר und ראש in den Ämterbezeichnungen:[140]

שרי שבטי ישראל 1Chron 27,22; 26,6	ראש שבטי ישראל 1Sam 15,17
שרי השבטים 1Chron 28,1	ראשי שבטיכם Dt 1,15; 5,20
שרי העם 1Chron 21,2 2Chron 24,23; 36,14; Neh 11,1; vgl. Ez 11,1; Esth 3,12	ראשי העם Num 25,4; Dt 33,5.21; Neh 10,15
שרי האבות 1Chron 29,6 Esr 8,29	ראשי האבות (ROST S. 65f.)
שרי הכהנים 2Chron 36,14 Esr 8,24.29; 10,5[141]	ראשי הכהנים Neh 12,7
שרי הלוים 1Chron 15,16	ראשי הלוים Neh 11,16; 12,24

---

140 vgl. die Auflistungen bei L. Rost, Vorstufen, S. 65f.

141 Eine vergleichbare Bezeichnung ist mit rb khnm schon in Ugarit belegt (KTU 2.4,1; 1.6 VI, 55/56; 6.6; 6.7; 6.8; 6.7; 6.10; vgl. in den akkadischen Dokumenten LÚGULA SANGA (ᵐakil šangî), RS 16.186, 13´(PRU III, S. 168); Belege aus dem phönizisch - punischen Raum: KAI 59,2; 65,10; 81,8f.; 93,3f.; 95,1; 96,8. S.A. Cody, A History of Old Testament Priesthood (AnBib 35),Rome 1969, S.18-23.

2Chron 35,9
Esr 8,29

שר הלוים 1Chron 15,22	

Diese Gleichsetzung ist auch umkehrbar:

1Chron 12,19 ויתנם בראשי הגדוד	שר הגדוד
ראשי האלפים 1Chron 12,21	שרי האלפים
ראשי הצבא 1Chron 12,15	שרי הצבא
Neh 11,3[142] (ראשי המדינה)	שרי המדינות

Auch ראש allein wird zur Bezeichnung militärischer Führer verwendet, 1Chron 12,3, darin dem entsprechenden Wortgebrauch von שר vergleichbar. Deutlich wird die Annäherung beider Begriffe durch die Nebeneinanderstellung in 1Chron 11,6. Diese sprachlichen Verwendungsweisen haben gelegentliche Parallelen in anderen Bereichen des Alten Testaments, so ראש zur Bezeichnung militärischer Anführer in 2Sam 23,8.18; zu vergleichen sind die Texte, die von der Einsetzung von Heerbannführern als ראשים über das Volk sprechen (Dt 1,15; Ex 18,21.25); die ראשי אלפים begegnen zudem außerhalb des chronistischen Werkes.[143]

Eine Gleichsetzung von שר und ראש in den Titeln in dieser massiven Form gibt es nur im Werk des Chronisten, sei es, daß er Titel, die sonst mit ראש gebildet sind, mit שר bildet, oder umgekehrt, sei es, daß er die so entstandenen Bezeichnungen selbst in seinem eigenen Werk promiscue gebraucht.

Die mit שר gebildeten Beamtentitel in der Josephsgeschichte. Als ein Zwischenresultat, das bisher erreicht wurde, läßt sich formulieren, daß viele der wirklich gebrauchten Beamtentitel, die mit שר gebildet werden, mit Bezeichnungen verwandt sind, die sonst im Ugaritischen, Kanaanäischen, Aramäischen und Assyrischen mit רב gebildet werden. Innerhalb des Alten Testaments scheint es einen Bereich zu geben, in dem sich dieses Prinzip nicht durchhalten läßt: die Josephsgeschichte.

---

142 Diese Bezeichnung ist nur bedingt vergleichbar.

143 vgl. J.R. Bartlett, Title, S. 3; H.-P. Müller, Art.: ראֹשׁ roš Kopf, in: THAT II, Sp. 701-715.

Aufgrund der Tatsache, daß die Josephsgeschichte in Ägypten spielt, nahm VER-
GOTE an, daß auch gerade bei den Beamtentiteln ägyptisches Kolorit durchscheint.[144]
Jedoch erhoben sich gegen VERGOTEs methodisches Vorgehen, das den komplexen literarischen und traditionsgeschichtlichen Problemen der alttestamentlichen Überlieferung nicht genügend Beachtung schenkte, bald Einwände.[145]

So geht REDFORD von sprachlichen und sachkritischen Erwägungen her von einer
frühesten Entstehung der Josephsgeschichte im 7.-5. Jahrhundert aus.[146] Das ägyptische Kolorit erscheint dabei in einem anderen zeitlichen Hintergrund als bei
VERGOTE. REDFORDs neue literarische Ansetzungen, eine Untergliederung in der Abfolge: The original story - 'Judah'expansion - Later additions - Genesis editor -,
ohne Einfluß von J und E[147] rief einerseits den Versuch von COATS hervor, die Einheitlichkeit der Josephsgeschichte zu betonen,[148] andererseits den literarkritischen Gegenentwurf von SCHMITT.[149] Bei SCHMITT ist das - nicht nur ägyptische -
Kolorit der Erzählung eines der Argumente für die zeitliche Ansetzung seiner
Schichten.

Einen Überblick über den Problemstand sowie eine neue Lösung des Problems der
Entstehungsgeschichte der Josephserzählung gibt SEEBASS,[150] der sowohl die Penta-
teuchquellen J und E nachweisen will, andererseits eine späte Ausformung als Dia-
sporanovelle erkennt.[151]

Eine Übersicht über die interessierenden Beamtentitel nach den literarischen
Zuweisungen von REDFORD, SCHMITT und SEEBASS gibt die Tabelle im Anhang.

Schon auf den ersten Blick fällt dabei auf, daß die drei Titel שר האפים,

---

144   J. Vergote, Joseph en Égypte (OBL 3), Louvain 1959, bes. S. 35ff.; 98ff.;
102ff.

145   S. den Rezensionsartikel von S. Morenz, Joseph in Ägypten, ThLZ 84 (1959),
Sp. 401-416; vgl. S. Herrmann, Joseph in Ägypten, ThLZ 85 (1960), Sp. 827-830. Zu
den methodischen Problemen in diesem Grenzbereich ägyptologischer und alttestamentlicher Fragen s. S. Herrmann, Israel in Ägypten, ZÄS 91 (1964), S. 63-79.

146   D.B. Redford, A Study of the Biblical Story of Joseph (VTS 20), Leiden
1970.

147   D.B. Redford, Study, S. 251-253.

148   G.W. Coats, From Canaan to Egypt (CBQ Monograph Series 4), Washington
1976.

149   H.-Ch. Schmitt, Die nichtpriesterliche Josephsgeschichte (BZAW 154),
Berlin, New York 1980.

150   H.Seebaß, Geschichtliche Zeit und theonome Tradition in der Joseph -
- Erzählung, Gütersloh 1978.

151   H. Seebaß, aaO, S. 21ff.

48

שר הטבחים und שר המשקים שר ihrer Herkunft nach auf eine gemeinsame literarische Schicht verweisen. VERGOTE schlägt für diese Ämter als ägyptische Äquivalente vor:

שר הטבחים wdpw[152]

שר המשקים wb3[153]

שר האפים rthty[154]

Bei diesem Vergleich ist eine sehr einfache Beobachtung voranzuschicken: Diese drei Titel sind keine Fremd- oder Lehnwörter aus dem Ägyptischen.[155] Man könnte allenfalls an Lehnübersetzungen denken; jedoch tritt dann das Problem auf, daß bei den aufgeführten ägyptischen Titeln ein Element, das שר in den hebräischen Bezeichnungen entspricht, fehlt. Vergleichbar mit VERGOTEs Titeln sind nur משקה מלך מצרים und אפה in Gen 40,1.5.

Die Probleme bei der Feststellung des Kolorits der Josephsgeschichte führen eher zu Vorstellungen, die man in Israel über Ägypten hatte, als zu ägyptischen Vorstellungen selbst. "Es gibt in der Josephsgeschichte nichts, was ägyptische Authentität beweisen könnte, - um so aufschlußreicher aber ist, was man im Israel der Königszeit von Ägypten tatsächlich wußte oder wie man es sich zumindest vorstellte."[156]

Geht man bei den Deutungen der Titel vom Kontext des Alten Testaments aus, fällt auf, daß in Jer 39//2Reg 25, vgl. Dan 2,14 das Amt des רב טבחים bekannt ist, das dem des שר הטבחים entspricht.[157] Bei diesem רב טבחים, an sich der Vorsteher der Schlächter,[158] handelt es sich ohne Zweifel um einen hohen Beamten,

---

152   J. Vergote, Joseph, S. 31ff.

153   J. Vergote, Joseph, S. 35ff.

154   J. Vergote, Joseph, S. 37.

155   Dagegen gibt es im Alten Testament eine Fülle von neuassyrischen bzw. -babylonischen Beamtentiteln, die als Fremdwörter in das Hebräische eingedrungen sind, s.S. 123.

156   S. Herrmann, Joseph, Sp. 829; die selbe Beobachtung gilt auch für Ämter außerhalb der Josephsgeschichte; so hat der Pharao in Ex 14,7 שלשם auf seinen Streitwagen, eine Bezeichnung, für die es in Ägypten keine Parallele gibt. Aber auch die Assyrer unterstellten den Ägyptern, daß sie derartige Wagenkämpfer (als tašlišu bezeichnet) haben, R. Borger, Die Inschriften Asarhaddons, Königs von Assyrien (BAfO 9), Nachdr. d. Ausg. 1956 o.O., Osnabrück 1967, § 28 Z. 20. Eine solche Bezeichnung gab es in Ägypten nicht und es liegt der selbe Mechanismus der Übertragung von eigenen Vorstellungen auf ein fremdes Land vor.

157   so S. Morenz, Joseph, Sp.405; S. Herrmann, Joseph, Sp. 827; D.B. Redford, Study, S.56; H. Seebaß, Joseph-Erzählung, S.125; H.-Ch. Schmitt, Josephsgeschichte, S. 142.

158   Auch der neubabylonische Beamte ist nur dem Titel nach mit dem Metzgereiwesen verbunden. In der Josephsgeschichte agiert der שר הטבחים nicht als Metzger; anders ist es beim Obermundschenk und Oberbäcker.

dessen Titel in Mesopotamien erst spät und spärlich im Neubabylonischen als
^{lú}rab tābiḫī belegt ist.[159]

SCHMITT stellt in der Ruben - Schicht, der diese drei Titel angehören, neu-
assyrisch - neubabylonische Vorstellungen fest,[160] und die Herleitung des
שר הטבחים fügt sich in das dabei gewonnene Bild ein. Es kommt hinzu, daß auch
für die Ämter des שר האפים und des שר המשקים entsprechende Herleitungen wahrscheinlich zu machen sind.

Dem שר המשקים , Vorsteher der Mundschenke,[161] ist der rab šāqê an die Seite zu stellen. Dieser ist zunächst Inhaber eines Hofamtes, später daneben auch
Statthalter[162] und Militärführer, eine Funktion, in der der רב שקה auch im Alten Testament bekannt ist.[163] Dem שר האפים entspricht der rab nuḫatimmu, der
Oberbäcker.[164] Dieses Amt ist auch unter dem Titel ^{lú}nuḫtimmi šarri belegt,[165]
sodaß auch die Wendung in Gen 40,5 (vgl. V.1) המשקה והאפה אשר למלך מצרים
auf dem Hintergrund der Titel der neuassyrischen beziehungsweise neubabylonischen
Höfe gesehen werden kann.[166] Die entsprechenden Verse werden jedoch anderen Quel-
lenschriften zugeordnet, als es bei den drei oben genannten Titeln der Fall ist.

An den Höfen von Jerusalem und Samaria sind solche Ämter wie das des שר
הטבחים , שר האפים und des שר המשקים nicht belegt, obwohl davon auszugehen ist, daß diese Funktionen an den Höfen ausgeübt wurden (vgl. 1Reg 10,5), vielleicht unter anderen Bezeichnungen.

Hinzu kommt eine andere Beobachtung, nämlich, daß diese Beamten, deren Titel
mit שר gebildet sind, in den Josephsgeschichte zu den עבדים gerechnet werden

---

159   YOS 6,11:26; s. H.M. Kümmel, Familie, Beruf und Amt im spätbabylonischen
Uruk (ADO 20), Berlin 1979, S. 153; AHw S. 1376; zu dem Beamten in Jer 39 s. NWL,
S. 80.

160   H.-Ch. Schmitt, Josephsgeschichte, S. 145-150.

161   HAL, S. 616.

162   J. Pečírková, The Administrative Organization of the Neo-Assyrian Empire,
ArOr 45 (1977), S. 221.

163   s. E. Klauber, Assyrisches Beamtentum nach Briefen aus der Sargonidenzeit (LSS V 3), Leipzig 1910, S. 70-72; dagegen scheint die Lesung rab šaqê ausgeschlossen für rab SAG (ebd, S. 73-77), R. Borger, Assyrisch-babylonische Zeichenliste (AOAT 33), Kevelaer, Neukirchen-Vluyn 1978, Nr. 115; vgl. NWL, S. 35;
s. aber AHw S. 1182.

164   NWL, S. 80f.; E. Klauber, aaO, S. 77-79.

165   NWL, S. 80.

166   Es heißt nicht משקה פרעה , אפה פרעה

50

(Gen 40,20).[167] Auch dies mag auf den neuassyrischen bzw. neubabylonischen Hintergrund verweisen; so ist der רב טבחים in 2Reg 25,8 ein עבד des Königs von Babel; der rab nuḫatimmu im neuassyrischen Bereich gehört nicht zu der Spitze der
Verwaltung, sondern ist ein "emir of the second class".[168]

Der rab šaqê gehört dagegen zu den Spitzenpositionen der Verwaltung, zu den
rabâni.[169]

Man wird grundsätzlich nicht erwarten dürfen, daß sich in der Josephsgeschichte genaue Kenntnisse des assyrischen Hofwesens niedergeschlagen haben; vielmehr
bilden die entsprechenden Details nur ein Kolorit, das der Erzählung einen fremd-
artigen, exotischen Anstrich geben soll.

Exkurs: Nicht - ägyptische Ämterbezeichnungen in der Josephsgeschichte

Es ist hier der Ort, kurz auf andere Ämterbezeichnungen einzugehen, die nicht
mit שר gebildet sind, jedoch auch nicht auf ägyptischen, sondern neuassyrischen -
neubabylonischen Hintergrund verweisen.

Dazu ist אברך in Gen 41,43 zu rechnen, ein Wort, das dem assyrischen
abarakku, "Haus- Palastverwalter, Schaffner" entspricht.[170] Sicherlich unägyptisch
ist auch das Vorkommen von סריסים , eine Bezeichnung, die als assyrisches Fremdwort im Hebräischen zu betrachten ist,[171] am Hofe des Pharao;[172] die entsprechenden Stellen gehören zu der selben Schicht, in der auch die oben genannten Beamten-

167 Auch im Alten Testament gibt es sonst den Fall, daß Inhaber von Titeln,
die mit שר gebildet sind, zu den עבדים des Königs gerechnet werden (s.S.12);
dies ist fast nur bei militärischen Befehlshabern der Fall.

168 NWL, S. 80.

169 J. Pečírková, Organization, S. 220.

170 AHw, S. 3f.; s. H.-Ch. Schmitt, Josephsgeschichte, S. 148f.; anders H.
Seebaß, Joseph - Erzählung, S. 61 Anm. 111. Nicht unmöglich ist es, den abarakku
in KAI 26 I 1 zu finden, E. Lipiński, RTAT, S. 258; in Ugarit ist dieser Titel
auch belegt, s.S. 84f.
Vielleicht ist zu dem Amt des Mundschenken noch die aramäische Kruginschrift
לשקיא heranzuziehen, B. Mazar, e.a., ʿEin Gev. Excavations in 1961, IEJ 14 (1964),
S. 27-29; zu dem Amt des שר הטבחים vgl. die Inschrift auf einer Schale
לטב[ח]יא (ebenfalls aramäisch), N. Avigad, An Inscribed Bowl from Aram Dan, PEQ
100 (1968), S. 42-44.

171 s.S. 96ff.

172 H.-Ch. Schmitt, Josephsgeschichte, S. 140 Anm. 253; in Ägypten sind
סריסים erst in der persischen Zeit bezeugt.
Im neuassyrischen Bereich ist der Mundschenk, rab šaqê, wie der שר המשקים
in der Josephsgeschichte, ein ša reši, NWL, S. 46.

titel erscheinen.[173]

In diese Schicht gehört auch der חרטם , eine Bezeichnung, die gemeinhin von ägyptisch hr-tp abgeleitet wird; zu vergleichen ist jedoch auch das akkadische hartibi.[174]

Etwas anders stellt sich das Problem bei der Einsetzung Josephs in sein Amt über das Haus des Pharao (Gen 41,40; vgl. 45,8) dar. Man sah hier im Hintergrund das ägyptische Amt des mr pr wr, "a title which denotes the administrator of the royal domains, of crown property".[175] Dabei rückt בית in diesen Versen in die Nähe einer Lehnübersetzung aus ägyptisch pr.

Im Hinblick auf diese Fragestellung erscheint es sinnvoll, den Gebrauch von בית in der Josephsgeschichte (synchron) zu betrachten. Als Gebäude erscheint בית in Gen 39,2 und 43,24. Zur Bezeichnung einer familiären Gemeinschaft dient בית in Gen 46,27.31; 50,22.

Als Bezeichnung für Josephs Hausverwalter begegnet die Titelbildung אשר על בית... in Gen 43,16.19; 44,1.4. Geht die Bedeutung von בית dabei über den Bereich des Gebäudes oder der Familiengemeinschaft hinaus?

Eine solche Annahme ist kaum begründbar. So wird eigens in 39,4 neben der Einsetzung Josephs über das Haus Potiphars bemerkt: וכל יש לו נתן בידו . Vergleichbar steht in 45,11 neben ביתך noch וכל אשר לך (bezogen auf Jakob). Auch in 50,8 wird das בית Josephs und das בית seines Vaters erwähnt; von den kleinen Kindern, Rindern und Schafen wird dagegen ausgesagt, daß sie in Gosen zurückbleiben. Gerade die Stellen, die neben בית noch die Habe einer Person nennen, zeigen, daß die Bedeutung von בית nicht über Gebäude und Familiengemeinschaft hinausgeht und sich nicht auf die gesamte Habe eines Menschen bezieht.

Dies gilt auch für das Haus des Pharao. Sein בית ist von der selben Art wie das Potiphars oder Jakobs; man vergleiche nur Gen 46,31 mit Gen 50,4:

ויאמר יוסף אל אחיו ואל בית אביו

וידבר יוסף   אל בית פרעה

Gerade in 50,4 kann das בית des Pharao nicht dessen Besitz sein, sondern hier ist der familiäre Verband gemeint. Darauf verweist auch 45,2 וישמע בית פרעה . Daß zu dem Haus des Pharao auch seine עבדים gehören, könnte 45,16 nahe-

---

173   H.Ch. Schmitt, Josephsgeschichte, S. 85 Anm. 376.

174   AHw, S. 328; zu der Problematik der Ableitungen s. H.-Ch. Schmitt, Josephsgeschichte, S. 139; חרטם ist auch bei P und im Danielbuch belegt, was die Entlehnung aus dem Assyrischen / Babylonischen nahelegen könnte.

175   SSO, S. 77.

legen.[176] Damit wäre dieser Begriff genauso gefaßt wie das בית des Königs in Israel oder das בית jedes Israeliten, der Haussklaven hat.[177]

Bei der Einsetzung Josephs über das Haus des Pharao werden daneben noch andere Verfügungsbereiche genannt: ועל פיך ישק כל עמי (Gen 41,40), und nach einem Neuansatz heißt es in 41,41: ראה נתתי אתך על כל ארץ מצרים . In 45,8 steht neben אדון לכל ביתו noch משל בכל ארץ מצרים ; das heißt, das Haus des Pharao ist nicht mit seinem Reich identisch.[178]

Welches die Aufgaben eines Mannes, der über das Haus gesetzt ist, in einem normalen Haushalt sind, zeigen die Anweisungen, die Joseph seinem eigenen Hausverwalter gibt; so soll er in 43,16ff. ein Mahl für Josephs Brüder zurichten; mit ihm verhandeln Josephs Brüder in 43,19ff.; in der Abwesenheit des Hausherrn reicht er Josephs Brüdern Wasser zum Waschen der Füße (43,24) und füttert die Esel. In 44,1 füllt der Hausverwalter auf Josephs Befehl hin die Getreidesäcke ab; in 44,4 wird er geschickt, um Josephs Becher zu beschaffen.

Es handelt sich durchaus um eine angesehene Person; so bezeichnen ihn Josephs Brüder in der Rede in 44,7 als אדון , sie selbst sich als seine עבדים .

Dabei wird der Hausverwalter oft zusammen mit dem Haus erwähnt:

43,16   ויאמר לאשר על ביתו הבא את האנשים הביתה

43,19   ויגשו אל האיש אשר על בית יוסף וידברו אליו פתח הבית

43,24   ויבא האיש את האנשים ביתה

Dies gilt auch für Joseph als Hausverwalter Potiphars:

39,11   ויבא הביתה לעשות מלאכתו

Was ein solcher Hausverwalter für seinen Herrn bedeutet, wird sehr schön deutlich in 39,6.

Man wird die Funktion eines Vorgesetzten über das Haus eines Privatmannes nicht von dem des Vorstehers über das Haus des Pharao trennen können, zumal der Begriff בית für den Pharao und andere Personen gleich gefaßt ist. Damit ist Joseph als על בית des Pharao nur Vorsteher des Palastes und seines Personals.[179]

Dies ist allerdings nicht sein alleiniger Verfügungsbereich, und wenn man voraussetzt, daß als Vorstellungshintergrund das Amt des אשר על הבית der israe-

---

176   Daß zu einem solchen Haus außer der Familie des Hausherren noch anderes Personal gehört, wird in Potiphars Haushalt deutlich, in dem von den אנשי הבית die Rede ist (39,11.14).

177   s.S. 17.

178   vgl. Ps 105,21.

179   Auch unser "Palast", ursprünglich "palatium", bezeichnet im Mittelalter nicht nur das Gebäude, sondern auch die Anhängerschaft eines Herrschers, G. Duby, Krieger und Bauern, Frankfurt am Main 1977, S. 41.

litischen Königszeit durchschimmert, wird man davon ausgehen müssen, daß sich dieses Amt über das eines Palastvorstehers hinaus erweitert hat und weitere Befugnisse dazu kamen, eine Entwicklung, die in Jes 22 deutlich wird.

בית hat an den entsprechenden Stellen die auch sonst im Alten Testament belegte Bedeutung "Gebäude" oder "Familiengemeinschaft"; es gibt keinen Beleg in der Josephsgeschichte, der eine Erweiterung auf Krongut oder Domänen rechtfertigen könnte,[180] dagegen gibt es Belege, gerade für das Haus des Pharao, die eine solche Bedeutung ausschließen. Damit ist eine Ableitung des על בית in der Josephsgeschichte von dem ägyptischen mr pr wr, "Oberdomänenverwalter"[181], auszuschliessen.[182]

Die שרי מקנה in Gen 47,6 sind als "Aufseher über das Vieh" anzusprechen.[183] Außerhalb der Josephsgeschichte existiert diese Bezeichnung nicht.

Dies gilt auch für den שר בית הסהר, der als Gefängnisaufseher aufzufassen ist.[184] Für beide Titel lassen sich keine außerhebräischen Äquivalente finden.

Die Titelbildungen mit שר im Danielbuch. Im Danielbuch gibt es einige Bezeichnungen für die שרים der Nationen, bei denen es sich um himmlische Repräsentanten irdischer Mächte handelt:[185]

שר מלכות פרס	Dan 10,13
שר פרס	Dan 10,20
שר יון	Dan 10,20

Dazu gehört auch Michael, einer der

השרים הראשנים Dan 10,13.

Auch der שר שרים und der שר הצבא in Dan 8,25 und 8,11 verweisen auf den Bereich himmlischer Mächte.[186]

---

180   vgl. Gen 39,5:

181   W. Helck, Verwaltung, S. 104.

182   anders H. Seebaß, Joseph - Erzählung, S. 47 Anm. 25. Nicht haltbar ist Seebaß' Argument, Josephs Position könne nicht mit der des אשר על הבית in Verbindung gebracht werden, da dieses Amt erst in der späteren Königszeit aufkomme (S. 47 Anm. 27; v.a. S. 50 Anm. 46); dies erscheint im Hinblick auf 1Reg 4,6 als fragwürdig.

183   HAL, S. 594.

184   H. Seebaß, Joseph - Erzählung, S. 38 Anm. 97 "Chef des Hauses der Einfriedung"; zu dem Begriff s. ebd.S. 79/80 Anm. 4.

185   s. J.A. Montgomery, A Critical and Exegetical Commentary on the Book of Daniel (ICC), Edinburgh 1964, S. 419f.; zu שרים in der Kriegsrolle aus Qumran Y.Yadin, The Scroll of the War of the Sons of Light against the Sons of Darkness, Oxford 1962, S. 232.

186   O. Plöger, Das Buch Daniel (KAT XVIII), Gütersloh 1965, S. 120ff.

In den Bereich der irdischen Verwaltung gehört der שר הסריסים, Vorsteher der סריסים, der in 1,7.8.9.11.18 belegt ist. In 1,3 wird dieser Würdenträger als רב סריסיו bezeichnet, ein Beleg für den innerhebräischen Wechsel von
שר und רב in den Beamtentiteln. Die Bezeichnung רב סרס ist im Aramäischen
belegt.[187]

Die שרי קדש. In den Bereich der Priestertitel gehören offenbar die שרי
קדש in 1Chron 24,5 und Jes 43,28. In 1Chron 24,5 sind die שרי קדש zusammen
mit den שרי האלהים genannt; auch diese Bezeichnung ist singulär.[188] Im Hintergrund der Liste in 1Chron 24 steht der Konflikt zweier rivalisierender Gruppen,
der Eleasarleute und der Itamarleute, um das Priestertum. Sowohl der Begriff שר
קדש als auch שר האלהים sind nach RUDOLPH "sichtlich die Schlagworte in dem
damaligen Streit".[189] Dabei bezieht sich "damalig" auf die Verhältnisse zur Zeit
des Chronisten. In diesen zeitlichen Rahmen gehört nach ELLIGER auch Jes 43,28a;[190]
es handelt sich um einen Nachtrag.

Übersetzt wird der Begriff von RUDOLPH und ELLIGER mit "heilige Fürsten".

Die Frage nach der Herkunft dieses Schlagwortes könnte hypothetisch durch den
Hinweis auf einige phönizische Inschriften gegeben werden.[191] Auch in diesen Dokumenten, die aus dem fünften Jahrhundert vor Christus aus Sidon stammen, tritt der
Terminus שר קדש, als Epitheton des Gottes Eschmun, auf. Diese Bezeichnung des
Gottes verweist darauf, daß Eschmun nicht der Hauptgott von Sidon ist - als solchem stünden ihm andere Bezeichnungen zu, etwa בעל, sondern nur eine der unter-
geordneten Gottheiten, eben ein שר. Es liegt nahe, an die himmlischen שרים
des Danielbuches zu denken.

Allerdings ist die Lesung umstritten. Nach der Angabe von KAI kann auch
שד קדש statt שר קדש gelesen werden.[192]

Aber auch wenn wir eine solche Lesung nicht zugrunde legen, bleibt immer noch
die Frage offen, wie ein Epitheton des Gottes Eschmun im Alten Testament im Zusam-

---

187 DISO, S. 197; vgl. 2Reg 18,17; Jer 39,3.13.

188 W. Rudolph, Chronikbücher, S. 159/161.

189 W. Rudolph, Chronikbücher, S. 161; vgl. K. Elliger, Deuterojesaja 1. Teilband Jes 40,1-45,7 (BK XI/1), Neukirchen-Vluyn 1978, S. 387.

190 K. Elliger, aaO, S. 387.

191 KAI 14,17; 15; 16; zum folgenden s. W.W. Graf Baudissin, Adonis und Esmun, Leipzig 1911, S. 248f.

192 so H. Gese, Die Religionen Altsyriens (in RelM 10,2), Stuttgart, Berlin,
Köln, Mainz 1970, S. 189.
Daß ein Gott שרים hat, wird auch in Jer 49,3 deutlich. Zu שר קדש vgl.
רב דר כל קדשן in dem ersten Amulett von Arslan Taš, KAI 27,12; s. dazu W. Röllig,

menhang mit dem Priestertum erscheinen kann.
Auf diese Frage gibt es keine befriedigende Antwort.

שר שלום   . Diese Bezeichnung, nur in Jes 9,5 belegt, gehört nicht in den Bereich
der Administration.[193] Die Bezeichnung ist am besten aus dem Kontext verständlich,
als Kontrast zu der Schilderung der Kriegsmacht in 9,1-4. Eine Parallele zu שר
שלום sieht WILDBERGER in זה שלום in Mi 5,4.

שר und רב in den Beamtentiteln

Wie eine Durchsicht des letzten Abschnitts ergibt, wird das hebräische שר
in den Beamtentiteln genauso gebraucht wie rb in den ugaritischen, kanaanäischen,
aramäischen sowie assyrisch - babylonischen Beamtentiteln.

rb in diesem Zusammenhang heißt im Ugaritischen "Oberhaupt, Ober-"[1], im Kanaa-
näischen/Aramäischen "chef, commandant"[2], im Akkadischen "Vorsitzender, Inspekteur,
Kommandant usw."[3]. Bei dieser Übereinstimmung der Bildungen ist es von Bedeutung,
daß das Hebräische - bis auf wenige Beispiele, die fremden Einfluß zeigen[4] - eine
solche Verwendung von רב nicht kennt; dafür ist andererseits śr als Element eines Beamtentitels weder im Ugaritischen[5] noch im Kanaanäischen/Aramäischen[6] zu belegen. Anders stellt sich das Problem im Akkadischen dar, in dem šarru "König" bedeutet und allein deshalb schon nicht wie hebräisch שר gebraucht wird.

Angesichts dieser gegenseitig fehlenden Bezeugungen ist zu vermuten, daß שר
im hebräischen Sprachsystem die Stelle einnimmt, die rb in den anderen Sprachen
hat und umgekehrt. Dies gilt zumindest für die hier untersuchten Titelbildungen.

Eine Übersicht über die bisher festgestellten Äquivalente gibt die folgende
Tabelle.

Die Amulette von Arslan Taş, Neue Ephemeris für Semitische Epigraphik 2 (1974),
S. 18ff.

193   Zum folgenden s. H. Wildberger, Jesaja. I. Teilband. Jesaja 1-12 (BKAT
X/1), Neukirchen-Vluyn 1972, S. 383f.

1   WUS, Nr. 2482.

2   DISO, S. 271.

3   AHw, S. 938.

4   Ges.-Buhl, S. 740.

5   WUS, Nr. 2680.

6   DISO, S. 319.

Hebräisch	Ugarit	Alalach	Kannanäisch	Aramäisch	Neuassyrisch/-babylonisch
	rb 'srt	PA X			rab eserte
שר עשרה					
שר המשם					rab ḫamšā
שר מאה	rb mit		rb m't	rb m't	rab mē
שר אלף	PA lim	PA lim			rab limi
שר הרכב	PA narkabti			b'l rkb	
שר חיל				rb hjl	
שר האצבא					rab sabi
שר העיר	rb qrt				rab āli
שר הטבחים	rb khnjm			(tbhj')	rab tabīhī
שר המשקם				(šqj')	rab šāqē
שר האפים					rab̲ nuḫatimmu

PN   -שר ON / שר ON   1PN lrb   rbrbj ON

שר (+ Suffix) | rb + Suffix

Es gibt eine Reihe von Bezeichnungen, die mit GAL (=rabû) gebildet sind, der eine andere, frühere, entspricht, deren Bezeichnungen mit PA (=waklu) gebildet werden. In Ugarit werden in den Texten ugaritischer Sprache einige Titel mit rb gebildet, die in den akkadischen Dokumenten mit PA gebildet sind (vgl. M.Liverani, Histoire, Sp.1337).
Dies könnte die Vermutung nahelegen, daß PA mit rb zu identifizieren wäre, was durch einen Vergleich mit dem Hethitischen, in dem GAL und PA promiscue gebraucht werden (HW, S. 298, dort Hinweis auf hethitische Titelbildungen) noch zusätzlich begründet werden kann.

Mit שׂר verwandte Ausdrücke

שׂרר. Mit dem Verb שׂרר , "qal 1. herrschen 2. vorstehen"[1] wird die Herrschaft
ausgedrückt, die ein שׂר ausübt, so in Jes 32,1 ולשׂרים למשׁפט ישׂרו und in
Prov 8,16 בי שׂרים ישׂרו .[2]

An diesen beiden Stellen ist der Wortgebrauch von שׂרר deutlich abgehoben von
dem von מלך ; von dem König wird ausgesagt, daß er als König herrsche (מלך)[3];
nebeneinander stehen vergleichbare Formen von מלך und שׂרר auch in Hos 8,4.
Anders dagegen scheinen die Verhältnisse in Jud 9,22 zu liegen, ein Vers, in dem
von Abimelech ausgesagt wird: וישׂר אבימלך על ישׂראל שׁלשׁ שׁנים , nachdem in
V.6.16 geschildert wurde, daß er zum König gemacht wurde (מלך hif.). Es ist jedoch zu berücksichtigen, daß V.22 auf Grund verschiedener Kriterien in Spannung
steht zu 9,1-16a 19b-21 23f.[4] und womöglich deuteronomistisch ist.[5] Der Verwendung
von שׂרר für die Tätigkeit des Herrschens in vorköniglicher Zeit liegt der Gedanke zu Grunde, daß Abimelech kein "richtiger" König ist. Der Gebrauch von שׂרר an
dieser Stelle ist tendenziös und wertet Abimelechs Königtum um eine Stufe ab, da
שׂרר sonst von der Herrschaft eines Königs nicht gebraucht wird. Dagegen wird
משׁל in dem Angebot an Gideon, Jud 8,22, auch für das Herrschen von Königen gebraucht;[6] selbst gegenüber diesem Angebot an Gideon ist Abimelech vom Verfasser
von 9,22 noch niedriger eingestuft!

Im Hitpael begegnet שׂרר in Num 16,13 mit der Bedeutung "sich zum Herrn auf-
werfen"[7]. Ohne erkennbaren Bezug auf שׂר erscheint שׂרר in Esth 1,22, eine Stelle, an der am besten die Bedeutung "Herr sein" zu Grunde zu legen ist.[8]

---

1   KBL, S. 933.

2   vgl. die Lesart ישׂר einiger MSS, gestützt durch LXX, T, Vulg. in 1Chron
15,22 für יסר ; das Subjekt des Verbums ist ein שׂר הלוים .

3   Prov 8,16; Jes 32,1.

4   W. Richter, Traditionsgeschichtliche Untersuchungen zum Richterbuch (BBB
18), Bonn 1966², S. 251f.

5   s. W. Richter, Richterbuch, S. 252 Anm. 28.

6   Ges.-Buhl, S. 470.

7   KBL, S. 933.

8   zu den Problemen in dieser Passage s. G. Gerleman, Esther (BK XXI), Neukirchen-Vluyn 1973, S. 69f.

שרה . Das feminine Äquivalent zu שר ist שרה .[9] Als Frau des שר ist die
שרה in Esth 1,18 aufzufassen. Bezogen auf die Mutter Siseras sind die חכמות
שרותיה in Jud 5,29, obwohl es sich wahrscheinlich um Siseras Frauen selbst handelt. נשים שרות hat auch Salomo in 1Reg 11,3; שרה bezeichnet dabei "Frauen,
die den Rang von Gemahlinnen des Königs bekommen hatten".[10] Daß Könige שרות
haben, zeigt auch Jes 49,23. שרה ist also im alttestamentlichen Hebräisch auch
ein Terminus für die Frau des Königs, in einem anderen Sinn als מלכה , das nur
von der Königin von Saba und später im Estherbuch und Hohelied gebraucht wird.[11]

Ein Anklang an Titelbildungen, wie sie für שר belegt sind, ist in der
שרתי במדינות [12], Thr 1,1, mit der Jerusalem gemeint ist, zu sehen.

משרה . Das Wort משרה ist nur in Jes 9,5.6 belegt und bedeutet "Herrschaft"[13].
1QIs[a] liest משורה , was die Vokalisation מִשׂרָה nahelegt.[14] Dies korrespondiert
zu den maqtul - Bildungen von Wurzeln ע"ו , bei denen die femininen Formen
מְצֻלָה und מְסֻכָּה belegt sind.[15] Damit wäre משרה von שרר abzuleiten, und
nicht, wie HAL angibt, von einem שרה II, das im Alten Testament sonst nicht belegt ist.[16] Allerdings ist die masoretische Form מִשׂרָה eine miqtal - Bildung einer Wurzel ל"ה .[17]

משרה erscheint zudem in der Kriegsrolle aus Qumran, auch im Wechsel mit
ממשלה ,[18] die Herrschaft eines שר bezeichnend.[19] Eine solche Bedeutung ist
auch für Jes 9,5.6 geltend zu machen; darauf verweist auch die Bezeichnung שר
שלום in Jes 9,5.

---

9   KBL, S. 930.

10   M. Noth, Könige, S. 241.

11   s. HAL, S. 560f.

12   שרתי ist eine status constructus-Form, KBL, S. 930; BL, S. 526 k1; zu
Unterbrechung des status constructus durch eine Präposition s.S. 43 Anm. 124.

13   HAL, S. 606.

14   G.R. Driver, Three Notes, VT 2 (1952), S. 357.

15   BL, S. 493d.

16   KBL, S. 930.

17   BL, S. 492p.

18   Y. Yadin, Scroll, S. 321.

19   Y. Yadin, Scroll, S. 232; שר ist dabei eine Bezeichnung für himmlische
Mächte.

Der Personenname שרי / שרה . Entgegen der Annahme NOTHs[20], daß es sich bei dem Namen Sara um eine künstliche Bildung handelt, ist davon auszugehen, daß hier ein wirklich gebrauchter Name vorliegt.[21]

ישראל . NOTH leitet ישראל von einem שרה II[22], herrschen, ab und übersetzt "Gott möge sich als Herrn, Herrscher beweisen".[23] Jedoch stützt sich diese Herleitung von שרה II auf das oben erwähnte משרה , das nach der Lesung der Jesajarolle von שרר abzuleiten ist.

Es kommt hinzu, daß שרר , wovon שרה II die Nebenform sein soll,[24] im Hebräischen nicht vom König, sondern von einem שר ausgesagt wird und folglich der Israelname mit "Gott möge sich als Beamter erweisen" zu übersetzen wäre.

Sowohl die Semantik von שרר als auch die Qumranversion von משרה legen es nahe, nach einer anderen Etymologie von ישראל zu suchen.[25]

Die Etymologie von שר .

Im Hebräischen des Alten Testaments gibt es also mithin neben dem Nomen שר nur das Verbum שרר , Wörter, von denen die anderen Bildungen abgeleitet sind.

Offenbar ist das Verb שרר von dem Nomen שר denominiert, das ein primäres Nomen ist.[1] Es ist für diesen Zusammenhang bezeichnend, daß es im Akkadischen ein Verbum šarāru, herrschen, nicht gibt.[2]

---

20 M. Noth, Die israelitischen Personennamen im Rahmen der gemeinsemitischen Namengebung (BWANT III 10), Stuttgart 1928, S. 10; vgl. zudem die PN שר (Vatt.99, vgl. Dir. 99), שרמלך (Vatt. 333), שריהו (Vatt. 334), im Alten Testament: שריה, שריהו (s. M. Noth, IP, S. 191f.). Die Namen in der alttestamentlichen Überlieferung weisen nach Noth (M. Noth, IP, S. 191f.) auf ein שרה, Nebenform von שרר. Jedoch ist es fraglich, ob es überhaupt ein solches שרה gibt; KBL verweist bei den Namen auf שרה I, "zornig werden, streiten" (KBL, S. 930).

21   J.J. Stamm, Hebräische Frauennamen, VTS 16 (1967), S. 326f.

22   An sich ist ein שרא zu erwarten, M. Noth, IP, S. 208; Noth behilft sich jedoch mit dem Argument, daß die Bildungen der Verba ל"א und ל"ה ineinander übergehen.

23   M. Noth, IP, S. 208.

24   M. Noth, IP, S. 192 Anm. 1.

25   s. dazu HAL, S. 422.

1 /BL, S. 453 w.

2   Dies gilt auch für das Ugaritische und Kanaanäische und Aramäische.

60

Für die Etymologie von שר wird akkadisch šarru herangezogen.[3] Ein Problem scheint in dem Zischlaut zu liegen, mit dem die beiden Wörter beginnen.

šarru beginnt im Altakkadischen mit einem ś,[4] und man wird nicht darin fehlgehen, hier den alten Lautstand zu sehen. Nun wird ursemitisches ś im Akkadischen zu s, im Aramäischen zu s,[5] während im Hebräischen ś erhalten bleibt. In der Schrift wurde das Zeichen ש mitbenutzt, wobei allein von der Schrift her der Unterschied zwischen ś und š nicht mehr deutlich war. Mit dem diakritischen Punkt differenzierten die Massoreten zwischen ś und š, wobei ś unter aramäischem Einfluß wie s gesprochen wurde.[6]

Diese Entwicklung läßt sich anhand des Wortes שר aufzeigen. Zu Grunde liegt im Altakkadischen śarru, das später zu šarru wurde. Im Ugaritischen und Kanaanäischen wird nicht graphisch differenziert und das Nomen wird 𐎌𐎗 bzw. שר geschrieben; dies gilt auch für das (unpunktiert geschriebene) Hebräische.[7] Die Massoreten fügten den diakritischen Punkt ein, und es ist tatsächlich noch ein Beleg vorhanden, in dem סר für שר geschrieben wurde, 1Sam 22,14.[8]

Bei dieser Ableitung von שר aus sarru ergibt sich ein Bedeutungsunterschied; שר heißt "Beamter", šarru dagegen "König".[9]

Es gibt im Alten Testament einige Stellen, an denen שר für sarru stehen kann.[10] Dies gilt für ausländische Eigennamen, die das Element šarru enthalten, wie נרגל שר אצר in Jer 39,3. Die ursprüngliche Namensform lautet Nergal -

---

3   KBL, S. 929.

4   AHw, S. 1188; s. GAG § 30,I. J. Gelb, Glossary of Old Akkadian (MAD 3), Chicago 1973[2], S. 286ff.

5   vgl. die Tabellen bei C. Brockelmann, Grundriß der vergleichenden Grammatik der semitischen Sprachen I, Berlin 1908, S. 128 und G. Bergsträsser, Einführung in die semitischen Sprachen, München 1928, S. 4. Ausführlich sind die Probleme behandelt in: S. Moscati (Hg.), An Introduction to the Comparative Grammar of the Semitic Languages (PLONS 6), Wiesbaden 1964, S. 33ff.; vgl. P. Marrassini, Considerazioni sulle sibilanti semitiche: il caso della śin, Egitto e Vicino Oriente 1 (1978), S. 161-177; W. Diem, Das Problem von ש im Althebräischen und die kanaanäische Lautverschiebung, ZDMG 124 (1974), S. 221-252.

6   vgl. M. Wagner, Aramaismen, S. 128f.

7   שר הצבא KAI 193,14.

8   vgl. H.-J. Stoebe, Samuelis, S. 410; vgl. auch Jer 6,28 (BHS), 1Sam 15, 32 (BHS).

9   Im Ugaritischen ist die Bedeutung von šr zumindest in einem Teil der Belege an šarru, König, orientiert, s. N. Wyatt, Atonement Theology in Ugarit and Israel, UF 8 (1976), S. 421.

10   Angesichts der Tatsache, daß שרה im Alten Testament die Königin bezeichnen kann, kann gefragt werden, ob nicht eine Ableitung von šarratu in Frage kommt.

- šarri-usur, Nergal schütze den König.[11] Dies kann jedoch auch eine Frage der Setzung des diakritischen Punktes sein, und in der Tat lesen nach Angabe von BHS einige Handschriften in Jer 39,3 נרגל שר אצר .

Ähnlich unentscheidbar ist das Problem des שר שרים in Dan 8,25, bei dem im Hintergrund sicherlich šar šarrāni steht,[12] vgl. מלך מלכים in Ez 26,7.

Deutlich wird die Bedeutung von שר als König in Hos 8,10, ein Vers, in dem vom מלך שרים die Rede ist, was den Großkönig bezeichnen soll.[13]

Von der Bedeutung her stimmt ägyptisch šr "Vornehmer, Fürst"[14] eher mit hebräisch שר überein. BEGRICH nimmt an, daß die Bedeutungsentwicklung von hebräisch שר unter ägyptischem Einfluß stattfand.[15] Hinsichtlich der etymologischen Herleitung sind sowohl BEGRICH, der von einer Nachbildung spricht, als auch METTINGER eher zurückhaltend.

Diese Theorie einer semantischen Annäherung ist insofern fragwürdig, als daß hebräisch שר , wie gezeigt wurde, wie rb gebraucht wird,[16] worauf die Gleichheit der Beziehungswörter in den Beamtentiteln verweist. Dies kann für šr im Ägyptischen nicht der Fall sein, weil die Beziehungswörter, die nomina recta, einer ganz anderen Sprachfamilie angehören, und - wie bei den militärischen Rängen und den Titeln der Josephsgeschichte gezeigt werden konnte - die vergleichbaren ägyptischen

---

11 KBL, S. 635, vgl. שר אצר 2Reg 19,37; Jes 37,38; anders wird סרגון šarru ukin überliefert, KBL, S. 667.

12 AHw, S. 1189.

13 H.W. Wolff, Dodekapropheton 1 Hosea (BK XIV/1), Neukirchen-Vluyn 1965[2], S. 184f.

14 WbÄS 4, S. 188f.; vgl. W. Helck, Beamtentum, Sp. 672f.

15 J. Begrich, Sofer und Mazkir, S. 81f., SSO, S. 3.

16 Diese Übereinstimmung in der Verwendungsweise von שר und rb ist auch von Bedeutung für ein anderes etymologisches Problem: שר wird nicht gebraucht wie maliku, Ratgeber, im Akkadischen (AHw, S. 595), und die Annahme eines semantischen Wechsels von akk. šarru (König) zu hebr. מלך (König), wobei akk. maliku (Ratgeber) zu hebr. מלך werden könnte

        Akkadisch   šarru (König)   māliku (Ratgeber)
        Hebräisch   שר   מלך (König),

ist von der Verwendung von שר im Hebräischen und seiner Äquivalenz zu rabû her nicht zu rechtfertigen. In Ebla ist zu beobachten, daß das sumerische lugal mit sumerisch ugula wechselt. Das heißt, der Ausdruck, der sonst im Akkadischen mit šarrum wiedergegeben wird, wird in Ebla wie eine Beamtenbezeichnung gebraucht. Die Lesung von lugal in eblaitischer Sprache ist allerdings nicht bekannt. Wenn es ein dem hebräischen שר nahe stehendes Wort wäre, würde šr in Ebla wie im Alten Testament den Beamten bezeichnen, im Gegensatz zum Akkadischen, in dem mit šarru der König bezeichnet wird. Allerdings ist dieser Sachverhalt ungeklärt; es wird sich jedoch lohnen, für das etymologische Problem von šr den Fortgang eblaitischer Studien zu beobachten (zum Vorangegangenen s. P. Matthiae, Ebla. An Empire Rediscovered, London, e.a., 1980, S. 182).

Titel nicht mit šr gebildet werden.

Unberührt davon ist das interessante Problem, wie wohl altakkadisch šarru, hebräisch שר und ägyptisch šr urtümlich zusammenhängen mögen.[17]

Innerhebräische Synonyme für שר

ראש. Wie oben gezeigt werden konnte, alterniert ראש , vorwiegend im Chronistischen Geschichtswerk, mit שר .

רב. Neben den Äquivalenzen רב טבחים - שר טבחים , רב סריסים -שר סריסים , und רב שקה - שר המשקים gibt es noch die רבי מלך בבל (Jer 39,13) - שרי המלך . רבי המלך (Jer 41,1)[1] - שרי מלך בבל (Jer 39,3) und die רבי המלך . רב in den Titeln kennzeichnet späten Wortgebrauch, da es רב als Nomen ursprünglich im Hebräischen nicht gibt.[2]

פקיד . Zu den שרי הלוים vergleiche den פקיד הלוים in Neh 11,22.

על . Neben dem Titel שר הצבא gibt es noch die Bildung על הצבא ; neben שר העיר noch על העיר . Es wird sehr oft von einem Beamten, dessen Titel mit שר gebildet ist, ausgesagt, daß er über etwas (על) eingesetzt wird: Gen 40,21; Neh 7,2; Gen 47,6; Ex 1,11; 18,21.25; Dt 1,15; 2Sam 18,1; 2Chron 32,6; vgl. Ex 2,14; 1Sam 22,2 (an beiden Stellen steht שר allein, ohne nomen rectum).

Insgesamt ist zu sagen, daß die Titel mit einer Anzahl von Wörtern gebildet werden können; gleich bleibt hingegen immer das nomen rectum. Diese Beobachtung gilt auch für den Bereich anderer Sprachen; so gibt es im mesopotamischen Bereich

---

17   Es gibt in den semitischen Sprachen eine Fülle von Bezeichnungen, die die Funktion der Herrschaft umschreiben. Bei der Staatenbildung semitischer Gruppen wurden je verschiedene Begriffe für die neu geschaffene Funktion des Königs und anderer, von ihm abhängiger, Ämter gebraucht; am bekanntesten ist die Entgegensetzung von šarru im Osten und mlk im Westen. Es wird an dieser Begriffswahl liegen, daß שר anders gefaßt ist als šarru. Vgl. zu den Bez. für Herrscher D.O. Edzard, Art.: Herrscher. A. Philologisch. §1-§6, in: RlA 4, S. 335-342.

1   s. BHS; aus dem Text zu streichen, vgl. S. 23 Anm. 2.

2   s. KBL, S. 867f.

ein Bezeichnungssystem mit waklu, das später von Bezeichnungen mit rabû abgelöst
wurde; daneben gibt es auch eine Bezeichnungsweise mit Relativpronomen und Präposition: ša muḫḫi ... und ša eli ... und ša pān ...[3] Im nordwestsemitischen Bereich gibt es neben den Bildungen mit rb noch solche mit 'dr und b'l.

Dies bedeutet, daß das stärker sinntragende Element in diesen Titeln das nomen rectum ist, nicht das nomen regens, das sogar auf eine Präposition reduziert
werden kann. Diesem Sachverhalt trägt v.SODEN darin Rechnung, daß er bei solchen
Komposita auf die nomina recta verweist.[4]

שר ist in diesen Titeln nur ein Bildelement, ein Bildelement allerdings, in
dem eine Überordnung zum Ausdruck kommt. Diesem sprachlichen Befund korrespondiert
auf der inhaltlichen Seite, daß nicht jeder Beamte, dessen Titel mit שר gebildet
ist, zu den שרים gehört (vgl. 1Reg 4), daß sogar einige dieser Amtsträger zu den
עבדים gerechnet werden.

Dies gilt auch für die militärischen Anführer, die oft einfach als שרים bezeichnet werden. Es kommt ihnen, wie 2Reg 9,5 zeigt, die Anrede שר zu. Es ist
also damit zu rechnen, daß sich das Bildelement שר gleichsam verselbständigt hat
und in der Anrede für Personen, die an sich keine שרים im Sinne des höchsten Beamtentums sind (wie Jehu), gebraucht wird, andererseits auch jene militärischen
Amtsträger, deren Titel mit שר gebildet ist, in einer verkürzten Redeweise auch
als שרים bezeichnet werden können.

Die שרים in den sprachlichen Zusammenhängen

In den bisher untersuchten Beamtentiteln ist שר ein Bildelement; es dient
zum Ausdruck der Verfügungsgewalt über einen bestimmten Bereich von Personen wie
auch Sachen und ist in diesem Sinne relational, ein Wort, das seine Bedeutung erst
in Verbindung mit einem anderen, auf das es sich bezieht, zeigt.

Demgegenüber erscheint das Wort שר an einer Vielzahl von Stellen im status
absolutus, also ohne ein Beziehungswort, charakteristisch in 1Reg 4,2: ואלה השרים
אשר לו.

Hier ist mit שרים die Gruppe der höchsten Beamten bezeichnet, und es ist
bezeichnend, daß keiner der Titel in 1Reg 4,2-6 mit שר gebildet ist, was auch

---

3   AHw, S. 1117.

4   z.B. AHw, S. 1117; S. 938.

64

für die Beamtentitel in den Listen 2Sam 8,15-18 und 2Sam 20,23-26 gilt. Dies spricht als ein wesentliches Argument dafür, die Ämter, deren Bezeichnungen mit שר gebildet sind, zunächst von den שרים zu trennen.

Der Bezug auf diese Gruppe der höchsten Beamten wird auch im Jeremiabuch, in Jer 36,12 deutlich, ein Vers, aus dem hervorgeht, daß die Zahl dieser שרים nicht groß ist.

Dieses Verständnis von שרים als Bezeichnung allein der höchsten Beamten-schicht läßt sich fast[1] an allen Stellen, an denen שר im status absolutus auf-tritt, zugrunde legen:

Num 21,18; 22,15.40; 2Sam 19,7; 2Reg 11,14; 24,14; Jes 10,8; 23,8; 32,1; 49,7; Jer 4,9; 17,25; 26,11.12.16.21; 34,10; 35,4; 36,12.14.19.21; 37,14.15; 38,4.25.27; 44,17; Hos 3,4; 7,3.5; 13,10; Mi 7,3; Zeph 1,8; Ps 45,17; 82,7; 119,23.161; 148,11; Hi 3,15; 29,9; 34,19; Prov 8,16; 19,10; Eccl 10,7; Thr 5,12; Esth 1,11.16; 3,1; 5,11; Dan 9,6.8; Esr 8,20; Neh 9,32.34; 1Chron 24,6; 28,21; 29,24; 2Chron 23,13; 24,10; 28,14.21; 29,30; 30,12.24; 31,8.

Im Juda der nachexilischen Zeit bezieht sich שר nicht auf die Spitzen der Staatsverwaltung, sondern bezeichnet die führenden Kreise (Esr 9,1.2; 10,14; in 9,2 neben den סגנים).

שר ist in allen diesen Belegen ein Statusbegriff, genau wie andere Status-begriffe, wie zum Beispiel מלך , neben dem die שרים oft genannt werden:[2]

Jes 32,1; 49,7; Jer 4,9; 17,25; 26,21; 36,21; Hos 3,4; 7,3; 13,10; Ps 148, 11; Hi 3,14f.; Prov 8,15f.; Esth 1,16.21; 1Chron 24,6; 2Chron 29,30; 30,12; 31,8.[3]

In allen diesen Belegen wird שר nicht mit einem Personalsuffix versehen, das sich auf den König bezieht (ושריו (מלך)); anders ist dies in 2Reg 24,12; Jer 8,1; 24,8; 34,21; Am 1,15; Esr 8,25.

Diese Bezeichnungsweise, die mit dem Wortgebrauch von עבד verwandt ist (ועבדיו (מלך)) ist relativ selten. Die Beziehung eines שר zum מלך wird dagegen oft durch Präpositionen und präpositionale Wendungen ausgedrückt, wie

אשר את Num 22,40; Esth 3,1	(שרים	)
2Sam 24,2	em., s.BHS (שרי החיל	)
אשר ל 2 Sam 2,8	(שר צבא	)

---

1 Ausgenommen sind nur die Belege, an denen שר zur Bezeichnung militäri-scher Befehlshaber dient, s.S. 37f.

2 vgl. KAI 196,3f. in der rekonstruierten Fassung: את ספר המלך ואת ספרי השרים , vgl. IH, S. 120ff.

3 vgl. Jer 24,1; 29,2; Esr 7,28; 2Chron 12,6; neben ממלכה Thr 2,2.

	1Reg 4,2	(שרים)
	2Chron 8,10	(שרי הנצבים)
	1Reg 15,20; 2Chron 16,4	(שרי החילים)
	1Reg 22,31; 2Chron 18,30	(שרי הרכב)
	2Chron 33,11	(שרי הצבא)
	vgl. 1Chron 27,34; 1Reg 5,30	
את	Num 23,17[4]	(שרי מואב)
יחד	Am 1,15	(שריו)
	vgl. Jer 48,7; 49,3	
לפני	2Sam 19,14	(שר צבא)
	vgl. 2Reg 5,1	
עם	Num 22,8	(שרי מואב)
	vgl.	
	Am 2,3	(שריה)
	2Chron 21,9	(שריו)

Hinsichtlich des Gebrauchs dieser präpositionalen Wendungen wird nicht unterschieden zwischen den שרים und den mit שר gebildeten Titeln. Es hat den Anschein, vor allem in 1Reg 4,2, als solle die suffigierte Form, שריו , die sich auf den König bezieht, vermieden werden. Dies kann - im Vergleich zum Wortgebrauch von עבד - nur darin begründet sein, daß der שר nicht in einem so engen Abhängigkeitsverhältnis gesehen wird wie der עבד . Auch bei den mit שר zusammengesetzten Titeln wird in diesen Beispielen in der status constructus-Verbindung zunächst der Verfügungsbereich angegeben, dann erst die Zugehörigkeit zum König betont. Es heißt מלך ושרים , seltener מלך ושריו , nie jedoch מלך ועבדים[5], sondern מלך ועבדיו[6].

Darüber hinaus gibt es Reihenbildungen, in denen neben den שרים noch andere Größen genannt sind:[7]

Dan 9,6

אל מלכינו שרינו ואבתינו ואל כל עם הארץ

---

4 Auch von עבדים wird ausgesagt, daß sie bei (את) dem König sind, 2Sam 15,14.

5 Es gibt allerdings - selten - auch עבדים des Königs im status absolutus, 2Sam 19,7.

6 z.B. 2Sam 24,20; Jer 21,7.

7 S. dazu W.L. Holladay, Prototype and Copies: A New Approach to the Poetry - Prose Problem in the Book of Jeremiah, JBL 79 (1960), S. 361.

Dan 9,8		ולאבתינו	למלכינו לשרינו
Neh 9,32	ולכל עמך	למלכינו לשרינו ולכהנינו ולנביאינו ולאבתינו	
Neh 9,34		ואבתינו כהנינו שרינו מלכינו ואת	
Jer 32,32 [8]		המה מלכיהם שריהם כהניהם ונביאיהם ואיש יהודה וישבי ירושלם	
Jer 2,26		בית ישראל / המה מלכיהם שריהם כהניהם ונביאיהם	
Jer 8,1		את עצמות מלכי יהודה ואת עצמות שריו ואת עצמות הכהנים ואת עצמות הנביאים / ואת עצמות יושבי ירושלים	
Jer 1,18		למלכי יהודה לשריה לכהניה	

xxxxxxxxxxxxxxxxxxxxxxxxxxxxxxxxxxxxxxxxxxxxxxxxxxxxxxxxxxxxxxxxxxxxxxxxxxxxxxxxxxxx

Jer 44,21	אתם ואבותיכם מלכיכם ושריכם ועם הארץ
Jer 44,17	אנחנו ואבתינו מלכינו ושרינו

In der Glosse in Jer 2,26 wird deutlich, daß diese Reihungen [9] das בית ישראל konstituieren. Gegenüber den Reihungen mit dem König, seinen עבדים und seinem Volk beziehungsweise Land liegt in diesen Reihen, die das Wort שר gebrauchen, eine andere Sicht zugrunde. Die Reihen mit עבד sind ganz von dem König aus gesehen; genannt sind seine Diener und sein Volk. Dagegen gehen die Reihen mit שר von der Perspektive eines Sprechers aus; in einem Teil der Reihen sind es unsere Könige, unsere Beamten, unsere Väter und das ganze Volk. [10]

Für die Annahme, daß die שרים in den oben genannten Reihen mit den עבדים

---

8   vgl. Jer 17,25.

9   Dies ist in 2Chron 1,2 anders gefaßt: ויאמר שלמה לכל ישראל לשרי האלפים והמאות ולשפטים ולכל נשיא לכל ישראל ראשי האבות . Diese Reihe ist nicht vergleichbar mit den oben genannten Reihenbildungen, da die נביאים, כהנים und das Volk, עם , nicht erwähnt werden. Allenfalls ist denkbar, daß die שרי האלפים והמאות hier an der Stelle der שרים stehen. Dies mag mit der besonderen Vorliebe des Chronisten für gerade diese beiden Ämter zusammenhängen (s.S. 24).

10   Auf eine Aspektdifferenz weist auch H. Graf Reventlow hin: "Sie alle heissen 'Diener' ('abadim des Königs (2Sm 11,9.13 20,6 1Kg 1,33 10,5 2Kg 19,5); vor dem Volk śarim (höchste Beamte, 1Kg 4,2).", H. Graf Reventlow, Art.: Hofstaat 1., in: BHH II, Sp. 733. Allerdings heißen in 1Reg 4,2 die Beamten nicht vor dem Volk שרים , sondern werden als שרים bezeichnet, die der König Salomo hatte.

der auf S. 13f. aufgeführten Reihen identisch seien, gibt es keinen zureichenden Grund. Geht es bei den mit עבד gebildeten Reihen um den König und seinen Machtbereich, so liegt der Akzent bei den mit שר gebildeten Reihen auf dem Volksganzen. Dabei sind neben dem König noch andere wichtige Größen genannt, wie die Priester, Propheten, Väter und eben die שרים ; der König ist nur einer der Verantwortlichen.[11]

Außerhalb dieser Reihenbildungen steht שר noch neben:

כהן   1Reg 1,25 (שר הצבא); Jer 34,19 (שרי יהודה ושרי ירושלם);
       48,7; 49,3

כהן und Neh 10,1;

לוי   1Chron 23,2 (שרי ישראל)

שפט   Ex 2,14; Ps 148,11; Prov 8,16; vgl. Jes 3,1ff.; Mi 7,3; Zeph 3,
       3ff.; 2Chron 1,2

זקן   Jud 8,14 (שרי סכות); 2Reg 10,1 (שרי יזרעאל); Jes 3,14;
       Ps 105,22; Thr 5,12; Esr 10,8

נגיד   2Chron 32,21 (vgl. 1Chron 13,1)

קהל   2Chron 28,14; 30,2

עם   Jer 26,11.12.16; Esth 1,11.16
       1Chron 28,21; 2Chron 24,10

עם הארץ   Jer 34,19 (שרי יהודה ושרי ירושלם)

עבד (המלך)   2Reg 24,12; Esth 2,18

יועץ   Jes 3,3 (שרי חמשים); Hi 3,14f.; Esr 7,28 (שרי המלך); 8,25

סריס   2Reg 24,12; Jer 29,2 (שרי יהודה וירושלם); 34,19 (שרי יהודה
       ושרי ירושלם); vgl. 1Chron 28,1

Zu den Reihen mit כהן und נביא vgl. Jer 4,9; Zeph 3,3ff.

Wie schon der Gebrauch der Präpositionen zeigt, wird in den sprachlichen Kontexten nicht scharf differenziert zwischen den שרים und den שרי mit nomen rectum. In vergleichbarer Weise gilt dies auch für den Gebrauch der Verben; das heißt,

---

11 Die שרים sind in diesen Reihen nicht durch Personalsuffixe auf die מלכים bezogen. Zu den Reihen s. auch S. Herrmann, Die Bewältigung der Krise Israels, Beiträge zur Alttestamentlichen Theologie (FS W. Zimmerli) Hg. H. Donner, R. Hanhart, R. Smend, Göttingen 1977, S. 174; S. 176 Anm. 25.

es gibt wenige Verben, darunter שרר , die nur für die שרים gebraucht werden und nicht für die שרי + nomen rectum, und umgekehrt. Vielmehr werden sie für beide Bezeichnungen verwendet. Es gibt zudem einige Verben, die zudem für die עבדים verwendet werden (s. die Anm.). Angesichts der Häufigkeit des Wortes שר wird hier nur eine Auswahl von Verben geboten; ausgeklammert ist דבר, אמר usw.

Eine Anzahl von Verben nimmt auf den Untergang und Fall dieser Beamten Bezug:[12]

אבד (hif. ausrotten)	Jer 49,38 obj.	
אכל (verzehren, vom Feuer)	2Reg 1,14 (שרי החמשים) obj.	
גלה (hif. in die Verbannung führen)	2Reg 24,14; Jer 24,1 (שרי יהודה) obj.	
היה (zu Ende sein) אפס	Jes 34,12	
הרג (töten)	Am 2,3; 2Chron 21,4 (שרי ישראל) obj.	
חלל (pi. entweihen)	Jes 43,28 (שרי קדש); Thr 2,2 obj.	
נפל (fallen)	2Sam 3,38; Hos 7,16; Ps 82,7	
שחט (schlachten)	Jer 52,10 (שרי יהודה) obj.	
שחת (hif. niedermachen)	2Chron 24,23 (שרי העם) obj.	
חלה (aufhängen)	Gen 40,22 (שר האפים) obj.	
תלה (nif. aufgehängt werden)	Thr 5,12	

Es gibt eine Anzahl von Verben, die direkt oder indirekt zum Ausdruck bringen, daß diesen Beamten etwas befohlen wird:

אסף (versammeln)	2Chron 29,20 (שרי העיר) obj.
יסר (pi. zurechtweisen)	Ps 105,22 em. BHS obj.
לקח (holen)[13]	2Reg 11,4.19; 2Chron 23,1.20 (המאיות:2Reg 11,4 , שרי המאות)
פקד (betrauen mit etw. auch hif.)	Dt 20,9 (שרי צבאות) 1Reg 14,27//2Chron 12,10 (שרי הרצים) obj.
צוה (pi. jmd. beordern,[14] befehlen)	2Sam 18,5; 1Reg 22,31 (שרי הרכב); 2Reg 11,9 (שרי המאות); 2Reg 11,15 (שרי המיאות)//2Chron 23,14; Neh 7,2 (שרי ישראל); 1Chron 22,17 (שר הבירה); 2Chron 18,30 (שרי הרכב)

---

12 In den Klammern werden nur die Komposita mit שר angegeben; in den anderen Belegen steht שר im status absolutus.

13 Vgl. für die עבדים 2Sam 20,6; 1Reg 1,33; 1Chron 19,4.

14 Vgl. für die עבדים 1Sam 18,22; 2Reg 22,12; 2Chron 34,20.

קהל (hif. versammeln, einberufen)	1Chron 28,1 (s.d.) obj.
שלח (qal und pi.schicken, senden) 15	Num 22,15; 1Reg 15,20//2Chron 16,4 (שרי החילים); 2Reg 1,9.11.13 (alle:שרי); (שרי המאיות); 2Reg 11,4 (חמשים); Neh 2,9 (שרי חיל);2Chron 17,7; 38,4 (שר העיר)

Daneben gibt es eine Anzahl von Stellen, in denen diese Beamten als Befehlende oder als Inhaber von Befugnissen genannt werden:

חתם (siegeln)	Neh 10,1
מלך (hif. zum König einsetzen)	1Reg 16,16 (שר צבא) obj.
מנה (pi. entbieten)	Dan 1,11 (שר הסריסים)
משל (herrschen)	Dan 11,5
√צוה	2Chron 30,12
פקד (betrauen mit etw.)	Gen 40,4 (שר הטבחים)
רדה (herrschen)	1Reg 9,23//2Chron 8,10; 1Reg 5,30 (alle: שרי הנצבים)
שרר (herrschen)	Jes 32,1; Prov 8,16

Es gibt eine Anzahl von Verben, die die Einsetzung und Würdigung dieser Beamten zum Ausdruck bringen:

היה (sein, werden)[16]	1Sam 22,2; 2Sam 19,14(שר צבא); 23,19; 1Reg 11,24 (שר גדוד); 1Chron 11,6; 12,22
נשא פנים (Rücksicht nehmen auf jmd.)	Hi 34,19; vgl. Jes 3,3; 2Reg 5,1 (שר צבא מלך ארם)
נשא את ראש (wieder zu Ehren bringen)	Gen 40,20 (שר המשקים)
נתן (mit 2 acc.: jmd zu etwas machen)	Jes 3,4; vgl. Ex 18,25; Dt 1,15
נתן (einsetzen)	2Chron 32,6 (s.d.)
שים (einsetzen)	Gen 47,6 (שרי מקנה); Ex 1,11 (שרי מסים); 2,14; 18,21 (s.d.); 1Sam 8,12 (s.d.); 18,13 (שר אלף); 22,7 (s.d.); 2Sam 18,1 (s.d.); 2Chron 33,14 (שרי חיל)

---

15 Vgl. für die עבדים die S.17 aufgeführten Stellen.

16 vgl. S. 9ff.

Einige Verben drücken die Gunst eines solchen Beamten aus:

... יטב בעיני	(ein Wort, Plan gefällt) 17	Esth 1,21	
...נטה חסד על	(hif. Gnade zu- wenden)	Esr 7,28 (	שרי המלך)
נתן חן בעיני	(beliebt sein lassen)	Gen 39,21 (	שר בית הסהר)
נתן לחסד ולרחמים לפני	(Huld und Erbarmen finden lassen)	Dan 1,9 (	שר הסריסים)

Einige Verben bringen die Tätigkeiten dieser Beamten zum Ausdruck:

יעץ	(nif. ratschlagen)[18]	2Chron 30,2; vgl. 1Chron 13,1; 2Chron 32,3
ישב	(eine Sitzung abhalten)	2Reg 9,5 (שרי החיל); Jer 36,12; Ps 119,23
עזר	(beistehen)	1Chron 22,17 (שרי ישראל)
שפט	(Recht verschaffen)	Ex 18,22 (s.d.)
שרת	(dienen)	1Chron 27,1 (s.d.)

Die Verben bringen also zum Ausdruck, daß diese Beamten Befehle erhalten
(meist vom König), aber auch selbst Befehle erteilen, daß sie in der Gunst des
Königs stehen, aber auch selbst Gunstbezeugungen erweisen, und im Kontrast zu
ihrer hohen Stellung steht ihr tiefer Fall.

Die שרים in den Beamtenlisten

Neben den Beamtenbezeichnungen, die mit שר gebildet werden, gibt es die
שרים als geschlossene Gruppe. Mit שרים wird eine Anzahl von Beamten bezeichnet,
die vor allem in den Beamtenlisten aus davidischer (2Sam 8,16-18; 20,23-26) und
salomonischer Zeit (1Reg 4,2-6) erscheinen.

Diese Listen werden heute allgemein als vordeuteronomistisch und als auf amtliche Quellen zurückgehend bezeichnet.[1]

---

17   Vgl. für die עבדים Gen 41,37; 45,16; 1Sam 18,5.

18   Vgl. für die עבדים 2Reg 6,8.

1   S. die Übersicht in SSO, S. 7-14; M. Noth, Könige, S. 161f. und vor allem
T. Veijola, Die ewige Dynastie (Annales Academiae Scientiarum Fennicae Ser B TOM
193), Helsinki 1975, S. 124-126. M. Rehm, Die Beamtenliste der Septuaginta 1 Kön
2,46h, in: Wort, Lied, Gottesspruch. Beiträge zur Septuaginta (FS J. Ziegler),Hg.:
J. Schreiner (FzB 1), Würzburg 1972, S. 95-101.

Ein Problem stellt die Reihenfolge der Ämterbezeichnungen in den Listen dar; bei einer synoptischen Betrachtung[2] gewinnt man den Eindruck, daß sie keiner bestimmten Ordnung folgt. Ob sich aus der Reihenfolge irgendetwas über die Rangfolge der Ämter entnehmen läßt,[3] scheint fraglich.[4] Es würde dem patrimonialen Charakter dieses Beamtentums eher entsprechen, daß die Ämter untereinander nicht hierarchisch gegliedert sind, sondern jeweils nur dem König selbst untergeordnet sind; in welchem Überordnungsverhältnis möchte man sonst den in zwei Fällen an der Spitze der Liste genannten Oberkommandierenden des Heeres zum Vorsteher des Kanzleiwesens oder der Priester sehen?

Es wird sich eher empfehlen, die in den Listen genannten Amtsträger zunächst als untereinander gleichberechtigt anzusehen, unbeschadet der Möglichkeit, daß im Laufe der geschichtlichen Entwicklung bestimmte Ämter und Personen mit weiter reichenden Kompetenzen ausgestattet werden konnten.

Der ‏אשר על המס‎ . Der ‏אשר על המס‎ ist erst in der zweiten Beamtenliste Davids belegt. Nach der Liste aus Salomonischer Zeit gehört der Inhaber dieses Amtes unter die ‏שרים‎ (1Reg 4,6). Der Titel tritt zudem noch in 1Reg 5,28 und 12,18 (vgl. 2Chron 10,18) auf. Das Amt ist also nur in der Zeit der vereinigten Königreiche von Israel und Juda belegt. Die Aufgabe dieses Beamten ist die Aufsicht über das Fronwesen.[5] An allen Stellen tritt immer nur ein und derselbe Inhaber dieses Amtes auf, nämlich ‏אדרם‎ .[6] Diese Namensform, die mit dem theophoren Element 'dd[7] gebildet ist, legt nahe, daß in ihrem Träger ein Ausländer, wahrscheinlich ein Kanaanäer, zu suchen ist.[8] Das Wort ‏מם‎ , Fronarbeit, mit dem die Amtsbezeichnung gebildet ist, geht auf massu zurück. Dieser Begriff ist in Alalach[9]

---

2   SSO, S. 12.

3   so SSO, S. 12f.

4   Gegen Mettingers Versuch s.a. T. Veijola, Dynastie, S. 125 Anm. 122.

5   SSO, S. 128-139; R. de Vaux, Lebensordnungen I, S. 227-229; A.F. Rainey, Compulsory Labour Gangs in Ancient Israel, IEJ 20 (1970), S. 191-202.

6   Zu den Schreibungen des Namens s. SSO, S. 133.

7   ebd, vgl. HAL, S. 16.

8   R. de Vaux, Lebensordnungen I, S. 229 denkt an einen Phönizier.

9   AlT 269,18; 259,15-17; 268,14; 265,7; s. SSO, S. 129ff. H. Klengel, Die Palastwirtschaft in Alalah, State and Temple Economy in the Ancient Near East II, Hg. E. Lipiński (Orientalia Lovaniensia Analecta 6), Leuven 1979, S. 444 weist darauf hin, daß die LÚmeš massi in den Rationenlisten als Lohnempfänger registriert sind; von daher kann eine Übersetzung dieses Terminus als "Dienstverpflichteter", "corvée workers" nur mit Vorbehalten akzeptiert werden.

und in einem Amarnabrief aus Meggido,[10] also auch im engeren palästinischen Bereich, belegt. Im nordwestsemitischen Sprachraum (mit Ausnahme des Hebräischen)
fehlt das Wort מם. Es scheint sich um einen Fachterminus zu handeln, der schon
in der Amarnazeit in dem territorialen Bereich des späteren Israel - Juda geläu-
fig war. Sowohl die Bezeichnung dieses Amtes als auch der Name seines Inhabers
verweisen auf vorisraelitische, kanaanäische Herkunft.[11]

Der Freund des Königs. Die Bezeichnung רעה המלך beziehungsweise רעה דויד,
Freund des Königs, ist nur selten im Alten Testament, in 2Sam 15,37; 16,16; lReg
4,5[12] (vgl. רע in lChron 27,33) belegt.

Das Auftreten dieses Titels ist auf die Zeit der vereinigten Königreiche beschränkt. Nach lReg 4,5 wird der Freund des Königs zu den שרים gerechnet, und
man wird in Analogie zu den anderen dort genannten Ämtern damit rechnen müssen,
daß רעה המלך kein bloßer Ehrentitel ist, sondern ebenfalls ein Amt bezeichnet.

Dies wird deutlich in der Aktion des Arkiters Husai, des רעה דויד, der
nach Davids Flucht aus Jerusalem Absalom derartig verhängnisvolle Ratschläge er-
teilt, daß er beim Kampf um die Macht schließlich seinem Vater David unterliegt.[13]
Der Freund des Königs erscheint als eine Vertrauensperson, die den König berät und
aktiv um die Sicherung seiner Herrschaft bemüht ist.

Der Etymologie nach stammt רעה von dem Verbum רעה II qal "sich einlassen
mit"[14], von dem auch רע, "Gefährte, Genosse, Freund"[15] abzuleiten ist. lChron
27,33, ein Vers, in dem Husai als רע bezeichnet wird, zeigt, daß beide Bezeichnungen als synonym aufzufassen sind.[16] So bezeichnet רע in lReg 16,11 einen

---

10   EA 365,14.23.25

11   Zu מם עבד s. I. Riesener, עבד, S. 137ff. Die Frage, welche Bevölke-
rungsgruppe zur Zeit Salomos Frondienst zu leisten hatte, wird kontrovers beur-
teilt. A.F. Rainey, Compulsory Labour Gangs, S. 201f. nimmt an, daß es die über-
wiegend nicht - israelitischen Bevölkerungsteile waren; I. Riesener, עבד, S. 142
geht davon aus, daß die Nordstämme gewisse Arbeiten zu leisten hatten, darin aber
besser gestellt waren als die nicht - israelitische Bevölkerung.

12   S. dazu SSO, S. 63-69; A. van Selms, The Origin of the Title 'The King's
Friend', JNES 16 (1957), S. 118-123; H. Donner, Der 'Freund des Königs', ZAW 73
(1961), S. 269-277; A. Penna, Amico del re, RivBibl 14 (1966), S. 459-466; F.I.
Andersen, The Socio - Juridical Background of the Naboth Incident, JBL 85 (1966),
S. 50; R. de Vaux, Lebensordnungen I, S. 199f. In lReg 4,5 ist כהן, das in der
LXX fehlt, zu streichen, s. M. Noth, Könige, S. 56f.

13   2Sam 17, s. dazu S. Herrmann, GI, S. 213f.

14   KBL, S. 899.

15   KBL, S. 897.

16   s.a. SSO, S. 65f.

Freund des Königs.[17] Hier wird der רע zum בית des Königs gerechnet;[18] die Angehörigen eines solchen בית [19] sind ein Personenkreis, der dem König rät, hilft,
und ihn stützt. In einem solchen Rahmen läßt sich die Handlungsweise Husais verstehen.

Aber auch in die Familienverhältnisse des Königs sind die Angehörigen des
בית einbezogen, auch wenn es sich dabei nicht um Verwandte des Königs handelt.
Dies gilt auch für den "Freund"; so gibt Jonadab, ein Freund Ammons, der allerdings nicht König ist, sondern Kronprinz, diesem einen Rat, wie er sich Thamar am
besten nähern kann.[20]

Ausgehend von den Übersetzungen des Titels in den Versionen[21] nimmt van SELMS
an, daß es die wesentliche Aufgabe des Freundes des Königs sei, als Brautführer,
"best man", bei den vielen Hochzeiten des Königs zu fungieren. Mag diese These
auch als zu weitgehend erscheinen, fest steht, daß der Freund des Königs in die
persönlichen Verhältnisse des Königs einbezogen ist.

Ebenfalls zum בית des Herrschers gehört der מודד , Freund, im aramäischen
Bereich.[22] Abzuleiten ist מודד von einer Wurzel ידד .[23] Über die Ähnlichkeit
der Ämter im israelitischen und nordsyrisch - aramäischen Bereich und ihre Zuordnung zu der selben Struktur, dem בית , hinaus, gibt es auch eine lautlich ähnlich
klingende Bezeichnung, die מידעים des Nordreichs Israel in 2Reg 10,11. Unter der
Annahme, daß das ו in diesem Vers vor כל גדליו explikativ zu verstehen ist,
wäre dieser Personenkreis auch zum בית des Herrschers zu rechnen.[24]

Bei מידע handelt es sich um ein Partizip Pual der Wurzel ידע mit der Bedeutung "Bekannter, Vertrauter"[25]. Ist von daher keine direkte etymologische Verbindung zum aramäischen מודד zu ziehen, ist es dennoch bemerkenswert, daß beide
Bezeichnungen im Plural auftreten, im Gegensatz zu dem רעה המלך in der Zeit der

---

17   Zum Singular s. BHS.

18   vgl. S. 17.

19   Vgl. die Rolle der עבדים , S. 17ff. 52f.

20   2Sam 13.

21   s.a. A. Penna, Amico, S. 459ff.; zu dem ptolemäischen Hintergrund der in
der LXX gebrauchten Übersetzung s. SSO, S. 63ff.

22   KAI 224,14; s. K.F. Euler, Königtum und Götterwelt, S. 289.

23   R. Degen, Altaramäische Grammatik, § 29.

24   Diese Annahme ließe sich inhaltlich dadurch rechtfertigen, daß die Prinzen schon umgebracht sind (V.7) und der Rest des Hauses gerade noch aus den in
V.11 genannten Personen besteht.

25   HAL, S. 375.

vereinigten Königreiche.

Ein Vorläufer dieser Bezeichnung kann in dem ugaritischen mūdû šarri gesehen werden, ebenfalls ein Freund oder Vertrauter des Königs.[25b] Nach den akkadischen Texten zu urteilen handelt es sich um eine hochgestellte Persönlichkeit; anders scheinen die Verhältnisse bei dem keilalphabetisch belegten md zu liegen, der oft im Kontext sozial niedriger Bevölkerungs- und Berufsgruppen erscheint.[26]

Nach herrschender Meinung ist mūdû von edû abzuleiten, ugaritisch mdʻ entsprechend von jdʻ.[27] Unter der Maßgabe, daß mūdû von edû, wissen, stammt, ist es möglich, in dem mūdû šarri die Übersetzung des Titels rḫ nswt anzunehmen.[28] Gerade seit dem Mittleren Reich wird rḫ mit rḫ (▭), wissen,[29] in Verbindung gebracht,[30] und von daher ist eine solche Möglichkeit erwägenswert.

Ein Anzeichen dafür, daß der rḫ nswt, Freund des Königs, im syrisch - palästinischen Bereich bekannt war, ist in dem ᴸᴼruḫi šarri in EA 288,11 zu sehen. Parallel steht die Aussage a-mur a-na-ku ᴸᴼru-ḫi šarri zu ᴸᴼú-e-ú ana šarri bêl-ia (Z.10). weu (wᶜw)[31] ist ein ägyptischer militärischer Rang, und die Bezeichnung ruḫi šarri nimmt sicherlich ebenfalls auf die ägyptische Administration beziehungsweise auf den ägyptischen Hof Bezug. Unberührt davon ist die Frage, wie dieses ruḫi šarri in dem Brief aus Jerusalem sprachlich aufzufassen ist, als Umschrift[32]

25b So kritisch erwägend W. Thiel, Zur gesellschaftlichen Stellung des mudu in Ugarit, UF 12 (1980), S. 350 m. Anm. 14.

26 W. Thiel, aaO, S. 349ff. Der Auffassung des mudu als Freund des Königs widerspricht P. Vargyas, Le mudu à Ugarit. Ami du Roi? UF 13 (1981), S. 165-179.

27 UT Glossary, Nr. 1080; A.F. Rainey, Social Stratification, S. 83ff.; SSO, S. 66 Anm. 25; A.F. Rainey, The Samaria Ostraca in the Light of Fresh Evidence, PEQ 99 (1967), S. 36 nimmt dagegen an, daß das ugaritische Äquivalent zu mudû trm sei; nach M. Liverani, Histoire, Sp. 1340 hat der mudû militärische Funktionen.

28 vgl. A.F. Rainey, Social Stratification, S. 84.

29 WbÄS 2, S. 442.

30 Bei Heltzers Ableitung, von jdd, (M.L. Heltzer, Ugaritsko-akkadskie ětimologii (mûdu//md), Semitskie Jazyki II,1. Materialy Pervoj konferencii po semits-kim jazykam 1964, Moskva 1965, S. 335-358), ist eine solche Annahme strenggenommen hinfällig; die Möglichkeit einer solchen Ableitung bestreitet allerdings A.F. Rainey, Social Stratification, S. 83f.; nach Rainey muß die zugrunde liegende Wurzel eine "tertiae infirme" sein. P. Vargyas, aaO, S. 179 Anm. 80 schlägt eine Ableitung entweder von madadu oder sumerisch mu-du vor.

31 WbÄS 1, S. 280.

32 so R. de Vaux, Lebensordnungen I, S. 200.

oder Übersetzung von rḫ nswt.[33]

Allerdings ist der rḫ nswt ein nicht sehr hoch stehender Rang am ägyptischen Hof;[34] dies gilt gleichermaßen für den wᶜw, als den sich Abdiḫiba zugleich bezeichnet, und es ist anzunehmen, daß hier ein Element der rhetorischen Selbsterniedrigung vorliegt. Dies gilt für Ägypten; in Syrien - Palästina mag sich der Freund des Königs eines ganz anderen Ansehens erfreut haben. ruḫu bezieht sich auf eine ägyptische Institution, und es legt sich die Frage nahe, ob es ein solches Amt in den kanaanäischen Kleinstaaten selbst, womöglich auch in Jerusalem selbst, gegeben hat. Eine solche Annahme läßt sich mit einem Hinweis auf Gen 26, 26, ein Vers, in dem vom Freund, מרע , des Königs von Gerar die Rede ist, begründen.

Es ist anzunehmen, daß dieser ruḫi šarri in dem hebräischen Freund des Königs weiterlebt, zumal hebräisch רע und akkadisch ru'um stammverwandt sind.[35] Zur Zeit der vereinigten Königreiche existierte damit eine Bezeichnung, die über die kanaanäische Zeit hinaus auf ein ägyptisches Amt zurückweist. In Ugarit wurde diese Amtsbezeichnung durch eine Bildung der Wurzel jd' übersetzt, und damit hängt auch der מידע des Nordreiches Israel zusammen. Im Aramäischen findet sich eine gleich klingende Bezeichnung, die jedoch von einer anderen Wurzel herrührt. Es gibt somit regionale Differenzen bei den Bezeichnungen, die auf unterschiedliche Bezeichnungsweisen in vorisraelitischer Zeit zurückgehen.[36]

---

33   Zu Grunde läge akk. rū'um, Gefährte, Freund (AHw, S. 998), s. A.F. Rainey, El Amarna Tablets 359-379 (AOAT 8), Kevelaer, Neukirchen-Vluyn 1978², S. 88; zu altbabylonisch rū'um s. F.R. Kraus, Vom mesopotamischen Menschen der altbabylonischen Zeit und seiner Welt (MKAWL 36/6), Amsterdam, London 1973, S. 61f. Davon wäre ruḫu eine (kanaanisierende) Nebenform; H. Donner, 'Freund des Königs', S. 273f.; s.a. SSO, S. 67ff.; zu dem Problem des ᴷ4 s. GAG § 24. Eine Vergleichung mit dem šmr, wie H. Donner, 'Freund des Königs', S. 271ff. sie vornimmt, kommt nicht in Frage, vgl. SSO, S. 67. šmr ist eine allgemeine Bezeichnung für den Höfling, nicht unbedingt ein "Freund" des Königs, vgl. W. Helck, Beamtentum, Sp.672.

34   SSO, S. 67; W. Helck, Verwaltung, S. 279f.

35   AHw, S. 998.

36   Daß die hier untersuchten Ämter auf kanaanäische Vorbilder zurückgehen, hat schon REDFORD festgestellt (D.B. Redford, Studies in Relations between Palestine and Egypt during the First Millenium B.C. I. The Taxation System of Solomon, in: Studies in the Ancient Palestinian World, FS F.V. Winnett, Hg. J.W. Wevers, D.B. Redford (Toronto Semitic Texts and Studies 2), Toronto and Buffalo 1972, S. 141-156. An eine Vermittlung ägyptischen Einflusses über Syrien - Palästina denkt SOGGIN in seiner Entgegnung an REDFORD: "None the / less, since Egyptian influence had been so dominant in Phoenicia and Canaan, Egyptian influence may be seen even if at second-hand and adopted to local conditions." (J.A. Soggin, The Davidic - - Solomonic Kingdom, in: Israelite and Judaean History, Hg.: J.H. Hayes, J.M. Miller, London 1977, S. 358/9.

Ausgerechnet im Jerusalem der Amarnazeit findet sich mit ruḫi šarri ein Freund des Königs; es wird sich daher als lohnend erweisen, bei der Frage nach den Vorläufern auch anderer Ämter die spätere Hauptstadt des vereinigten Königreiches im Blick zu behalten.

Der אשר על הבית   Der אשר על הבית , im Alten Testament nicht vor der salomonischen Beamtenliste in 1Reg 4,6 erwähnt, gehört ebenfalls zu den שרים. Wie 2Chron 26,21 zeigt, ist es das Haus des Königs (בית המלך), dem der אשר על הבית vorsteht.[37] Wie die Bezeichnung אשר על הבית בתרצה (1Reg 16,9) zeigt, wirkt ein solcher Beamter am Ort der königlichen Residenz.[38] Zusammen mit dem König durchzieht ein solcher Beamter während einer großen Trockenheit das Land auf der Suche nach Gras für die Tiere (1Reg 18,3ff.). In 2Reg 10,5 verhandelt der אשר על הבית - zusammen mit anderen hochgestellten Persönlichkeiten - mit dem Usurpator Jehu. Daß auch ein Königssohn Inhaber dieses Amtes sein kann, zeigt 2Reg 15,5. Mit dem רב שקה verhandelt der אשר על הבית - neben dem מזכיר und dem ספר - in 2Reg 18,18//Jes 36,3 und 2Reg 18,37//Jes 36,22; zusammen mit dem ספר und den Ältesten der Priester wird er in 2Reg 19,2//Jes 37,2 zum Propheten Jesaja geschickt; in Jes 22 wird einiges von der Bedeutung und dem Gewicht dieses Amtes sichtbar.

Wie eine Grabinschrift (KAI 191B) und ein Siegelabdruck (Vatt. 149) zeigen, wurde אשר על הבית wirklich als Titel in der Königszeit gebraucht. Über die Tatsache hinaus, daß es sich um ein hohes Amt gehandelt haben muß, dessen Inhaber siegelberechtigt waren und zusammen mit anderen Amtsträgern agieren, läßt sich der genaue Funktionsbereich des אשר על הבית aus den wenigen Belegen nicht ermitteln.

Man ist hier zunächst auf die Bedeutung des Titels angewiesen, der wörtlich "der über das Haus (gesetzt ist)" bedeutet. Titelbildungen dieser Art mit אשר und על begegnen auch sonst im Alten Testament und alternieren häufig mit Bezeichnungen, die mit שר gebildet werden;[39] vergleichbar sind Zusammensetzungen mit einem Relativpronomen und einer Präposition im Akkadischen.[40]

Das entscheidende Wort, das bei diesem Titel den Verfügungsbereich des Beamten angibt, ist בית . Neben anderen Möglichkeiten bedeutet בית vor allem "Wohn-

---

37   vgl. נגיד הבית in 2Chron 28,7.

38   vgl. M. Noth, Könige, S. 347; zu Noths Auffassung dieses Amtes s.u.

39   s.S. 63.

40   ša muḫḫi ...; ša eli ..., AHw, S. 1117.

haus" und "Hausgemeinschaft".[41]

Einem Vorschlag NOTHs folgend, der in dem בית dieses Titels das Krongut sehen möchte,[42] versucht METTINGER nachzuweisen, daß das Wort בית über die oben genannten Bedeutungen hinaus auch für die Habe eines Menschen gebraucht werden kann.[43] Bei allen von METTINGER aufgeführten Belegen ist es jedoch genauso gut möglich, entweder die Bedeutung "Familiengemeinschaft" oder "Gebäude" für בית zugrunde zu legen.[44] Es ist in diesem Zusammenhang bezeichnend, daß HAL eine Bedeutung "was im Hause ist, Hausstand, Vermögen, Besitz"[45] für בית nicht mehr ansetzt. Die Hinweise auf akkadisch bītum, das sich auf Grundbesitz beziehen kann,[46] und andere verwandte Wörter, die METTINGER gibt, tragen in Bezug auf das hebräische בית nichts aus, denn בית ist innerhebräisch so häufig belegt, daß die Bedeutung zunächst sicher im Hebräischen festgelegt werden kann.

Wie eingangs erwähnt, bezieht sich בית in dem Titel auf das בית des Königs, und es findet sich vollends in den Wörterbüchern kein Hinweis darauf, daß בית המלך "Krongut" bedeuten könnte, sondern nur "Palast" oder "Königshaus" im

---

41 s. HAL, S. 119ff.

42 M. Noth, Krongut, S. 163. Es sei darauf hingewiesen, daß Noth durch die samarischen Ostraka auf eine ausgedehnte Krongutsverwaltung stieß. Das Problem, das sich ihm stellte, war, welcher hohe Beamte dieser Administration vorstand, und er entschied sich für den אשר על הבית (möglich wäre es auch gewesen, an den על הנצבים (אשר) zu denken). Diese Hypothese verfestigte sich später zu einer allgemein anerkannten Tatsache und wurde zum Ausgangspunkt weiterer Überlegungen gemacht. (vgl. SSO, S. 73ff.; S. 80ff.; P. Welten, Die Königs - Stempel (Abhandlungen der deutschen Palästinavereins), Wiesbaden 1969, S. 138ff.). Zurückhaltend ist dagegen W.F. Albright, The Seal of Eliakim and the Latest Preëxilic History of Judah, with some Obversations on Ezekiel, JBL 51 (1932), S. 77-106, S. 84: "The official who was in charge of the royal property was named apparently 'al hab-bayit, (the one placed) over the (royal) household', though it is not impossible that this designation belongs properly to the palace chamberlain rather than to the intendant of the crown property." Diese Ansicht Albrights wird von Mettinger nicht referiert. Zu der Krongutverwaltung s.a. 1Chron 27,25ff.

43 SSO, S. 75. Dabei ist Mettinger zunächst sehr präzise: "On the basis of these biblical examples I conclude that Heb. בית can refer to an area or to an estate." (ebd.) Daß בית auch "Fläche" bedeuten kann, macht בית סאתים , "Fläche, die mit 2 סְאָה besät werden kann" (HAL, S. 120) deutlich (1Reg 18,32); daß בית יהוה auch Jahwes Land heißen kann (HAL, S. 120), verdeutlicht Hos 8,1; 9,15; Jer 12,7; Sach 9,8; allerdings ordnet HAL diese Belege dem Oberbegriff der Hausgemeinschaft, Familie zu, im Zusammenhang mit den Belegen, in denen בית die Volksgemeinschaft zum Ausdruck bringt. Auf Landbesitz liegt der Bedeutungsakzent bei dieser seltenen Verwendung von בית nicht.

44 Zu Ex 20,17 s. F.L. Hossfeld, Der Dekalog (OBO 45), Freiburg/Schweiz, Göttingen 1982, S. 91ff.

45 Ges.-Buhl, S. 96.

46 AHw, S. 133 (A 5).

Sinne einer familiären Gemeinschaft.[47] Damit scheidet das Krongut als unmittelbarer Arbeitsbereich des אשר על הבית aus.[48]

Den Schlüssel zum Verständnis des Wortes בית in dem Titel אשר על הבית kann uns eine in der Diskussion nicht zureichend berücksichtigte Passage in Jes 22 geben.[49] Sebna, der in V. 15 sowohl als סכן als auch als אשר על הבית bezeichnet wird,[50] wird in V. 18 als קלון בית אדניך ,"Schande für das Haus deines Herrn", angesprochen. Diese Formulierung bezieht sich natürlich auf den Titel אשר על הבית , und mit בית אדניך ist der Königshof gemeint.[51]

Wichtig ist in diesem Zusammenhang auch V. 22 a, der zwar von einer anderen Hand stammt, sich aber inhaltlich auf das Amt des אשר על הבית bezieht: ונתתי מפתח בית דוד על שכמו "Und ich lege den Schlüssel des Davidshauses auf seine Schulter".[52] Diese Wendung ist zwar übertragen gebraucht,[53] bezieht sich

---

47 vgl. H.A. Hoffner, בית , Sp. 637.

48 Zu der Entstehung des Krongutes vgl. die Darstellungen in SSO, S. 80ff.; P. Welten, Königs - Stempel, S. 133ff. Man wird eher in dem נער einen Domänenverwalter sehen, vgl. H.-P. Stähli, Knabe - Jüngling - Knecht, S. 179ff.

49 Zu dem Problem der Verfasserschaft in den Abschnitten Jes 22,15-19, 20-23, 24f., die nicht einer Hand zuzurechnen sind, s. H. Wildberger, Jesaja 2. Teilband (BK X/2), Neukirchen-Vluyn 1978, S. 831ff. Ob die Gestalt des Eljakim auch außerhalb des Alten Testaments nachzuweisen ist, kann nicht mit Sicherheit geklärt werden (H. Wildberger, aaO, S. 846). Nach Jes 36,3.22; 37,2 und 2Reg 18f. ist Sebna ein ספר ; s. H. Wildberger, aaO, S. 833f.; es kann ein Ämterwechsel stattgefunden haben. Es gibt ein Siegel mit der Aufschrift: lšbnjhw//'bd 'zjw (Vatt. 67b). H.L. Ginsberg, Gleanings in First Isaiah: VI. The Shebna - Eliakim Pericope, 22, 15-22, M.M. Kaplan Jubilee Volume (1953), S. 252-257 nimmt an, daß damit unser Sebna zu identifizieren sei; darüber hinaus seien die Titel אשר על הבית und עבד miteinander zu identifizieren. Eine solche Identifikation ist jedoch von vornherein unwahrscheinlich, und es ist Wildberger zuzustimmen (H. Wildberger, aaO, S. 838), wenn er diesen Vorschlag mit Zurückhaltung betrachtet. Aber selbst wenn diese Identifikation statthaft wäre, läge es näher, zu vermuten, Sebna sei zunächst עבד des Königs, dann אשר על הבית und später vielleicht ספר gewesen; es gibt keinen Grund zu der Annahme, daß die Bezeichnungen identisch sind.

50 Man wird - gegen die heute oft vertretene Meinung (H. Wildberger, Jesaja II, S. 833f., O. Kaiser, Jes 13-39, S. 121f.) - das על שבנא אשר על הבית nicht als Randglosse, die eigentlich als Abschnittsüberschrift gemeint ist, abtun können. Es ist demgegenüber darauf hinzuweisen, daß אל und על durchaus auch in vergleichbarer Bedeutung gebraucht werden, vor allem nach הלך (Ges.-Buhl, S.181).
Es ergibt sich ein klarer Parallelismus membrorum:

לך בא אל הסכן הזה
על שבנא אשר על הבית

So schon F. Delitzsch, Commentar über das Buch Jesaia (Biblischer Commentar über das Alte Testament III/1), Leipzig 1889⁴, S. 272.

51 H. Wildberger, Jesaja II, S. 840. Kein Exeget kam bisher auf den Gedanken, für בית hier "Krongut" anzusetzen.

52 H. Wildberger, Jesaja II, S. 842.

53 H. Wildberger, Jesaja II, S. 849.

aber in ihrem konkreten Wortlaut auf den Palast beziehungsweise auf ein Palastamt. Hier wird man den ursprünglichen Wirkungsbereich des אשר על הבית zu sehen haben, und Analogien innerhalb des Alten Testaments finden sich bei den verschiedenen Hausvorstehern in der Josephsgeschichte.[54]

Für diese Auffassung spricht bei den sonstigen Belegen die Tatsache, daß der אשר על בית in der Residenzstadt wirkt. Besonders deutlich ist dies bei dem אשר על הבית בתרצה (1Reg 16,9), in dessen Titel der Ort der Residenz erscheint.[55]

Wie בית in dem Titel genau zu bestimmen ist, entweder als "Palast" oder als "Familiengemeinschaft" des Königs, ist nicht ganz sicher. Jes 22,18 würde sich eher auf die Gemeinschaft beziehen und die Bedeutung "Palast" ausschließen, während die Dinge in V. 22a genau umgekehrt liegen. Vielleicht sollte man die Bedeutung von בית nicht in eine der beiden Alternativen pressen, sondern hier eine Größe sehen, die sowohl den Palast als auch die Menschen, die darin zu tun haben, umgreift.[56]

Über die Bedeutung, die dieses Amt im Laufe der Geschichte erhielt, unterrichtet uns wiederum Jes 22: so wird Eljakim als Jahwes עבד bezeichnet; seine Herrschaft wird mit dem Begriff ממשלה umschrieben (nicht משרה, wie es einem שר zustünde), und zudem wird er als Vater für die Bewohnerschaft Jerusalems und das Haus Juda bezeichnet. Dies sind Züge, die sonst <u>nur</u> einem König zukommen.[57]

Es gibt allerdings den Fall, daß ein späterer König an der Stelle seines Vaters die Regentschaft[58] als אשר על הבית ausübt, nämlich Jotham in 2Reg 15,5.

Der Begriff, der die Bedeutung Eljakims vollends deutlich macht, ist סכן[59] in Jes 22,15. Im kanaanäischen Bereich, bezeugt in Ugarit, ist der skn Inhaber des

---

54   s.S.52 ff. Für eine Unterscheidung zwischen den Vorstehern über private Haushalte in der Josephsgeschichte und dem Staatsamt des königlichen Hofvorstehers tritt ein: H.J. Katzenstein, The Royal Steward, IEJ 10 (1960), S. 150.

55   Gerade bei dieser Titelbildung hat Noth Schwierigkeiten, die Kronguttheorie durchzuhalten: "danach war er vielleicht nicht jener oberste Verwalter des gesamten königlichen Krongutes, wie er für das salomonische Staatswesen bezeugt ist (...), sondern nur der Krongutverwalter in der königlichen Residenz Thirza." (M. Noth, Könige, S. 347). בתרצה bezieht sich auf בית und es ist das 'Haus in Thirza', dem der Beamte vorsteht.

56   s.S.53 Anm.179

57   H. Wildberger, Jesaja II, S. 844ff.

58   שפט hier mit der Bedeutung "regieren", s. J. Gray, Kings, S. 618f. Es wird an dieser Stelle מלך wohl deshalb nicht gebraucht, weil Jotham noch kein König ist; שרר ebenfalls nicht, da er mehr als ein שר ist.

59   Zu dem Problem der Namen der Inhaber des Amtes in Jes 22 und ihren wechselnden Rängen s. H. Wildberger, Jesaja II, S. 833ff.

höchsten Staatsamtes: "Dans l'administration du royaume, le roi est secondé par un 'préfet' (acc. rābisu et šaknu ou šakin māti, ug. skn, sākinu [hébr. sōkēn] paraissent recouvrir la même fonction; ...). Les compétences du préfet sont étendues: affaires politiques, juridiques et commerciales, internes et internationales (...); c.-à-d. qu'il assiste le roi dans toute l'éntendue du gouvernement, et non pas en se substituant à lui dans un secteur particulier. Cette position est habituelle en Orient, même postérieure (c'est la position du 'vizir')."[60]

Von diesem eigentlichen skn sind wohl Ämter, die mit skn zusammengesetzt sind, zu unterscheiden.[61] Zu dieser Gruppe gehören Zusammensetzungen mit Ortsnamen,[62] der skn qrt,[63] aber auch andere Bezeichnungen wie skn gt mlkt,[64] skn bt mlk.[65] Der skn, absolut gebraucht,[66] erscheint als Dienstherr von verschiedenem Personal, wie Pferdeknechten, Sängerinnen, Leuten aus Alašia, wie auch namentlich genannten Personen.[67] Daneben ist er Empfänger verschiedener Wirtschaftsgüter.[68] Ein solcher skn hat in Ugarit wohl auch mit der Verwaltung von Dienstland zu tun.[69]

Deutlich wird die Tragweite und die Bedeutung dieses Amtes in den akkadischen Texten aus Ugarit. Einem Vorschlag BUCCELLATIs folgend ist das Sumerogramm MAŠKIM in Ugarit sākinu zu lesen.[70] Dies ergibt sich vor allem durch die Gleichsetzung der mit MAŠKIM ON in den akkadischen Texten bezeichneten Beamten durch die mit

---

60 M. Liverani, Histoire, Sp. 1337. S. zudem M. Heltzer, The Internal Organization of the Kingdom of Ugarit, Wiesbaden 1982, S. 141ff.

61 vgl. M. Heltzer, Rural Community, S. 82; G. Buccellati, Due note ai testi accadici di Ugarit, OrAnt 2 (1963), S. 224-228; A.F. Rainey, LÚMAŠKIM at Ugarit, OR 35 (1966), S. 426-428; A. Alt, Hohe Beamte in Ugarit, KS III, S. 186-197; R. de Vaux, Lebensordnungen I, S. 210ff.

62 skn ON: KTU 4.288: 2-5; 4.160: 6.9.

63 s.S. 40 .; KTU 4.555:4; 4.609:10.11; s. M. Dietrich - O. Loretz, Epigraphische Probleme in KTU 4.609:10-11, UF 10 (1978), S. 423.

64 KTU, 2.21:8f.

65 KTU, 7.63:5f.

66 M. Dietrich - O. Loretz - J. Sanmartín, Zur ugaritischen Lexikographie (XII), UF 6 (1974), S. 41ff.

67 KTU 4.36:3; 4.68:63; 4.410:33; 4.102:17; 4.635:8ff.

68 KTU 3.1:38; 4.165:1; 4.361:1; 4.184:4; 4.132:5; als Patronymikon noch in 4.64 V. 10.

69 KTU 4.110:2; 4.357:30; s. A.F. Rainey, Social Stratification, S. 93. Dies verwundert allerdings deshalb nicht, da in diesem Amt alle Fäden der Verwaltung zusammenlaufen.

70 G. Buccellati, note, S. 224-228; als Möglichkeit erwähnt in Ugar V, S. 264 Anm. 1.

skn ON bezeichneten in den keilalphabetischen Urkunden. Diese Gleichsetzung von
MAŠKIM - rābisu mit sākinu ist in Ugarit nicht ganz sicher,[71] anders liegen die
Verhältnisse in der Amarnakorrespondenz; in EA 256,9 erscheint sú-ki-ni als Glosse
zu rābisu; in EA 362,69 sú-ki-na als Glosse zu [LU]MAŠKIM.[72]

Ein solcher [LU]MAŠKIM,[73] der kanaanäisch wohl als sākinu aufgefaßt wurde, erscheint selbstverständlich auch in den Jerusalemer Amarnabriefen,[74] und es ist bemerkenswert, daß das Verb sakānu, das von sākinu abgeleitet ist, innerhalb der
Amarnakorrespondenz nur in Jerusalem belegt ist.

Zwar ist der MAŠKIM - rābisu ein ägyptischer Beamter, doch macht die Glossie-
rung dieses Terminus durch sūkinu deutlich, daß es etwas vergleichbares im kanaanäischen Bereich gegeben haben muß.

Damit sind wir wieder auf die Administration von Ugarit verwiesen, in der
der skn - sākinu die führende Stellung innehat. Ein Inhaber dieses Amtes wird sowohl als sākinu, šakin māti und als [LU]sà-kîn KUR [URU]U-g[a-ri- i]t bezeichnet,[75] wobei zu beachten ist, daß die Zusammenhänge dieser Titelbildungen sachlich bedingt
sind und nicht auf sprachlicher Verwandtschaft beruhen. Dies gilt für den sākinu
und den šakin māti.[76]

Eine der wesentlichen Aufgaben eines solchen Beamten liegt im Bereich der

---

71   Kritisch A.F. Rainey, MAŠKIM, S. 426-428; vgl. die Ansetzung von MAŠKIM
mit rabisu in Ugar V, S. 343. Die Gleichsetzung erwägt C. Kühne, Die Chronologie
der internationalen Korrespondenz von El-Amarna (AOAT 17), Kevelaer, Neukirchen-
-Vluyn 1973, S. 85/6 Anm. 421.

72   Der rabisu ist ein führender Beamter der Verwaltung der syrischen und palästinischen Gebiete, die unter ägyptischer Oberhoheit stehen; s. C. Kühne, ebd;
W. Helck, Die Beziehungen Ägyptens zu Vorderasien im 3. und 2. Jahrtausend v. Chr.
(ÄgAb 5), Wiesbaden 1971², S. 247ff. MAŠKIM wird auch mit maliku glossiert, EA
131,21.

73   Es wird in den Jerusalemer Amarnabriefen nur das Ideogramm MAŠKIM benutzt;
ist es vielleicht sūkinu zu lesen?

74   EA 285,24; 286,17.48; 287,34.45.52; 288,19.59. Zu sakānu in den Jerusalemer Briefen s. E. Lipiński, skn et sgn dans le sémitique occidental du nord, UF
5 (1973), S. 194.

75   RS 15.182, 6.10 PRU III, S. 35f.; vgl. RS 17.251, 7f. PRU IV, S. 236f.,
s. H.M. Kümmel, Ugaritica Hethitica, UF 1 (1969), S. 160.

76   s. H.M. Kümmel, ebd; E. v.Schuler, Eine hethitische Rechtsurkunde aus
Ugarit, UF 3 (1971), S. 224-226 Anm. 9; zu dem šaknu s. R.A. Henshaw, The Office
of Šaknu in Neo-Assyrian Times I, JAOS 87 (1967), S. 517-525; II JAOS 88 (1968),
S. 461-483.

auswärtigen Politik.[77] So treffen wir ihn als Vertreter Ugarits bei einer Verhandlung, die Grenzfragen zwischen Siannu und Ugarit zum Thema hat.[78] Darüber hinaus kümmert er sich um ugaritische Bürger im Ausland; so kauft er einen Mann frei[79] und bezahlt in Karkemisch die Strafe, die einem ugaritischen Bürger auferlegt wurde.[80] Als Ankläger vertritt dieser Beamte auch den König von Ugarit vor dem Gerichtshof in Karkemisch.[81] Daß der sākinu von Ugarit an dem Gerichtshof von Karkemisch agiert, der die Belange in den hethitisch verwalteten Gebieten Syriens regelt, geht auch aus einem weiteren Beleg hervor.[82]

Als Beauftragter für die Außenpolitik steht er im Briefwechsel mit den umliegenden Fürstenhöfen; belegt sind Briefe des Königs[83] und des sākinu[84] von Ušnatu, des Königs von Beirut,[85] des Königs von Parga,[86] des Königs von Amqu[87] und des hethitischen Großkönigs.[88]

In den Funktionsbereich dieses Amtes gehört auch die Strafverfolgung; so wendet sich der König von Ušnatu in dem oben genannten Brief an den sākinu wegen einiger Diebe; ein gewisser Madae' wendet sich an ihn wegen einiger gestohlener Ochsen.[89]

Wie einige Briefe zeigen, ist dieser Beamte auch mit Handelsaktivitäten befaßt;[90] ob dies im Rahmen seiner offiziellen Tätigkeit erfolgt oder ob es sich um eher private Tätigkeiten handelt, ist wohl nicht ganz sicher.

In einer Verkaufsurkunde tritt uns dieser Beamte als Käufer von Ländereien

77   s. A.F. Rainey, Social Stratification, S. 95f. mit einer Diskussion der seinerzeit bekannten Texte.

78   RS 17.341 PRU IV, S. 161ff.; s. dazu H. Klengel, Geschichte Syriens im 2. Jahrtausend v.u.Z. Teil 2 (DAWIO 70), Berlin 1969, S. 380ff.

79   RS 17.251 PRU IV, S. 236f.

80   RS 17.110 PRU IV, S. 178.

81   RS 17.346 PRU IV, S. 176f.; s. H. Klengel, Geschichte 2, S. 146 Anm. 123; zu RS 17.129 PRU IV, S. 166ff. s. A.F. Rainey, Social Stratification, S. 115 Anm. 56.

82   RS 27.051+19.63 PRU IV, S. 36f.

83   RS 17.288 PRU IV, S. 215; s. H. Klengel, Geschichte 2, S. 383.

84   RS 17.425 PRU IV, S. 218.

85   RS 11.730 PRU III, S. 12f.

86   RS 15.19 PRU III, S. 13.

87   RS 17.424 C + 397 B PRU IV, S. 219f.

88   RS 34.129 Ugar VII, Pl. XI.

89   RS 20.239 Ugar V, S. 141ff.

90   RS 17.142 PRU VI, S. 5f.; RS 17.144, PRU VI, S. 7ff.; RS 17.148 PRU VI, S. 9ff.; RS 17.239 PRU VI, S. 11f.

entgegen,[91] und man wird sicherlich mit der Annahme nicht fehlgehen, daß es sich der hohen Stellung in der Administration entsprechend um einen reichen Bürger handelt.

Auch außerhalb Ugarits, in einem späteren Zeitraum, ist das Wort skn nachzuweisen. Eine Titelbildung mit skn und einem Ortsnamen liegt in zwei phönizischen Inschriften vor.[92] Der סכן בית מלכה , wahrscheinlich der höchste Minister des Aramäerreiches von Hamath,[93] begegnet in KAI 203. סכן absolut gebraucht ist in Byblos belegt, KAI 1,2;[94] die Inschrift datiert um 1000 vor Christus;[95] zudem liest eine Elfenbeininschrift] lskn skn xx [...] .[96] Diese Belege zeigen, daß die Amtsbezeichnung skn, gut belegt im Ugarit des zweiten Jahrtausends, auch im ersten Jahrtausend existierte, und damit steht der סכן in Jes 22 nicht isoliert da.

Es werden in Jes 22 beide Bezeichnungen, סכן und אשר על הבית gebraucht und in dem Abschnitt werden sowohl Bezüge auf das Haus des Königs als auch die große Machtfülle der angesprochenen Inhaber deutlich. Von daher legt sich die Annahme nahe, daß erst im Laufe der Entwicklung der אשר על הבית die Kompetenzen eines סכן , eines dem Wesir ähnlichen Beamten erhielt.[97]

Dabei stellt sich die Frage, ob sich nicht auch für das Amt des אשר על הבית die engsten Parallelen aus dem syrisch - palästinischen Bereich beibringen lassen.

Dies ist in der Tat möglich, und eine enge Entsprechung kann in dem skn bt mlk in Ugarit gesehen werden;[98] die Bezeichnung in den akkadischen Dokumenten lautet: [LU]MAŠKIM É.GAL.[99] Daneben gibt es den Titel MAŠKIM É MI. LUGAL-ti;[100] ein Träger dieses Titels, ein Matenu,[101] wird daneben noch als abarakku ša šarrati be-

---

91   RS 15.182 PRU III, S. 35f.

92   KAI 31,1.2

93   KAI II, S. 211f.

94   KAI II, S. 2. übersetzt hier   סכן   mit "Statthalter".

95   KAI II, S. 2

96   W. Röllig, Alte und neue Elfenbeininschriften, Neue Ephemeris für Semitische Epigraphik 2 (1974), S. 49.

97   J. Begrich, Sofer und Mazkir, S. 95.

98   s. RSP II, S. 86f.

99   RS 15.114,7 PRU III, S. 112f.

100   RS 8.208,3 PRU III, S. 110f.

101   RS 17.325,21 Ugar V, S. 264.

zeichnet.[102] abarakku ist mit "Haus- Palastverwalter, Schaffner" wiederzugeben.[103]
Dieser Begriff ist möglicherweise im Westen auch im ersten Jahrtausend noch belegt
und erscheint im Alten Testament im Zusammenhang mit Joseph als dem Palastvorsteher des Pharao.[104]

Diese Ämter eines Palastvorstehers und eines Wesirs gibt es in allen Bereichen des Alten Orients, und es könnte eine Fülle von Vergleichsmaterial aus Ägypten und aus Mesopotamien herangezogen werden. Dieses Material trägt jedoch für
die Frage nach der Herkunft des israelitischen Beamten deshalb nichts aus, weil
uns das Alte Testament selbst mit dem סכן auf den syrisch - palästinischen Bereich, ja sogar auf das alte, vorisraelitische, Jerusalem verweist. Dies ist eine
Perspektive, die sich auch bei dem Amt des ספר aufweisen läßt.

Der Schreiber. Das Wort ספר kommt insgesamt 54 mal im Alten Testament vor; hier
interessieren uns nur die Belege, in denen ein solcher ספר ein שר ist, wie in
1Reg 4,3; es geht also um den ספר als hohen Staatsbeamten.[105]

In 2Reg 12,11//2Chron 24,11 wird dieser Beamte als ספר המלך bezeichnet.
Die Annahme, daß es sich dabei um den vollen Titel handelt, ist zwar gerechtfertigt, andererseits ist auf den bisher gefundenen Siegeln mit dieser Amtsbezeichnung immer nur die Inschrift הספר belegt.[106]

Als hoher Würdenträger erscheint der ספר in den Beamtenlisten: 2Sam 8,17;
20,25; 1Chron 18,16; zwei Inhaber dieses Amtes werden in 1Reg 4,3 erwähnt. Mit
der Kontrolle der Tempelkasse[107] ist dieser Beamte in 2Reg 12,10//2Chron 24,11
und in 2Reg 22//2Chron 34 befaßt; zusammen mit zwei anderen hohen Beamten, dem
אשר על הבית und dem מזכיר verhandelt der ספר mit dem רב שקה in 2Reg 18
//Jes 36; später auch mit Jesaja, 2Reg 19,2//Jes 37,2. Im Jeremiabuch wird deut-

---

102   RS 17.86+241+208,18 Ugar V, S. 262f.

103   AHw, S. 3f.; in der späteren neuassyrischen Verwaltung nimmt der abarakku
rabû einen der   fünf höchsten Ränge ein, s. J. Pečirková, Administration, S.
220ff.; E. Klauber, Beamtentum, S. 80-87.

104   s.S. 51.

105   Vgl. die Übersicht in SSO, S. 19; zur Abgrenzung S. 19ff.

106   s.S. 8.

107   Es gibt einen interessanten Hinweis darauf, daß in der Zeit des Kambyses
im Eanna - Heiligtum ein "Schreiber des Königs" Verwaltungsaufgaben wahrnahm, M.
Dandamayev, State and Temple in Babylonia in the First Millenium B.C., State and
Temple Economy in the Ancient Near East II, Hg. E. Lipiński (Orientalia Lovaniensia Analecta 6), Leuven 1979, S. 590.

lich, daß der ‏ספר‎ einen eigenen Dienstraum hat (Jer 36,12.20.21);[108] nach Jer 37,15.20 ist in dem Haus des ‏ספר‎ ein Gefängnis eingerichtet.

Die eigentliche Funktion des ‏ספר‎ wird an all diesen Stellen nicht recht deutlich; doch wird man mit METTINGER davon ausgehen, daß es sich um einen Beamten handelt, der in führender Position mit dem Schriftwesen befaßt ist.[109]

Derartige Funktionen gibt es überall im Alten Orient; sprachlich am nächsten steht dem alttestamentlichen ‏ספר‎ der spr in Ugarit. Wie die Kolophone zeigen,[110] ist die Abschrift und damit Pflege von mythischen Texten einer der Arbeitsbereiche des ugaritischen Schreibers.[111] Sie zeigen zudem, daß der Oberpriester (rb khn) eine der Instanzen zu sein scheint, die Schreiber ausbilden.[112] Der Arbeitsbereich des Schreibers Ilimilku, dessen Abschriften uns erhalten sind, geht über das Kopieren der Texte mythischen Inhalts hinaus und erstreckt sich auch auf die Führung der internationalen Korrespondenz.[113] Schreiber erscheinen zudem häufig als Zeugen in Verträgen und anderen Dokumenten, wobei sie die Vereinbarungen des Schriftstückes, das sie offenbar selbst geschrieben haben, mit beurkunden.[114]

Eine solche Verteilung der Funktionen eines Schreibers auf die literarische Überlieferung und die Beurkundung von Rechtsgeschäften begegnet auch im nordsyrischen Alalach; wir treffen den selben Schreiber, der die Königsinschrift des Idrimi einschrieb (und vielleicht auch verfaßte) in den Verwaltungsurkunden wieder.[115]

Daß es sich hierbei um ein durchaus bedeutendes Amt handelt, geht nicht zuletzt auch daraus hervor, daß diese Schreiber mit Landbesitz oder mit den Abga-

---

108   S. zu der Lokalisierung K. Galling, Die Halle des Schreibers, PJB 27 (1931), S. 51-57; anders SSO, S. 33f.; in Jer 36,10 bezieht sich ‏ספר‎ auf Saphan, W. Rudolph, Jeremia (HAT I 12), Tübingen 1968³, S. 230 gegen SSO, S. 32.

109   SSO, S. 35ff.; wenn auch METTINGERs Argumentation im einzelnen nicht zu folgen ist, s.u.

110   KTU 1.6VI 54; 1.17 VI 56; 1.4 VIII 49; 1.16 VI 59.

111   Zu den ugaritischen Kolophonen s. H. Hunger, Babylonische und assyrische Kolophone (AOAT 2), Kevelaer, Neukirchen-Vluyn 1968, S. 22.

112   A.F. Rainey, Social Stratification, S. 107f. Zum Amt des Schreibers in Ugarit s. M. Heltzer, The Internal Organization of the Kingdom of Ugarit, Wiesbaden 1982, S. 157ff.

113   A.F. Rainey, ebd.

114   KTU 3.8:23; sehr häufig in den akkadischen Texten.

115   S. dazu N.Naʼaman, A Royal Scribe and his Scribal Products in the Alalakh IV Court, OrAnt 19 (1980), S. 107-116; besonders auffällig ist es, daß der Schreiber sich an hervorgehobener Stelle, am Schluß der Inschrift, erwähnt.

ben, die ganze Dörfer zu leisten haben, versehen werden.[116]

Innerhalb der Schreiberschaft gibt es gewisse Grade und Abstufungen; so bezeichnet sich ein Šamaš-šarru als tupšarru emqu.[117] Einige Schreiber werden in den ugaritischen Archiven auch als sukallu bezeichnet; es gibt daneben auch Doppelbezeichnungen mit tupšarru und sukallu. Bei dem sukallu handelt es sich - wie die Parallelen aus der hethitischen Administration zeigen -[118] um ein bedeutendes Amt in der Verwaltung,[119] obwohl die Funktionen in Ugarit selbst nicht recht deutlich werden.

Der Vorsteher der gesamten Schreiberschaft ist offenbar der rb spr, der allerdings nur in einem fragmentarischen Text erhalten ist.[120] Diese Bezeichnung hat sich noch in späterer Zeit, auf einer phönizischen Inschrift des 4.-3. Jahrhunderts v. Chr. erhalten.[121]

Auch außerhalb Ugarits läßt sich - zumindest indirekt - das Amt des spr nachweisen. So dringt dieses Wort als Fremdwort in die ägyptische Sprache ein: ꜥ̣ sù-pu-r <a> ;[122] als eindeutig kanaanäisch ist auch der sù-pᵃ-r ja-di-ʿâ in Pap. Anastasi I 17,7 zu bestimmen.[123]

Angesichts dieser indirekten kanaanäischen Bezeugung des spr nimmt es nicht Wunder, daß eine dem hebräischen ‏ספר המלך‎ sehr ähnliche Bezeichnung, tupšar šarri,[124] in den Jerusalemer Amarnabriefen[125] - innerhalb dieses Briefcorpus nur dort (!) - erscheint. Dabei ist mit tupšar šarri ein Vertreter der ägyptischen Administration angesprochen, einem Vorschlag ALBRIGHTs folgend der sš š ꜥ.t bezie-

---

116   RS 16.153 PRU III, S. 146f.; RS 16.206 PRU III, S. 106; s. A.F. Rainey, Social Stratification, S. 108f.

117   RS 16.142, 16 PRU III, S. 77; vgl. im Alten Testament ‏ספר מהיר‎ , Esr 7,6; s. A.F. Rainey, Social Stratification, S. 120 Anm. 123.

118   A.F. Rainey, Social Stratification, S. 106.

119   A.F. Rainey, Social Stratification, S. 106 übersetzt mit "vizier".

120   KTU 1.75:10.

121   KAI 37 A 15, s. M. Delcor, Le personnel du Temple d'Astarté à Kition d'après une tablette phénicienne (CIS 86 A et B), UF 11 (1979), S. 160f. vgl. auch den assyrischen rab tupšarri, H. Hunger, Kolophone, S. 9.

122   W. Helck, Beziehungen, S. 525 Nr. 283.

123   W. Helck, Beziehungen, S. 529f.; s. A. Malamat, Military Rationing in Papyrus Anastasi I and the Bible, Melanges Bibliques rédigés en l'honneur de André Robert (Travaux de l'Institut Catholique de Paris), Paris 1957, S. 114-121.

124   Diese Bezeichnung ist schon in altbabylonischer Zeit belegt, H. Hunger, Kolophone, S. 27 Nr. 19; vgl. S. 9; zum neuassyrischen tupšar šarri s. NWL,S.62ff.

125   EA 286,61; 287,64; 288,62; 289,47.

hungsweise sš šꜥ.t (n) nśw n pr -ꜥ3 .[126]

Dabei ist es die Frage, ob es auch innerhalb Jerusalems ein solches Amt des Schreibers gegeben hat, und wie wohl seine Bezeichnung gelautet hat. Die erste Frage ist eindeutig mit ja zu beantworten; die Jerusalemer Amarnakorrespondenz legt schon als solche ein beredtes Zeugnis für die Tätigkeit eines Schreibers ab.

Ein Beispiel für das Fortleben einer Bezeichnung der ursprünglich ägyptischen Verwaltung in der Verwaltung eines Stadtstaates selbst ist der im Reisebericht des Wen Amun erwähnte sš šꜥ.t (n pa³ wr) des Stadtfürsten von Byblos.[127]

Es ist möglich, den selben Vorgang auch in Jerusalem anzunehmen, und damit wäre der ספר המלך [128] in 2Reg 12,10 ein Nachklang des sš šꜥ.t (n) nśw n pr-ꜥ3 beziehungsweise tupšar šarri der Amarnazeit.

Sowohl das Wort ספר [129] als auch die Tatsache, daß ספר allein - ohne המלך - auf Dienstsiegeln erscheint, verweist daneben auf das Kanaanäertum als Herkunftsbereich des Titels. In Analogie zu den Verhältnissen in Ugarit und Alalach ist damit zu rechnen, daß sowohl das Kanzleiwesen als auch die Traditions-

---

126   W.F. Albright, Cuneiform Material for Egyptian Prosopography 1500-1200 B.C., JNES 5 (1946), S. 20f. Diese Überlegung ist deshalb plausibel, weil der Titel nicht nur - wie in den Jerusalemer Amarnabriefen - übersetzt, sondern auch in EA 316,16 als ša-aḫ-ši-ḫa-ši-ḫa, in einem Postskript, an der selben Stelle wie der tupšar šarri in den Jerusalemer Briefen, transkribiert wird. Zu dem ägyptischen Amt s. SSO, S. 43ff. Ob die Überlieferung des Namens von Davids Schreiber von einer Verschreibung des ägyptischen Titels beeinflußt ist, so A. Cody, Le titre et le nom propre du scribe de David, RB 72 (1965), S. 381-393, scheint fraglich.

127   Wen Amun II 64.68. Es ist erwähnenswert, daß dieser Schreiber zu dem Ausländer Wen Amun geschickt wird; ähnlich wird auch der ספר zum רב שקה geschickt, um mit ihm zu verhandeln.

128   Die Vergleichung der Bezeichnungen ist durchaus statthaft, denn ספר weicht vom Schema der sonstigen Titelbildungen ab; man könnte - in Analogie zu den anderen Titeln - für den obersten Kanzleibeamten אשר על הספרים oder שר הספרים erwarten.

129   Zuzustimmen ist Mettinger in seiner Ablehnung einer Ableitung von ספר aus akkadisch šapirum, SSO, S. 35f.,wie sie W. McKane, Prophets and Wise Men (StBibTh 44), London 1965, S. 23-36 vertritt. Leider war Mettinger insofern erfolglos, als daß sich auch noch nach dem Erscheinen seiner Studie erneut eine Stimme für eine derartige Ableitung erhob: A.D. Crown, Messengers and Scribes: The ספר and מלאך in the Old Testament, VT 24 (1974), S. 366-370. Ein Wechsel von akk. š zu hebr. ס (A.D. Crown, aaO, S.368) ist zu belegen, und Crowns Beispiel, das sich auf den Eigennamen Sargon beruft, ist insofern signifikant, als daß ein solcher Wechsel nur in neuassyrischer Zeit denkbar ist (E. Lipiński, skn et sgn, S. 195), und das Problem ist dann der ספר in den Beamtenlisten der frühen Königszeit. Zudem dürfte es kaum gerechtfertigt sein, den Vorläufer des ספר im mar šipri, Boten, zu suchen (so Crown); aber auch der šapiru ist kein Schreiber, sondern ein "Anweisunggebender", AHw, S. 1172.

pflege und das Verfassen von Schriften historiographischen Inhalts (wie auf der Idrimi - Statue) zu dem Arbeitsbereich eines solchen ספר gehört.

Der מזכיר . Der מזכיר als Staatsbeamter[130] erscheint außerhalb der Beamten-listen (2Sam 8,16; 20,24; 1Chron 18,15; 1Reg 4,3) nur noch als Mitglied der Dele-gation, die mit dem Rabsake verhandelt (2Reg 18,18.37//Jes 36,3.22) und als Kon-trolleur der Tempelkasse (2Chron 34,8).

Die Aufgaben und Funktionen des מזכיר werden an allen diesen Stellen nicht recht deutlich; eine sprachlich verwandte Bezeichnung gibt es in keiner semiti-schen Sprache, so daß man zunächst auf die sprachliche Gestalt des Titels verwie-sen ist. Es handelt sich bei מזכיר ohne Frage um ein Partizip Hiphil der Wurzel זכר ,[131] und von einer Untersuchung der Bedeutung von זכר in diesem Stamm ist zu erwarten, daß sie zum Verständnis der Amtsbezeichnung מזכיר beiträgt.

BEGRICH stellt fest, daß זכר im Hiphil an einigen Stellen ein Verbum di-cendi ist und zieht zum Vergleich das Amt des whm.w, des ägyptischen Heroldes, heran.[132] Von dieser Voraussetzung geht auch METTINGER aus, wobei er zusätzlich darauf hinweist, daß es ein solches Amt des Heroldes auch im mesopotamischen Be-reich gibt (nāgiru). Dabei ist es ihm entgangen, daß es den nāgiru schon vor der neuassyrischen Zeit in Ugarit gibt[133] und - vielleicht - auch in einer aramäischen Inschrift.[134] Da dieser Titel schon früh im Westen belegt ist, ist es nicht aus-zuschließen, daß er auch den Hintergrund für das israelitische Amt bildet;[135] andererseits sind die Funktionen des nāgiru in Ugarit nicht sicher zu bestim-

---

130   s. SSO, S. 21ff.

131   SSO, S. 53; W. Schottroff, 'Gedenken' im Alten Orient und im Alten Testa-ment (WMANT 15), Neukirchen-Vluyn 1964, S. 253; vgl. R. de Vaux, Lebensordnungen I, S. 214.

132   J. Begrich, Sofer und Mazkir, S. 78ff. Gegen eine solche Identifikation wendet sich D.B. Redford, Studies, S. 144 Anm. 7, wobei - neben anderen Erwägun-gen - das wichtigste Argument darin liegt, daß das ägyptische Amt vor 1100 v. Chr. in Blüte stand, danach aber die Belege immer spärlicher werden; damit erscheint eine Übernahme dieses Amtes zur Zeit Davids als unwahrscheinlich.

133   SSO, S. 57f.; vgl. NWL, S. 14; 35f.; in Ugarit: RS 16.238, 14 PRU III, S. 107f.

134   KAI 224,10. Die Lesung ist unsicher, KAI II, S. 268; vgl. KAI 266,8 mit ebenfalls unsicherer Lesung.

135   In neuassyrischer Zeit handelt es sich bei dem nāgiru um ein bedeutendes Hofamt, dessen Inhaber auch Provinzgouverneur sein kann (NWL, S. 15; 45f.). Met-tinger weist darauf hin, daß dieser nāgiru in dieser Zeit kaum als Herold fungiert, weshalb die Vergleichbarkeit mit dem מזכיר nicht mehr gegeben sei (SSO, S.57f.).

men,[136] und es ist mißlich, einen unklaren Begriff durch einen anderen ebenfalls unklaren erklären zu wollen.

Bei der Bedeutungsansetzung geht Graf REVENTLOW von einem ganz anderen Gesichtspunkt aus; auszugehen sei von einer Einbindung des Wortes זכר in die forensische Sphäre;[137] nach Graf REVENTLOW handelt es sich dabei augenscheinlich um die Grundbedeutung dieses Verbums im Hiphil.[138] Der מזכיר ist derjenige, der die Anklage erhebt.

Gerade dieser Punkt wird von BOECKER dahingehend modifiziert, daß nicht nur der Ankläger, sondern auch der Verteidiger nach alttestamentlichem Sprachgebrauch ein מזכיר sein kann: "Jeder Vollbürger ist berechtigt, bei einer Verhandlung das Wort zu ergreifen, um dem Gerichtsforum entweder Belastungs- oder Entlastungsmaterial vorzulegen. Indem er das tut, ist er מַזְכִּיר."[139]

Gegen Graf REVENTLOW stellt SCHOTTROFF fest, daß זכר hi. im forensischen Bereich nicht als terminus technicus gebraucht wird,[140] andererseits gehen die neueren Kommentierungen von Hos 8,13[141] und Jes 43,26[142] von einer forensischen Bedeutung aus.

EISING gibt in seiner Darstellung der Wurzel זכר einer forensischen Bedeutung im Hiphil keinen Raum.[143] Bei dem מזכיר erwägt er eine Verbindung mit dem ספר הזכרנות, Buch der Denkwürdigkeiten, in Esth 6,1 und dem ספר דכרניא in Esr 4,15.[144] Möglich wäre es dann, in dem מזכיר den Schreiber der Protokollbücher zu sehen.

Es gibt also verschiedene Möglichkeiten, das Amt des מזכיר zu bestimmen.

---

136   A.F. Rainey, Social Stratification, S. 148f.

137   H. Graf Reventlow, Amt, S. 164.

138   "Damit kommen wir aber zu der Gruppe, in der זכר nun tatsächlich eine abgeflachte, von der forensischen Sphäre mehr oder weniger gelöste Bedeutung erhält, im Sinne eines bloßen Erinnerns, Denkens, Kennens." (H. Graf Reventlow, Amt, S. 168).

139   H.J. Boecker, Erwägungen zum Amt des Mazkir, ThZ 17 (1961), S. 214.

140   W. Schottroff, 'Gedenken', S. 253ff.; 270.

141   H.W. Wolff, Hosea, S. 186f.

142   "Mit ziemlicher/Sicherheit ist הזכיר terminus technicus für die Anzeigeerstattung oder Anklageerhebung, ..." (K. Elliger, Deuterojesaja, S. 380f.; s.a. HAL, S. 259 zu Jes 43,26 und SSO, S. 54f.

143   H. Eising, Art.: זָכַר zakar, in: ThWbAT II, Sp. 571-593, bes. Sp.582ff.

144   H. Eising, aaO, Sp. 585.

Man kann in ihm einen Annalisten, Herold oder Bundesstaatsanwalt[145] sehen, je nachdem, welcher Bedeutung der Wurzel זכר man für den מזכיר den Vorzug gibt.

Man wird sich damit bescheiden müssen, daß Wesen und Funktionsbereich dieses Amtes nicht zu erfassen sind.

Der על הנצבים . Diese Bezeichnung ist nur einmal im Alten Testament, in der Beamtenliste 1Reg 4,5, belegt. Aufzufassen ist dieser Beamte als der Vorsteher der Distriktpräfekten.[146]

Der כהן . Nach den Beamtenlisten sind auch Priester in die Staatsverwaltung eingebunden.[147] Für die Organisation des Kultuswesens sei auf die Studie von Cody[148] hingewiesen.

Der על הכרתי והפלתי . Diese Bezeichnung für den Anführer von Söldnertruppen (2Sam 20,23; vgl. 8,18) gibt es nur zur Zeit Davids.[149]

---

145 Daß dieser Titel einen amphiktyonischen Hintergrund hat (so die These von H. Graf Reventlow, Amt, passim), wird von Boecker, Erwägungen, S. 215f (vgl. SSO, S. 55f.) bestritten; zustimmend dagegen B.S. Childs, Memory and Tradition in Israel (StBibTh 37), London 1962, S. 15.

146 Zu diesem s.S. 107ff.

147 Auf ihre Stellung innerhalb des Beamtentums und ihre Besoldung ist S. 125 eingegangen.

148 A. Cody, A History of Old Testament Priesthood (AnBib 35), Rom 1969.

149 H.-J. Stoebe, Art.: Krethi und Plethi, in: BHH II, Sp. 1003.

KAPITEL III

שר UND עבד : EINE BILANZ

Die in den Beamtenlisten[1] genannten obersten Amtsträger gehören nach lReg 4,2 zu der Gruppe der שרים. In den Status - constructus Verbindungen mit שר nimmt das Element שר den Platz ein, den sonst rabû im assyrischen und nordwestsemiti- schen Bereich hat. Die Frage ist, ob dies auch für שר und rabû im absoluten Ge- brauch, im Status absolutus, ohne Beziehungswort, gelten kann.

Wie die שרים bilden die rabûtu beziehungsweise rabâni im assyrischen Be- reich die höchste Beamtenschicht:

"Sous l'empire, cette dénomination de 'Grands' (LU.GAL.MEŠ = rabûtu / rabâni) désignait les princes et les titulaires des hautes charges administratives. Cela ressort clairement, d'une part du traité de Ramataya, où une variante remplace LU.GAL par NUN-e (...), d'autre part, de la liste ND 10005 (NWL p. 39), où l'expression GAL.MEŠ récapitule 22 gouverneurs de provinces, parmi lesquels figurent le général en chef (tartanu), le héraut du palais (nagir ekalli) et le grand échanson (rab šaqi)." [2]

Innerhalb dieser Schicht ragen die ^{LU}rabâni ša mat Aššur^{KI} noch besonders hervor:

"We are now in a position to suggest that the obviously very senior rabâni of our text had a group designation of their own, namely ^{lu}rabâni ša mat Aššur^{ki}, 'the emirs of Assyria'." [3]

Als höchste Würdenträger sind diese Beamten ein Teil des Hofes; der gesamte Umkreis des Hofes wird umschrieben mit:
^{mi}sek-re-ti-šú rabûti-šu ^{lu}su-ut reši-šu û niše li-bit (var.[li] -me-et) ekalli-šu ...[4]

---

1 Derartige Beamtenlisten existieren auch außerhalb Israels, so zum Bei- spiel der "Hof- und Staatskalender Nebukadnezars", E. Unger, Babylon, Berlin 1970², S. 282ff.

2 P. Garelli, Hofstaat, S. 448. Die rabûtu gibt es auch in Ugarit: RS 20. 16,9 Ugar V, S. 117ff.; RS 16,270,23.25 PRU III, S. 41ff., in 22f. neben den Die- nern (ardu) genannt; vgl. auch KAI 222A 39.40.41; 223B 3, C 15/15; רב übersetzt DISO hier mit "grand, homme important à la cour d'un roi" DISO, S. 271.

3 NWL, S. 41. Kinnier Wilson vergleicht die Stellung eines Angehörigen der Gruppe der rabûtu mit der des Emirs in der islamischen Zeit (NWL, S. 38ff.).

4 ND 814+TM1931 - 2,2 (BM 134436), zitiert nach NWL, S. 42; s.a. P. Garelli, Hofstaat, S. 447.

"Sein Harem, seine Großen, seine Vorsteher und das Personal der Umgebung des Palastes."

Eine solche knappe Umschreibung des Hofes gibt es auch im Alten Testament: 2Reg 24,12:

הוא ואמו ועבדיו ושריו וסריסיו

"Er (der König) und seine Mutter und seine Diener und seine obersten Beamten und seine Vorsteher."

Sicher miteinander identifizieren lassen sich in beiden Aufzählungen die סריסים mit den šūt rēši, und - nach dem vorher gesagten - die שרים mit den rabûtu. Darüber hinaus kann man annehmen, daß den עבדים die nišē libit ekallim[5] entsprechen; demgemäß wären die עבדים als Palastpersonal aufzufassen.[6]

Hinsichtlich des alttestamentlichen Wortgebrauchs ist es von Bedeutung, daß in 2Reg 24,12 die עבדים neben den שרים genannt sind;[7] daß dies nicht im Sinne einer Abfolge von Oberbegriff und Unterbegriff zu verstehen sein muß,[8] darauf verweist die analoge assyrische Aufzählung. Andererseits sind hier שרים und עבדים - neben anderen Funktionsträgern - zu einer Größe zusammengefaßt, die am besten unter dem Begriff "Hofstaat" aufzufassen ist.[9] Dieser Hofstaat ist jedoch nicht, was sich naheliegen könnte, mit dem בית des Königs zu identifizieren. So agiert in 2Reg 10,5 der אשר על הבית , einer der שרים , gegen das בית seines ehemaligen Herren, indem er mit Jehu verhandelt. Andererseits gehört wahrscheinlich[10]

---

5   vgl. das ganz ähnliche אנשי הבית in der Josephsgeschichte, Gen 39,11.

6   s.S. 15ff. ; der עבד des Königs hat jedoch eine demgegenüber weitergehende Bedeutung, da die so Bezeichneten in einem engen Verhältnis zum König stehen und auch berechtigt sind, Siegel zu führen.

7   Deutlich wird die Differenzierung auch in Jer 36; zuerst hören die שרים die Verlesung der Rolle, dann der König und alle seine עבדים (V. 24). Die שרים können in V. 24 nicht gemeint sein, da sie den Inhalt der Rolle schon kennen. Zudem wird von den שרים ausgesagt, daß sie erschrecken (פחד), V.16; von dem König und seinen עבדים , daß sie es nicht tun (V. 24). S. zum Ganzen S. Herrmann, Krise, S. 174f.

8   Daß beide Gruppen zu unterscheiden sind, geht auch aus den Nebeneinanderstellungen 2Sam 19,7; 1Reg 9,22; Jer 25,19; Esth 1,3; 2,18; 5,11 hervor. Da in 2Sam 19,7 die שרים vor den עבדים genannt sind, ist es nicht wahrscheinlich, daß hier עבד Oberbegriff zu שר ist, es sei denn, man nähme an, daß hier die Reihenfolge Unterbegriff - Oberbegriff vorläge. In Eccl 10,7 stehen עבד und שר in Opposition; allerdings handelt es sich nicht um den עבד des Königs. Eine Gegenüberstellung von שר und עבד des Königs liegt in 2Sam 3,38 vor.

9   Vgl. die ähnliche Kategorisierung bei P. Garelli, Hofstaat, passim.

10   s.S. 17.

nach 2Reg 10,11 auch der כהן und גדל zum בית ; hier könnte mit גדל auch שר gemeint sein, und Priester gehören nach 1Reg 4 auch zu den שרים .

Wahrscheinlich ist davon auszugehen, daß in dem Begriff בית eine enge persönliche Zugehörigkeit zum Ausdruck kommt, die sich auf die eigentliche Familie, die Freunde, aber auch auf den einen oder anderen Funktionsträger, שר, erstreckt. Wie die Streitigkeiten um die Thronnachfolge Davids zeigen, kann es in einem solchen Herrscherhaus zu Fraktionsbildungen kommen, die völlig quer zu den Stufungen der sozialen und administrativen Pyramide stehen. Es ergibt sich somit, daß die עבדים zur engsten Umgebung des Königs, dem בית , gehören. Dazu gehört zumindest einer der שרים , der Freund des Königs. Die שרים bilden ansonsten einen weiteren Kreis.

Einer solchen Differenzierung im institutionellen Bereich korrespondiert auch eine Differenzierung im sprachlichen Bereich; שר kann ein Statusbegriff sein; עבד in עבד המלך ist eo ipso ein Relationsbegriff; die Differenz beider Bezeichnungen wird vor allem in den Reihenbildungen deutlich.[11] Aber auch an den Stellen, an denen שר als Bildelement in Titeln gebraucht wird, kommt ein Unterschied zum Vorschein; das Nomen rectum gibt den Bereich an, über den der Beamte Verantwortung und Herrschaft ausübt,[12] beim עבד zeigt das Nomen rectum, wessen Gewalt er unterworfen ist.

Zudem zeigt der Gebrauch der Präpositionen bei שר , daß eine Redeweise, die an עבד המלך gemahnt, vermieden wird. Gerade bei den Verbindungen mit שר heißt es nicht, zum Beispiel, שרי לחילים sondern שרי החלים אשר לו (1Reg 15, 20), wenn diese Beamten auf den König bezogen sind.

Es heißt oft מלך ושרים , selten מלך ושריו , aber immer מלך ועבדיו , nie מלך ועבדים , das heißt, der עבד steht in einem viel engeren Abhängigkeitsverhältnis zum König als der שר .

Zudem wird eine Anzahl von Verben, gerade wenn es um den Bereich der Herrschaftsausübung geht, vom שר gebraucht, vom עבד dagegen nicht. Das selbe gilt für Reihenbildungen. Es gibt Reihen, in denen der עבד des Königs seinen Platz hat, und andere, in denen der שר erscheint. Der עבד gehört in den Herrschaftsbereich des Königs; der שר ist eine Größe, die neben König, Priester und Prophet als eine tragende Institution des Volkes erscheint.

Der עבד ist immer abhängig vom König; die שרים dagegen sind eine Gruppe von Funktionsträgern, die an der Herrschaftsausübung teilhaben. Eine Mittelstel-

---

11   s.S. 13f. 66f.

12   S. die Synonyme für שר in den Titeln, S. 63f.

lung zwischen diesen שרים und den עבדים des Königs nehmen jene Beamten ein, deren Titel zwar mit שר gebildet sind, die jedoch andererseits - dies gilt gerade für die Militärführer - auch als עבדים bezeichnet werden können. Offiziere werden gelegentlich summarisch als שרים bezeichnet und mit השר angeredet; dies beruht auf einer Verselbständigung des Elements שר, das eigentlich nur ein Bildeelement ist, in ihren Titeln; von den שרים, den höchsten Beamten, deren Titel oft nicht mit שר gebildet werden, sind sie zu unterscheiden.[13]

---

13   s.S. 64ff. ; anders C. Schäfer - Lichtenberger, Stadt und Eidgenossenschaft im Alten Testament (BZAW 156), Berlin, New York 1982, S. 243-255.

KAPITEL IV

TITEL, DIE NICHT MIT שר GEBILDET SIND
UND DEREN TRÄGER NICHT ZU DEN שרים GEHÖREN

Außerhalb der Gruppe derjenigen Titel, die status - constructus Verbindungen
mit dem Bildeelement שר darstellen, gibt es eine Reihe von Amtsbezeichnungen,
die zum Teil ebenfalls Parallelen außerhalb Israels haben.

Der סריס. Sehr häufig ist in dieser Gruppe der סריס belegt. Dieser Titel
ist mit Sicherheit abzuleiten von dem akkadischen ša rēši beziehungsweise ša rēš
šarri.[1] Ein Problem bei der Behandlung dieses Titels ist es, ob seine Bedeutung
mit "Eunuch" oder mit "Höfling", "Vorsteher" oder dergleichen wiederzugeben ist.

In den mittelassyrischen Gesetzen hat ana ša rišen turru die Bedeutung "zum
Eunuchen machen";[2] in dem Kontext geht es um ein Strafmaß bei Ehebruch.[3] Es hat
den Anschein, daß ša rēši hier tatsächlich "Eunuch" heißt (wörtlich eigentlich:
"der zu Häupten ist"), andererseits wird diese Bedeutung nicht an allen Stellen
der assyrischen Texte zugrunde gelegt.[4] Vielmehr ist das mittelassyrische Gesetzbuch der einzige Text, der explizit davon ausgeht, daß es sich bei diesem Personenkreis um Eunuchen handelt, und es ist darauf hinzuweisen, daß von SODEN die Bedeutung für fraglich hält.[5]

Genannt ist dieser Personenkreis in den Hof- und Haremserlassen der assyrischen Könige aus mittelassyrischer Zeit, gerade auch in den Abschnitten, die sich
mit dem Harem befassen; WEIDNER geht davon aus, daß es sich dabei um Eunuchen handelt.[6]

---

1   s. KBL, S. 668, AHw, S. 974; Plural auch šut rēši.

2   G.R. Driver, J.C. Miles, The Assyrian Laws, Oxford 1935, A § 15, s.S.
45ff.; vgl. A § 20, s.S. 71.

3   Der Täter wird dort bestraft, wo er gesündigt hat.

4   So W. von Soden, der für die Stellen, an denen šut rēši für die assyrischen Provinzstatthalter gebraucht wird, die Bedeutung "(Hoch-) Kommissare" an-
nimmt (AHw, S. 974), anders NWL, S. 12ff.

5   AHw, S. 974 (A 10).

6   E. Weidner, Hof- und Harems- Erlasse assyrischer Könige aus dem 2. Jahrtausend v. Chr., AfO 17 (1954-1956), S. 264f.

Anders liegen die Verhältnisse im Babylonien der nachkassitischen Zeit; hier gibt es keinen Hinweis, daß die in den Texten auftretenden Träger dieses Titels Eunuchen sind.[7] Während der Sargonidenzeit gibt es Belege, die mit Sicherheit ausschließen, daß ein solcher Beamter ein Eunuch sein muß, da zumindest in einem Fall ein Hinweis darauf existiert, daß ein rēšu einen Sohn hat.[8] In den hethitischen Dienstanweisungen, die sich an die LÚ MEŠ SAG richten, wird zwar deutlich, daß dieser Personenkreis auch im Umfeld des Harems agiert, andererseits gilt es auf Grund verschiedener Überlegungen als unwahrscheinlich, daß es sich um Eunuchen handelt.[9] Im Altaramäischen versteht man gewöhnlich סרס als "Eunuch";[10] einen sicheren Hinweis darauf, daß dieses Verständnis zutrifft, vermag man allerdings nicht zu finden.

Es ergibt sich also hinsichtlich der eingangs gestellten Frage kein einheitliches Bild. Von seiner wörtlichen Bedeutung her bedeutet ša rēši nicht "Eunuch"; in vielen Texten aus verschiedenen Epochen, in Babylonien und Assyrien, sind sie auch nicht als Eunuchen aufzufassen; allein das mittelassyrische Gesetzbuch könnte die Möglichkeit eines solchen Verständnisses eröffnen.

Problematisch ist auch das Verständnis von סריס im Alten Testament; so gibt KBL die Bedeutungen "Hofbeamter" und "Eunuch" an und gruppiert danach die Belege.[11]

Es erscheint möglich, mit einem Hinweis auf die Gestalt des Potiphar, der einerseits als סריס bezeichnet wird (Gen 37,36; 39,1), andererseits jedoch verheiratet ist, auszuschließen, daß es sich dabei immer um Eunuchen handeln muß.[12] Dabei ist jedoch zu beachten, daß Gen 39,2-19 einer anderen literarischen Schicht zugehört als Gen 37,36; 39,1.[13] Gibt es demnach keinen ursprünglichen Erzählungs-

---

7   J.A. Brinkman, A Political History of Post - Kassite Babylonia 1158-722 B.C. (AnOr 43), Rom 1968, S. 309-311.

8   M. Dietrich, Die Aramäer Südbabyloniens in der Sargonidenzeit (700-648) (AOAT 7), Kevelaer, Neukirchen-Vluyn 1970, S. 139 Anm. 1.

9   E. v. Schuler, Hethitische Dienstanweisungen (BAfO 10), Nachdr. d. Ausg. 1957 o.O., Osnabrück 1967, S. 34f. Körperliche Verstümmelung macht unrein; es ist unwahrscheinlich, daß der hethitische König sich mit solchen Personen umgibt, so fragend E. v. Schuler, aaO, S. 35.

10   KAI 224,5; s. DISO, S. 197. Der rēš šarri ist auch in Ugarit belegt, RS 17.112,4 PRU IV, S. 234; vgl. zu dem Problem M. Heltzer, On the Akkadian term rešu in Ugarit, IOS 4 (1974), S. 4-11.

11   KBL, S. 668; s.a. Nachträge, S. 175.

12   E.M. Yamauchi, Was Nehemiah the Cupbearer a Eunuch? ZAW 92 (1980), S. 135.

13   H. Seebaß, Joseph - Erzählung, S. 79, bes. Anm. 3; D.B. Redford, Study, S. 146f.

zusammenhang, der davon wußte, daß Potiphar zugleich סריס und verheiratet ist, dann wäre es - angenommen, der סריס wäre ein Eunuch - der Einfalt des Redaktors zu verdanken, daß die beiden sich widersprechenden Informationen nebeneinander stehen. Allerdings ist darauf hinzuweisen, daß es im Altertum auch verheiratete Eunuchen gab.[14]

Es besteht die andere Möglichkeit, mit einem Hinweis auf Jes 56,3f. zu begründen, daß סריס "Eunuch" heißt.[15] Nach WESTERMANN steht hier "die Zulassung zum Kult der Jahwegemeinde für zwei Gruppen, die nach Dt. 23,2-9 (BH) ausdrücklich von ihm ausgeschlossen sind, ..."[16] in Frage.

Allein, es werden in Dt 23,2 andere Termini für "Eunuch" gebraucht; erscheint dort nicht,[17] sondern פצוע דכא וכרות שפכה . Es ist gut möglich, daß der Sprachgebrauch von סריס bei Tritojesaja auf das späte Hebräische verweist,[18] ein Sprachbereich, in dem סריס unter anderem sicher die Bedeutung "Eunuch" hat;[19] hinzuweisen ist auch auf das Verbum סרס, entmannen,[20] eine Wurzel, die altsemitisch natürlich nicht belegt ist, da das Verb von סריס denominiert ist.

Gerade weil bei Tritojesaja mit späterem Wortgebrauch zu rechnen ist, kann die Bedeutung von סריס dort nicht für alle anderen alttestamentlichen Stellen geltend gemacht werden. Es ist somit auch innerhalb des Alten Testaments nicht möglich, eine sichere Entscheidung in die eine oder andere Richtung zu fällen.[21]

Unbeschadet dieses Problems ist es jedoch gut möglich, die Funktionen des סריס - ša rēši - ᴸᵁSAG miteinander in Vergleich zu bringen.

Der volle Titel in akkadischer Sprache ist ša rēš šarri; vergleichbar dazu ist im Alten Testament die Titelbildung סריס המלך , die nur im Estherbuch belegt ist (Esth 2,3.14.15; 4,5; 6,2.14). In der Josephsgeschichte, am Hof des Pha-

---

14 Heeg, Art.: Eunuchen., in: PWS III, Sp. 450.

15 Zu der Stelle s. K. Pauritsch, Die neue Gemeinde: Gott sammelt Ausgestossene und Arme (Jesaja 56-66) (AnBib 47), Rom 1971, S. 31ff.

16 C. Westermann, Das Buch Jesaja. Kapitel 40-66 (ATD 19), Göttingen 1970², S. 249.

17 Zu den Termini für "Kastrat" und den Methoden der Entmannung s. W. Bunte, Art.: Entmannung, in: BHH I, Sp. 413-414.

18 Ein drastisches Beispiel in Jes Sir 30,20.

19 Jastrow, S. 1027. Es ist möglich, daß die Bedeutungsentwicklung von zu "Eunuch" in nachexilischer Zeit beeinflußt ist durch das Eunuchenwesen am persischen Hof; s. E.M. Yamauchi, aaO, passim.

20 Jastrow, S. 1028f.

21 Somit kann der alttestamentliche סריס nicht zur Klärung der Frage, ob der ša rēši ein Eunuch ist, beitragen.

rao, heißt dieser Würdenträger סריס פרעה (Gen 37,36; 39,1; 40,7; vgl. Gen 40,2).

Ein Bereich, in dem diese Würdenträger oft genannt sind, ist der des Harems beziehungsweise der königlichen Frauen. Besonders deutlich ist dies in Esth 2,3, eine Stelle, an der ein סריס auch als שמר הנשים bezeichnet wird (vgl. Esth 2,14 שמר הפלגשים und 2,15). Daneben hat die Königin auch סריסים zu ihrer Bedienung (Esth 4,4.5). Zudem werden Angehörige dieser Gruppe zu der Königin geschickt (Esth 1,10f.12.15). Nicht nur im Estherbuch sind die סריסים mit dem Bereich des Harems verbunden; in 2Reg 9,32 sind es gerade die סריסים , die die Königin Isebel hinabstürzen; von dem Zusammenhang her kann man annehmen, daß sie sich in der Umgebung der Königin aufhalten.

Eine solche Verbindung mit dem Bereich des Harems ist auch außerhalb des Alten Testaments für den entsprechenden Beamten in den hethitischen Dienstanweisungen zu belegen.[22]

Auch außerhalb des Harems sind die סריסים am Hofe tätig; so gelten die Träger der Hofämter des שר הטבחים, des שר האפים und des שר המשקים als סריסים (Gen 37,36; 39,1; 40,2).

Es gibt eine Anzahl von Reihenbildungen, in denen die סריסים genannt sind: 2Reg 24,12; Jer 29,2; 34,19; 41,16; 24,14f.; 1Chron 28,1. Dabei stehen die סריסים nicht selten im hinteren Teil einer solchen Aufzählung. Auch dies korrespondiert mit dem Rang, den die šut reši an den altorientalischen Höfen einnehmen.[23] Zudem geht auch dort der Wirkungsbereich dieser Beamten über den Bereich des Harems hinaus und erstreckt sich allgemein auf den Hof.[24]

Als Schwellenhüter sind סריסים in Esth 2,21 und 6,2 tätig.[25] Darüber hinaus werden סריסים für eine Reihe besonderer Aufgaben eingesetzt; so soll ein סריס Güter wieder beschaffen, die ein Eigentümer ehedem besessen hat (2Reg 8,6); ein סריס wird geschickt, um bestimmte Personen zu holen (1Reg 22,9//2Chron 18,8) oder zum Mahl zu begleiten (Esth 6,14). Von einem סריס wird gesagt, daß er ein Dienstzimmer (לשכה) habe (2Reg 23,11); Ebedmelek, ein סריס, zieht auf Geheiß des Königs Jeremia aus der Zisterne (Jer 38,7ff.). Dabei erscheinen die סריסים als eine Personengruppe, die den Willen des Königs ausführt, als ein Exekutivorgan.

---

22   E. v. Schuler, Dienstanweisungen, SAG 1 IV 29ff.; SAG 2 Lk. Rd. 1ff.

23   "Nach der Reihenfolge der Rangklassen in SAG 2 scheinen die LÚ MEŠ SAG bei Hofe hinter den 'Herren' zu rangieren." (E. v. Schuler, Dienstanweisungen, S. 35).

24   s. NWL, S. 46ff.

25   s. dazu G. Gerlemann, Esther, S. 84ff.

In diesem Sinne ist auch der assyrische ša rēši tätig.[26]

Gerade bei dem סריס wird der patrimoniale Zug des altorientalischen Beamtentums deutlich; der Höfling, dem der König vertraut,[27] wird ad hoc für bestimmte anfallende Aufgaben eingesetzt, besonders deutlich in 2Reg 8,6. Es liegt ganz in dieser Linie, wenn in der Spätzeit des Staates Juda auch in dem wichtigen Bereich des Heerwesens סריסים eine Rolle spielen (2Reg 25,19//Jer 52,25). Dies kann als ein Versuch gewertet werden, vermittels dieser Personengruppe den Einfluß des Königs zu verstärken.

Vor ein Problem eigener Art stellen uns die סריסים in 1Sam 8,15. Innerhalb des deuteronomistischen Geschichtswerks[28] erscheinen sie sonst erst[29] in 1Reg 22, 9 zur Zeit Ahabs. Dies kann als ein sprachliches Argument dafür genommen werden, daß der entsprechende Abschnitt nicht in die Zeit Sauls gehört.[30]

Der פקיד . Auch der פקיד gehört zu denjenigen Beamten, die in ähnlicher Form auch außerhalb des Alten Testaments vorkommen.[31] Im Alten Testament wird die Einsetzung eines solchen "Beauftragten, Beamten"[32] gelegentlich mit dem Verbum פקד umschrieben (Gen 41,34; Esth 2,3). Der פקיד ist ein Vorgesetzter; dies macht die Verwendung der Präposition על deutlich (2Reg 25,19//Jer 52,25; Neh 11,9.14).

---

26 E. Klauber, Beamtentum, S. 89ff. vgl. A.L. Oppenheim, A Note on ša rēši, JANES 5 (1972), S. 325-334.

27 Nach den hethitischen Dienstanweisungen ist es die wesentliche Aufgabe des Beamten, den König und seine Familie zu schützen (E. v. Schuler, Dienstanweisungen, S. 34f.).

28 Mit 1Chron 28,1 dürfte sich kaum begründen lassen, daß es zur Zeit Davids סריסים gab, vgl. W. Rudolph, Chronikbücher, S. 185ff.

29 Dies ist bemerkenswert, da die ausmalende Beschreibung der Hofhaltung Salomos Gelegenheit geboten hätte, auch סריסים zu erwähnen - wenn er darüber verfügt hätte.

30 vgl. S. 25; nach F. Crüsemann, Der Widerstand gegen das Königtum (WMANT 49), Neukirchen-Vluyn 1978, S. 66ff. fällt V.15 aus dem Zusammenhang heraus, vgl. aber S. 129f. Anm. 19ß

31 פקוד , das part. pass. qal von פקד ist wohl kaum als "Beauftragter" (so KBL, S. 773) zu verstehen; die פקודי חיל in Num 31,14; 2Reg 11,15//2Chron 23,14; vgl. Num 31,48 (הפקדים אשר לאלפי הצבא) sind - dem sonstigen Gebrauch von פקוד entsprechend - als "Gemusterte des Heeres" zu verstehen. Dabei steht in den Reihen Num 31,14.48 die Kopula vor dem letzten Glied der Aufzählung (vgl. Ex 18,21.25); in 2Reg 11,15 ist die Nebeneinanderstellung asyndetisch, allerdings lesen zwei Handschriften die Kopula ו (s. BHS). W. Rudolph, Die Einheitlichkeit der Erzählung vom Sturz der Atalja (2Kön 11), FS A. Bertholet, Hg. W. Baumgartner e.a., Tübingen 1950, S. 475 ändert in פְקֻדָי , eine Konjektur, die BHS (im Gegensatz zu BHK) nicht aufnimmt.

32 KBL, S. 775.

Die Kontexte, in denen ein solcher פָקִיד erscheint, liegen im zivilen (Gen 41,34; Jud 9,28; Esth 2,3), militärischen (2Reg 25,19//Jer 52,25) und kultischen[33] Bereich. Der פָקִיד ist damit nicht auf einen bestimmten Aufgabenbereich beschränkt; zudem hat nicht nur der König derartige Beamte, sondern auch zum Beispiel der Hohepriester.[34]

Eine vergleichbare Bezeichnung existiert im Akkadischen[35] und im Aramäischen (KAI 224,4.10).[36] Nach dieser Belegung aus der Mitte des achten Jahrhunderts ist dieser Titel auch in aramäischen Papyri zu finden. Dabei ist der פקד ein Verwalter von Gütern und nicht immer unbedingt ein Regierungsbeamter.[37] Dies ist ein Sonderproblem; fest steht, daß die Bezeichnung פקד für einen Beauftragten schon im achten Jahrhundert außerhalb des Alten Testaments belegt ist.

Der נגיד . Als Beamtentitel der Königszeit ist נגיד im deuteronomistischen Geschichtswerk nicht belegt. Der Grund, aus dem heraus diese Bezeichnung hier mitbehandelt wird, liegt darin, daß נגיד zur Verhältnisbestimmung zwischen Gott und König im deuteronomistischen Geschichtswerk benutzt wird. In diesem Zusammenhang ist der König ein Beamter Jahwes.

Die Herkunft und Bedeutung des Wortes נגיד sind in der alttestamentlichen Wissenschaft umstritten. Ausgehend von einem Nebensatz ALTs[38] glaubte man, in dem נגיד ein ursprünglich vorstaatliches Amt sehen zu dürfen. Diesen Standpunkt hat vor allem RICHTER vertreten, der sogar von einer נגיד - Formel sprechen zu können glaubt.

---

33 Jer 20,1; 29,26; Neh 11,22; vgl. Neh 12,42; 2Chron 24,11; 31,13.

34 2Chron 24,11. Zu der Bedeutung von פקד s. W. Schottroff, Art.: פקד pqd heimsuchen, in: THAT II, Sp. 466-486.

35 AHw, S. 826f. paqdu(m), "Beauftragter, Verwalter".

36 "Offizier, Funktionär", KAI II, S. 267.

37 Belege bei DISO, S. 234 "Officier, magistrat". Daß der פקד ein Güterverwalter ist, der nicht immer in die Staatsverwaltung gehören muß, stellt B. Porten, Archives, S. 54f. gegen AD, S. 15ff. dar; vgl. Krael., S. 33f.

38 Für Alt sind bekanntlich bei der Bestimmung zum König im Nordreich die beiden Elemente: Designation Jahwes (durch einen Propheten) und Akklamation des Volkes konstitutiv. In diesem Zusammenhang erscheint die Bezeichnung נגיד: "als Designierter Jahwes heißt er nur nagîd, erst das Volk verleiht ihm von sich aus den Königstitel melek, so daß die göttliche Weihe und die menschliche Würde klar voneinander geschieden bleiben." (A. Alt, Die Staatenbildung der Israeliten in Palästina, KS II, S. 23). Das Problem dieser Sicht liegt in 1Reg 1,35, ein Vers, in dem David (und nicht Jahwe!) Salomo zum נגיד bestellt. Alt kann hier nur von einem groben Mißbrauch reden (A. Alt, aaO, S.62 Anm. 1).

Exkurs: Die sogenannte נגיד - Formel

Die Frage bei RICHTERs Beitrag[39] ist es, ob es sich bei den auf S. 73 seines Aufsatzes dargebrachten Beispielen überhaupt um eine Formel handelt.

Nach einer Lehrbuchdefinition aus der Literaturwissenschaft ist unter einer Formel zu verstehen: "Formel (lat. formula = Norm, Regel; Wort der Rechtssprache), feststehende Redewendung (Satz, -teil), aus individueller Prägung e. Begriffes oder Gedankens stammend und von der Allgemeinheit als bes. treffend anerkannt und übernommen, die in gewissen Vorstellungszusammenhängen sich immer wieder aufdrängt und meist unverändert wiederkehrt, dabei jedoch als abgegriffene Marke durch Konventionalisierung ihren ursprünglichen tieferen Sinn meist verloren hat (Brief-, Gruß-, Anrede-, Dankes-F.)."[40]

Wie steht es nun bei Richters Beispielen um die "feststehende Redewendung", die "meist unverändert wiederkehrt"? In seinen elf Beispielen liegt nur in zwei Fällen, 1Reg 14,7 und 16,2 die selbe Formulierung vor; ansonsten wechseln die Verben, die die Bestimmung zum נגיד ausdrücken: לקח + להיות, משח, צוה, היה, נתן, also fünf Verben in elf Belegen (!). Das Objekt nach נגיד wird mit על verbunden, auch in 2Sam 5,2, eine Stelle, an der RICHTER den massoretischen Text falsch zitiert;[41] in 2Reg 20,5 fehlt dagegen eine Präposition. Aber auch das Objekt schwankt stark: עמו, נחלתו, ישראל (...) , עמי , ו(ישראל...) יהודה , ישראל (...) עם יהוה, עם יהוה , עם יהוה , ישראל . Daneben ist נגיד - je nach dem in der Phrase auftretenden Verb - in einem Teil der Belege mit ל verbunden, in dem anderen nicht. Zudem ist RICHTERs säuberliche Aufstellung der נגיד- -Phrasen an zwei Stellen zu korrigieren:

1Sam 10,1   משחך יהוה על נחלתו לנגיד
2Sam 7,8   אני לקחתיך (...) להיות נגיד על עמי על ישראל

Da in 1Sam 10,1 נגיד nachgestellt ist, also eine Inversion vorliegt, gibt es nicht einmal eine einheitliche syntaktische Struktur für alle נגיד -Phrasen. Gerade dieser Text fällt aus RICHTERs schönem Schema heraus, weshalb er ihn (stillschweigend) geändert hat.

Die einzig konstanten Elemente in RICHTERs Beispielen sind die vier Buchstaben נ, ג, י, ד , und es ist wohl reichlich kühn, zu behaupten, "Es liegt somit

---

39   W.Richter, Die nāgīd - Formel. Ein Beitrag zur Erhellung des nāgīd - Problems, BZNF 9 (1965), S. 71-84.

40   Art.: Formel, in: G. von Wilpert, Sachwörterbuch der Literatur (KrTA 231), Stuttgart 1969⁵, S. 267.

41   W. Richter, Formel, S. 73; S. 77.

eine Formel vor."[42]

Vor allem 1Sam 9,1ff., ein Berufungsbericht, der die Bestimmung zum נגיד
und die Retterformel verbindet, die aus dem Bereich des sogenannten Heiligen Krie-
ges stamme, wird angeführt, um nachzuweisen, daß hier נגיד ein vorkönigliches
Amt bezeichne, dessen Heimat im Bereich der Nordstämme zu suchen sei.[43]

Weiter verfolgt wurden RICHTERs Annahmen von SCHMIDT.[44] Da dem נגיד in 1Sam
9,16 und 2Sam 7,8 militärische Funktionen zukommen, sei der נגיד ein Heerbann-
führer, und zwar, da der שר הצבא in staatlicher Zeit diese Funktion ausübe,
aus vorstaatlicher Zeit.[45] Da der נגיד somit ursprünglich der Heerführer der vorstaatlichen Zeit sein soll, kommt der als militärischer Führer belegte קצין (Jud
11,6.11; Jos 10,24) nicht umhin, von SCHMIDT zum militärischen Unterführer degra-
diert zu werden.[46]

Skeptisch in der Frage nach der vorstaatlichen Herkunft des Titels ist HERR-
MANN: "Man sollte erwarten, daß neben dem schofet und dem kāzin (sic!) auch ein
nāgid erschiene. Das ist nicht der Fall."[47] Skepsis in dieser Hinsicht äußern sowohl LIPINSKI, MACHOLZ, FRITZ als auch METTINGER.[48] Diese Skepsis läßt sich zudem
redaktionskritisch begründen; so hat VEIJOLA nachgewiesen, daß die Belege für
נגיד im deuteronomistischen Geschichtswerk den verschiedenen Stufen der deuteronomistischen Redaktion zuzurechnen sind,[49] mit Ausnahme von 1Sam 9,16.[50] Hier er-
zeuge zwar die Verbindung von V. 16b mit der Retterformel 16a deuteronomistische

---

42   W. Richter, Formel, S. 74.

43   W. Richter, Formel, S. 78ff.

44   L. Schmidt, Menschlicher Erfolg und Jahwes Initiative (WMANT 38), Neukirchen-Vluyn 1970.

45   L. Schmidt, Initiative, S. 152.

46   L. Schmidt, Initiative, S. 155. Ein Argument Schmidts ist der Plural in
Jos 10,24; aber muß es in vorstaatlicher Zeit immer nur _einen_ Heerführer gegeben
haben?

47   S. Herrmann, GI, S. 178.

48   E. Lipiński, Nāgīd, der Kronprinz, VT 24 (1974), S. 497-499; G.Ch.Macholz,
NAGID - der Statthalter, 'praefectus', DBAT Beih. 1 ספר רנדטרף FS R. Rend-
torff, Hg. K. Rupprecht, Dielheim 1975, S. 59-72; V. Fritz, Die Deutungen des Königtums Sauls in den Überlieferungen von seiner Entstehung I Sam 9-11, ZAW 88
(1976), S. 351; T.N.D. Mettinger, King and Messiah (CB OTS 8), Lund 1976, S. 151-
184.

49   T. Veijola, Dynastie, S. 52.129.139.141.

50   T. Veijola, Königtum, S. 73ff.; R.A. Carlson, David, the chosen King,
Uppsala 1964, S. 52ff. hält allerdings auch 1Sam 9,16 für deuteronomistisch.

Schultheologie;[51] anders als 10,1b LXX sei 9,16a vordeuteronomistisch.[52]

Der Bericht 1Sam 9,1-10,10 über Sauls Königtum ist allerdings nicht der ältteste und steht den berichteten Ereignissen nicht zeitlich nahe.[53] Wenn somit die נגיד -Belege in den Samuel- und Königsbüchern nicht auf vorstaatliche Ämter verweisen, stellt sich auch die Frage nach der Bedeutung des Wortes נגיד neu. Von 1Reg 1,35 ausgehend wendet sich MACHOLZ gegen eine sakrale Füllung dieses Wortes und befürwortet eine Zuordnung in den administrativen Bereich: der נגיד ist ein Statthalter, wie der lateinische praefectus,[54] eine Bezeichnung, die eine ganze Skala von Positionen der administrativen Hierarchie abdecken kann.[55]

In einem bestimmten Bereich des Alten Testaments dient dieser Begriff zur Verhältnisbestimmung des Herrschaftsanspruches Jahwes zum Herrschaftsanspruch des Königs; als נגיד ist der König ein Beamter Jahwes. Von der Terminologie her werden diese Zusammenhänge besonders deutlich im chronistischen Geschichtswerk, denn einerseits übernimmt der Chronist aus dem deuteronomistischen Geschichtswerk den solchermaßen theologisierten Sprachgebrauch vom König als dem נגיד über Jahwes Volk,[56] andererseits kennt er den נגיד als Beamten,[57] meist in militärischer Bedeutung.[58]

---

51   "In ihr geht ja der Sendung eines Retters regelmäßig der Hilferuf (...) des Volkes voran (...), der die Vorbedingung für die göttliche Intervention ist." (T. Veijola, Königtum, S. 74f.).

52   T. Veijola, Königtum, S. 76.77.

53   Schmidt setzt die Bearbeitung der Eselinnenepisode, die auf Sauls Designation zielt, um 800-850 an (L. Schmidt, Initiative, S. 87.91.97); vgl. T.N.D. Mettinger, King and Messiah, S. 64ff., der die Salbung Sauls in diesem Abschnitt für "probably fictitious" hält (S. 79).

54   G.Ch. Macholz, NAGID, S. 65. An den meisten Stellen übersetzt die Vulgata נגיד mit dux; mit princeps dagegen in: 1Sam 10,1; Jer 20,1; Ez 28,2; Hi 31, 37; 1Chron 5,2; 11,2; 12,27; 19,1; 28,24; 2Chron 11,11; mit bellator in 2Chron 32, 21; der נגיד בית האלהים wird in 1Chron 9,11; 2Chron 31,13; 35,8 mit pontifex domus dei wiedergegeben; נגיד על האצרות in 1Chron 26,24 mit praepositus thesauris - dagegen erscheint praefectus als Übersetzung von נגיד nur in 2Chron 31,12.

55   G.Ch. Macholz, NAGID, S. 67. Zu den römischen Beamtentiteln, die mit praefectus gebildet sind, s. die Übersicht im Register von J. Bleicken, Verfassungs- und Sozialgeschichte des Römischen Kaiserreiches 1 (UTB 838), Paderborn 1978, S. 351. Auf Siegeln ist der Titelנגידnicht zu belegen.

56   2Sam 5,2//1Chron 11,2; 2Sam 7,8//1Chron 17,7; vgl. 1Chron 29,22; 2Chron 6,5.

57   2Chron 11,11; 19,11; 32,21; in 2Chron 28,7 für den אשר על הבית

58   Im Zusammenhang mit dem Tempel treffen wir den נגיד an in Neh 11,11; 1Chron 9,11; 2Chron 31,12.13; 35,8.

Einige Belege machen es deutlich, daß unter dem נגיד ein Beamter zu verstehen ist, etwa, wenn ein נגיד zugleich als פקיד bezeichnet wird,[59] als
מצוה,[60] und wenn im Parallelismus membrorum נגידים zu שרים stehen.[61] Besonders deutlich wird dieser Sprachgebrauch in 1Chron 13,1, eine Stelle, an der die
שרי האלפים והמאות mit נגיד bezeichnet werden.

Aber auch die Bezeichnungsweisen im deuteronomistischen Geschichtswerk verweisen noch darauf, daß der נגיד zunächst ein Beamter ist. So wird in 2Reg 20,5
Hiskia als נגיד עמי bezeichnet; eine solche Prägung, bei der das nomen rectum
mit einem Personalsuffix versehen ist, gibt es auch bei den Beamtentiteln; zu vergleichen ist שר צבאו.[62]

Es kommt hinzu, daß נגיד an allen entsprechenden Stellen im deuteronomistischen Geschichtswerk, mit Ausnahme von 2Reg 20,5, inderterminiert ist; man wird
zu einem נגיד gemacht, nicht zum נגיד.[63]

נגיד ist somit eine Bezeichnung, die zunächst in 1Reg 1,35 greifbar wird
als Statthalter, später, vor allem im chronistischen Geschichtswerk, als Beamtentitel erscheint, und im deuteronomistischen Geschichtswerk zur Bestimmung des Verhältnisses zwischen Gott und König eingesetzt wird. Eine solche Verhältnisbestimmung sowie der Begriff נגיד selbst können auf die Zeit vor dem Deuteronomisten,
womöglich auf die Zeit der berichteten Ereignisse selbst, zurückgehen. Der Gebrauch von נגיד im deuteronomistischen Geschichtswerk, der einem bestimmten Darstellungswillen folgt, läßt eine Rückfrage hinter die Darstellung als wenig aus-
sichtsreich erscheinen. Außerhalb des Alten Testaments ist das Wort nicht sicher
zu belegen.[64]

Der יועץ . Im deuteronomistischen Geschichtswerk begegnet der יועץ nur ein
einziges Mal, in 2Sam 15,12, dort Ahitophel als יועץ דוד , Ratgeber Davids, bezeichnend. Der Rat, den ein solcher יועץ gibt, ist kein unverbindlicher Rat-

---

59   פקיד נגיד בבית יהוה Jer 20,1.

60   Jes 55,4.

61   Hi 29,9.10. Parallel zu den מלכי ארץ stehen sie in Ps 76,13.

62   Dabei bezieht sich das Suffix auf den König, s.S. 36 .

63   Es ist zu fragen, ob ein determinierter Präpositionalausdruck - vergleichbar einer status constructus Verbindung - das Nomen, auf das er sich bezieht, auch
determiniert. Die Überprüfung dieser Frage bedarf einer gesonderten Untersuchung.

64   KAI 224,10; 266,8; KAI II, S. 268.314; DISO, S. 174; F.M. Cross, Canaanite Myth and Hebrew Epic, Cambridge/Massachusetts 1973, S. 220 Anm.5; zum etymologischen Problem s. W. Richter, aaO, S.72 Anm. 6.7.

schlag; Ahitophels Rat gilt soviel, als ob man Gott selbst befragt.[65] Er hat etwas schicksalhaftes und drängt nach Erfüllung: "The counsel and the carrying into effect belong together. The counsel is the decision which guarantees life to the nation or to the person who takes counsel. Ahitophel and his counsel form a unity. The ineffective counsel is a dead word, hence the counsellor is a dead man."[66] Der Ratschlag, den Ahitophel gibt, ist ein guter Ratschlag (2Sam 17,14), anders als der des Arkiters Husai; liegt hierin vielleicht der Grund, daß Husai, der ja als Ratgeber erscheint (עצת חושי , 2Sam 17,14), zwar als Freund Davids, nicht jedoch als יועץ bezeichnet wird?[67]

Im Südreich Juda ist der יועץ - neben dem שפט - in Jes 1,26 erwähnt; zusammen mit anderen Ämtern, die die Stützen des Staates bilden, in Jes 3,3; von daher läßt sich die Annahme rechtfertigen, daß es sich bei dem יועץ um ein Amt handelt; allerdings muß man damit rechnen, daß in Jes 3,3 auch Männer genannt sind, "die kraft eines nur ihnen persönlich geltenden Ansehens oder Charismas einen gewissen Einfluß ausüben können".[68] Damit wären sie strenggenommen keine Amtsträger. Nach Jes 19,11 werden auch dem Pharao derartige Ratgeber zugesprochen, wenn nicht der Text mit BHS zu emendieren ist.[69] Bei Deuterojesaja, Jes 41,28, ist der יועץ als "Anwalt" aufzufassen.[70]

יועץ als partizip qal von יעץ ist nicht immer zu einem Amtstitel verfestigt, sondern hat auch noch oft den verbalen Sinn: jemand, der rät, so in Mi 4, 9;[71] Nah 1,11;[72] Prov 12,20;[73] im Proverbienbuch ist יועץ sonst immer mit רב verbunden;[74] dabei steht יועץ in dieser status constructus Verbindung im Plural

---

65   2Sam 16,23. Aufgenommen wird diese Anschauung in 2Sam 17,14, eine Verfassernotiz (vgl. E. Würthwein, Die Erzählung von der Thronfolge Davids - theologische oder politische Geschichtsschreibung? (TS 115), Zürich 1974, S. 33ff.), nach der Jahwe den guten (טוב) Rat des Ahitophel vereitelt, um den verderblichen Rat Husais , gut (טוב) in den Augen Absaloms, Tat werden zu lassen.

66   P.A.H. de Boer, The Counsellor, VTS 3 (1955), S. 44.

67   Nach herrschender Meinung ist יועץ die Bezeichnung, die die Bezeichnung "Freund des Königs" ersetzt hat, SSO, S. 65; H. Donner, 'Freund des Königs', S. 270f.

68   H. Wildberger, Jesaja I, S. 121.

69   H. Wildberger, Jesaja II, S. 702, neigt zu einer Streichung von יעצי .

70   K. Elliger, Deuterojesaja, S. 193f.

71   W. Rudolph, Micha - Nahum - Habakuk - Zephanja (KAT XIII 3), Gütersloh 1975, S. 85.

72   ebd., S. 157.

73   B. Gemser, Sprüche Salomos (HAT I 16), Tübingen 1963², S. 60.

74   Prov 11,14; 15,22; 24,6.

in 15,22; im Singular in 11,14; 24,6.[75]

Eine Abfolge מלך - יועץ - שר ist in Hi 3,14f.; Esr 7,28; 8,25 belegt; im Hiobbuch erscheint der יועץ auch noch in Hi 12,17 und im chronistischen Geschichtswerk in Esr 4,5; 1Chron 26,14; 27,32.33; 2Chron 22,4; 25,16; eine יועצת, Beraterin, in 2Chron 22,3; aramäisch יעט Esr 7,14.15. Gerade im chronistischen Geschichtswerk ist יועץ deutlich als Amtsbezeichnung zu verstehen.[76] Der יועץ erscheint zudem in Jes 9,5 in der Verbindung פלא יועץ als Thronname.[77] Daneben gibt es als Ratgeber noch den איש עצה.[78]

Das Partizip aktiv von יעץ ist auch im Punischen, Reichsaramäischen und Palmyrenischen, allerdings selten, belegt.[79] Interessant ist eine Stelle aus der Ahiqarerzählung, an der Ahiqar als ספרא חכימא und zudem als יעט אתור tituliert wird.[80] Dies gemahnt an 1Chron 27,32, eine Stelle, an der Jonathan als יועץ und סופר bezeichnet wird.[81]

Der נצב. Der Titel נָצָב begegnet in zwei verschiedenen Vokalisierungen, als נִצָב und נָצִיב. נָצָב ist ein Partizip niphal von נצב und bezeichnet wörtlich denjenigen, der gestellt ist, mit על konstruiert denjenigen, der über etwas gestellt ist.[82]

So ist in Ruth 2,5.6 ein נצב על הקוצרים, einer, der über die Schnitter gesetzt ist, belegt. Dieser Mann wird zudem als נער bezeichnet, was in diesem Zusammenhang wohl als "Verwalter" aufzufassen ist.[83]

Schwieriger liegen die Verhältnisse in 1Sam 22,9. Vom Edomiter Doeg wird ausgesagt: והוא נצב על עבדי שאול. Hier ist es die Frage, ob Doeg über die

---

75 B. Gemser, aaO, S. 113 nimmt in 24,6 nicht die Bedeutung "Ratgeber", sondern "Rat" an, eine Möglichkeit, die zumindest auch in 11,14 geltend zu machen wäre; יועץ, Rat, steht auch hier im Parallelismus zu dem תחבלות, "Steuerung, kluge Lenkung" (KBL, S. 1025), ein Abstraktum, neben dem sich ein יועץ, personal als Ratgeber aufgefaßt, merkwürdig ausnähme.

76 H.-P. Stähli, Art.: יעץ j's raten, in: THAT I, Sp. 750.

77 S. H. Wildberger, Jesaja I, S. 381f.

78 Jes 40,13; Ps 119,24. In beiden Fällen ist עצה mit einem Personalsuffix versehen.

79 DISO, S. 110.

80 Ah 12 (Cowl., S. 212).

81 Es handelt sich in 1Chron 37,32-34 um Informationen, die nicht dem deuteronomistischen Geschichtswerk entnommen sind, W. Rudolph, Chronikbücher, S. 185.

82 Ges.-Buhl, S. 516; KBL, S. 629, Zorell, S. 527.

83 H.-P. Stähli, Knabe - Jüngling - Knecht, S. 179f.

עבדים Sauls gesetzt ist,[84] oder ob er (zufällig) neben den עבדים Sauls steht.[85]

Als Titel aufzufassen ist נצב in 1Reg 4,7. Erwähnt werden die in 1Reg 4 zusammen mit ihren Bezirken aufgeführten Beamten noch in 1Reg 5,7. In 1Reg 22,48 wird erwähnt, daß ein נצב מלך in Edom die Regierungsgeschäfte führt. Die שרי הנצבים , die nur in späten Eintragungen in das deuteronomistische Geschichtswerk belegt sind, basieren nicht auf Ämtern, die es wirklich in der Königszeit gegeben hat.

נָצִיב ist eine qetil-Bildung der selben Wurzel נצב .[86] Die Bedeutungsansetzung für dieses Nomen schwankt; in Gen 19,26 ist die auch im sonstigen nordwestsemitischen Sprachraum übliche[87] Bedeutung "Statue, Stele" anzunehmen. Ges.-Buhl legt für die meisten sonstigen Belege die Bedeutung "Vogt, Gouverneur" zugrunde, während, mit einem Fragezeichen versehen, nur in 1Chron 11,16 mit "Besatzung" übersetzt wird.[88] KBL dagegen übersetzt einlinig mit "Posten, Besatzung", mit Ausnahme natürlich von Gen 19,26.[89]

In dieser Einlinigkeit läßt sich diese Ansetzung nicht halten, zumal נָצִיב in 1Reg 4,19 auf die נִצָּבִים in Kapitel 4 Bezug nimmt.[90] Es ist somit denkbar, daß es sich um verschiedene Schreibungen für die selbe gemeinte Sache handelt;[91] damit wäre die Deutung von Ges.-Buhl vorzuziehen.[92]

Von besonderem Interesse sind die נצבים in 2Sam 8,6.14//1Chron 18,13. In beiden Versen setzt David נצבים , in V.6 in ארם דמשק und in V.14 in Edom, ein.[93] Die Einsetzung dieser Gouverneure ist nur ein Akt innerhalb eines Bündels von Maßnahmen; so wird in V.6 berichtet, daß die Aramäer Tribut, (מנחה), zu entrichten haben. Zudem wird festgehalten, daß die Aramäer und Edomiter zu עבדים werden.

---

84   so Ges.-Buhl, Zorell.

85   H.-J. Stoebe, Samuelis, S. 408f.; KBL läßt den Beleg aus.

86   BL, S. 471.

87   DISO, S. 184.

88   Ges.-Buhl, S. 517.

89   KBL, S. 630.

90   Deshalb haben einige Handschriften in 4,7 und 5,7 in נְצִיבִים geändert, M. Noth, Könige, S. 56.

91   vgl. A. Caquot, Art.: Préfets, in: DBS 8, Sp. 273-286, bes. Sp. 275f.; vgl. auch die (Un-)Form הַנְּצִיבִים in 2Chron 8,10, eigentlich הַנְּצִיבִים , aber vokalisiert nach נִצָּב .

92   So auch SSO, S. 111 Anm. 2.

93   Die נצבים sind als Gouverneure oder Präfekten aufzufassen, s. R. de Vaux, Les livres de Samuel (SB), Paris 1961², S. 176f.; S.R. Driver, Notes, S.80.

Vergleicht man diese Verhältnisse mit der Darstellung in 1Reg 4, so drängt sich die Vermutung auf, daß das Reich Israel von Salomo staatsrechtlich in ähnlicher Weise behandelt wird wie Aram und Edom von David. Auch hier liegt ein System von Gouverneuren vor, das sich über ganz Israel erstreckt.[94] Aufgabe der Gouverneure ist zwar nicht das Eintreiben von Tribut, aber nach 1Reg 4,7 die Versorgung des Hofes.[95] Auch die Wurzel עבד erscheint, zwar nicht in 1Reg 4, aber im Zusammenhang der Auflösung der Personalunion nach Salomos Tod als Schlagwort; es geht in 1Reg 12,4.7 um das עבד -sein der Bewohner des Nordreiches.

Es ist in diesem Zusammenhang bezeichnend, daß nach METTINGER die territoriale Gliederung der Bezirke in 1Reg 4 durch Salomo einen repressiven Charakter hat und sich gegen das Haus Joseph als den politischen Kern des Nordreiches richtet.[96]

2Chron 17,2 berichtet von einer Maßnahme Josaphats, nach der in Juda נציבים eingesetzt werden. Einen Vorläufer hat dieses Amt des נציב nach der Darstellung des deuteronomistischen Geschichtswerkes bei den Philistern; so erschlägt Jonathan in 1Sam 13,3 den נציב der Philister in Geba.[97]

Der שטר . In der Darstellung der Bücher Exodus bis zum zweiten Königsbuch ist der שטר ein Funktionsträger, der ausschließlich in vorstaatlicher Zeit wirkt. Dabei gehört der שטר in die Organisation des vorköniglichen Israel; so ist es zu verstehen, daß שטר status constructus Verbindungen eingeht mit עם (Jos 1, 10) oder mit בני ישראל (Ex 5,14.15.19), nie jedoch mit מלך . Daneben ist שטר oft mit einem Suffix versehen, das sich auf das Volk bezieht.[98]

In der Chronik ist dagegen nur einmal שטר auf die בני ישראל bezogen, in 1Chron 27,1; allerdings ist in diesem Vers zugleich festgehalten, daß diese Amtsträger dem König dienen (שרת).

Neben dem שטר werden oft noch andere Würdenträger genannt:

---

94   vgl. כל אדם in 2Sam 8,14. Juda fehlt in dem System, s. A. Alt, Israels Gaue unter Salomo, KS II, S. 89.

95   Hier sind Fragen offen, vor allem nach der Praktikabilität eines solchen Systems, s. E. Würthwein, Könige, S. 43f.; anders D.B. Redford, Studies, S. 144ff.; S. 154ff.

96   SSO, S. 119; E. Würthwein, Könige, S. 45.

97   H.J. Stoebe, Samuelis, S. 241.243; in 1Sam 10,5 wäre das selbe Wort nach Stoebe mit "Posten" wiederzugeben (ebd, S. 192.198).

98   Ex 5,6.10; Num 11,16; Dt 29,9; 31,28; Jos 8,33 (s. BHS); 24,1; ein Bezug auf die Stämme wird deutlich in Dt 1,15.

Num 11,16	ושטריו	כי הם זקני העם
Dt 29,9	ושטריכם	ראשיכם שבטיכם זקניכם
Dt 31,28	ושטריכם	את כל זקני שבטיכם
Jos 8,33	ושטרים ושפטיו	וכל ישראל וזקניו
Jos 23,2	לזקניו ולראשיו ולשפטיו ולשטריו	לכל ישראל
Jos 24,1	לזקני ישראל ולראשיו ולשפטיו ולשטריו	
Dt 1,15		

ואתן אתם ראשים   עליכם   שרי אלפים ושרי מאות ושרי חמשים ושרי עשרת ושטרים
לשבטיכם

1Chron 27,1

ראשי האבות   ושרי האלפים   והמאות   ושטריהם

Prov 6,7   אשר אין לה קצין שטר ומשל

Zusammen mit שפט ist שטר noch genannt in 1Chron 23,4; 26,29.[99]

Die שפטים treten in Zusammenhang des Militärwesens, der öffentlichen Arbeiten und der Justiz auf.[100] Ihren Aufgabenbereich umschreibt van der PLOEG: "Les šōt^{e}rîm étaient des fonctionnaires secondaires qui devaient assister les juges, les commandants d'armée, les organisiteurs de corvées, etc. (...). Souvent ils devaient communiquer aux Israëlites les commandements de leurs chefs ou de leurs juges, et les instruire comment il (sic) devaient agir."[101]

Nach van der PLOEG und SEKINE[102] handelt es sich um ein Amt, das erst in der späten Königszeit aufgekommen ist; eine solche Annahme hat jedoch den Darstellungswillen des Erzählzusammenhanges Exodus bis 2Regum gegen sich, denn שטר tritt in Reihen neben anderen Ämtern des vorstaatlichen Israel auf und ist oft auf das Volk bezogen.[103]

Auf die Chronik wird man sich in diesem Zusammenhang schwerlich verlassen können, da sie die Tendenz hat, die Unterschiede zwischen staatlichen und vorstaatlichen beziehungsweise stämmegebundenen Institutionen aufzulösen,[104] und es ist denkbar, daß sie gerade deshalb den שטר wieder aufgegriffen hat.

---

99   In 2Chron 34,13 neben den סופרים .

100   S. dazu J. van der Ploeg, Les šōt^{e}rîm d'Israel, OTS 10 (1954), S. 185-196, bes. S. 192f.

101   J. van der Ploeg, aaO, S. 196.

102   M. Sekine, Beobachtungen zu der Josianischen Reform, VT 22 (1972),S.363ff.

103   s.o.

104   s.S.44ff. 145f .

Zurückhaltend wird man auch die Schilderung der Justizreform Josaphats in 2Chron 19 beurteilen müssen. Bei der Annahme, daß diese Reform wirklich stattfand, ließen sich bestimmte Passagen im Deuteronomium, auch Dt 16,18, auf dem Hintergrund dieser Reform verstehen.[105] Der שטר , schon genannt im Zuge der Justizreform Josaphats,[106] wäre dann auch in Dt 16,18 als staatlicher Beamter zu verstehen.[107]

Dem ist jedoch entgegen zu halten, daß nach dem Sprachgebrauch des Deuteronomiums wie des deuteronomistischen Geschichtswerkes der שטר kein Funktionsträger des Staates, sondern der Stämme ist;[108] es heißt den Sprachgebrauch der Chronik in das Deuteronomium eintragen, wenn man zu dieser Hypothese greift.[109] Damit erscheint es unbegründet, in den שטרים und שפטים in Dt 16,18 staatliche Beamte sehen zu wollen, zumal sie in diesem Vers vom Volk eingesetzt werden.[110] Zudem ist es fraglich, ob der Bericht 2Chron 19 auf einer historischen Grundlage basiert; schon WELLHAUSEN äußerte hier Zweifel, möglich scheint es, hier das erste Zeugnis für das Synhedrion zu finden.[111] Dies stünde im Gegensatz zu MACHOLZ' Darstellung der Justizorganisation Judas.

Das akkadische Verbum šatāru, "auf, hin-, niederschreiben"[112] ist etymologisch mit dem שטר in Verbindung zu bringen; die Wurzel findet sich auch in einem Lehnwort im Ägyptischen, maś-tá-r "Büro"[113]; שטר ist danebem auch im Punischen und im Aramäischen belegt.[114] Man wird den שטר auch als einen Listenführer ansehen können, doch vollständig geht seine Aufgabe darin nicht auf.

---

105   G.Ch. Macholz, Justizorganisation, S. 333ff.

106   2Chron 19,11

107   vgl. G. v. Rad, Deuteronomium, S. 81f.

108   Dt 1,15; 29,9.

109   Zu den Unterschieden zwischen der Deuteronomium- und der Chronik-Passage s. G.Ch. Macholz, Justizorganisation, S. 333ff.

110   Ein "Du" ist hier angesprochen; in V.18 liegt zudem ein Bezug auf die Stämme vor.

111   J. Wellhausen, Prolegomena zur Geschichte Israels, Berlin 1905⁶, S. 186; ihm schließt sich an: R. Mosis, Untersuchungen zur Theologie des chronistischen Geschichtswerkes (Freiburger Theologische Studien 92), Freiburg, Basel, Wien 1973, S. 177 Anm. 22.

112   AHw, S. 1203f.

113   W. Helck, Beziehungen, S. 514 (Nr. 113).

114   DISO, S. 295.

Das Problem der Richter. Es hat an einigen Stellen in den Prophetenbüchern den Anschein, als gäbe es ein Amt des Richters (שפט), Jes 1,26; 3,2f.; Mi 7,3. Andererseits ist festzustellen, daß es in den Beamtenlisten keine Erwähnung des שפט gibt.[115] Das heißt, das Amt des Richters muß in nachsalomonischer Zeit eingeführt worden sein. Ein Hinweis darauf kann in Ex 18 gesehen werden;[116] hier soll die Institution des Berufsrichtertums auf Mose selbst zurückgeführt und damit legitimiert werden. Der zeitliche Fixpunkt für eine solche Justizreform wäre der Bericht in 2Chron 19; sie wäre dann Josaphat zuzuschreiben.

Nach ZENGER sind jedoch die entsprechenden Stücke in Ex 18 als deuteronomistisch zu beurteilen;[117] von da aus ließe sich nicht mehr - aus zeitlichen Gründen - begründen, daß hier eine Praxis zur Zeit Josaphats legitimiert werden soll. Der Bericht in 2Chron 19 ist, was seine Historizität betrifft, nicht über alle Zweifel erhaben.[118]

Das Deuteronomium, dessen Vorstellungen sich wohl auf Ex 18 und 2Chron 19 ausgewirkt haben, legt fest, daß die Richter vom Volk bestimmt werden; sie sind mithin nicht ohne weiteres Angehörige der staatlichen Administration. Dies hat MACHOLZ herausgearbeitet:

"Diese Leugnung der königlichen Organisationskompetenz bedeutet aber die Leugnung der königlichen Jurisdiktionskompetenz überhaupt ... Nach der dtn. Bestimmung soll aber die Gerichtsorganisation nicht mehr einer staatlichen Organisation, sondern der Stammesorganisation entsprechend aufgebaut sein."[119]

Das Problem ist dabei, ob es überhaupt eine staatlich organisierte Gerichtsbarkeit gab, von der sich dann die Forderungen des Deuteronomiums abheben; KÖHLER gibt einer solchen Annahme keinen Raum;[120] die einzige Institution im Bereich des Rechtswesens scheint die Oberinstanz der Rechtsfindung zu sein, auf die in Dt 17 Bezug genommen wird.[121]

In Jes 3,3 treten verschiedene Würdenträger auf, die teils der staatlichen

---

115   G. Ch. Macholz, Justizorganisation, S. 314f. Bezeichnenderweise gibt es keine שפטי המלך.

116   R. Knierim, Exodus 18, S. 155ff.

117   E. Zenger, Exodus, S. 187ff.

118   s.S. 111.

119   G. Ch. Macholz, Justizorganisation, S. 335.

120   L. Köhler, Die hebräische Rechtsgemeinde, in: Der hebräische Mensch, unv. Nachdr. d. Ausg. Tübingen 1953, Darmstadt 1976, S. 143-171.

121   vgl. Ex 18 und 2Chron 19; s. L. Köhler, aaO, S. 166ff., G. Ch. Macholz, Justizorganisation, S. 333ff.

Verwaltung angehören, aber auch in die Struktur der Stämme eingebunden sind wie die Ältesten; von daher läßt sich überhaupt nicht unterscheiden, in welchen institutionellen Zusammenhang der שפט gehört. Auch Jes 1,26 und Mi 7,3 lassen sich im Sinne eines nicht-staatlichen Richteramtes verstehen.

Ein interessantes Problem ist es, ob שרים als Vertreter der Staatsverwaltung richterliche Funktionen wahrnehmen.[122] Nach allem vorher Gesagten kann man nicht davon ausgehen, die Jurisdiktion sei der Aufgabenbereich der שרים. In Jer 26 erscheinen auch שרים als Richter, doch ob sie dies in ihrer Eigenschaft als שרים tun, ist fraglich.[123] Zudem kann mit der neuesten Analyse des Abschnitts gefragt werden, ob der Bericht überhaupt auf einer historischen Grundlage beruht:[124] Es ist in diesem Zusammenhang darauf hinzuweisen, daß שפט nicht nur die Bedeutung "richten", sondern auch "herrschen" haben kann.

Allein aus Jes 1,23 wäre eine richterliche Funktion der שרים zu entnehmen.[125] Dagegen muß die Nebeneinanderstellung von שר und שפט nicht auf die Identität der Bezeichnungen hinweisen,[126] sondern kann auch als Beweis für das Gegenteil gelten.

Es ist gut denkbar, daß שרים im Rahmen der bestehenden Gerichtsverfassung - wie andere Israeliten auch - als Richter tätig sind, oder daß sie solche Funktionen als Mitglieder einer gesellschaftlich angesehenen Schicht an sich gezogen haben; dies muß aber nicht ein Teil ihrer amtlichen Tätigkeit sein.

Ein Argument für die Identizierung der Bezeichnungen שר und שפט wird darin gesehen, daß in Ez 22,27 שר an einer Stelle erscheint, an der der vergleichbare Text Zeph 3,3 שפט hat. Dieses Argument wäre überzeugend, wenn der Wortlaut in beiden Texten ansonsten gleich wäre. Dies ist mitnichten der Fall.

Der פחה. Das Amt des פחה, Statthalters, wird in der israelitischen Königszeit in 1Reg 10,15//2Chron 9,14 für Salomo bezeugt. Alle anderen Belege beziehen sich auf die Verhältnisse der assyrischen, babylonischen und persischen Administration.[127] Die Passage 1Reg 10,14.15 stellt nach NOTH "einen ziemlich hoffnungs-

---

122   s. M. Weinfeld, Judge and Officer, S. 67ff.

123   vgl. L. Köhler, aaO, S. 148ff.

124   F.-L. Hossfeld, I. Meyer, Der Prophet vor dem Tribunal, ZAW 86 (1974), S. 30-50.

125   s. M. Weinfeld, Judge and Officer, S. 67.

126   so M. Weinfeld, Judge and Officer, S. 68.

127   KBL, S. 757. s. A. Alt, Die Rolle Samarias bei der Entstehung des Judentums, KS II, S. 333/334 Anm. 2.

losen Fall dar"[128]. Es handelt sich bei den פחות הארץ wahrscheinlich um einen Zusatz, und man wird nicht davon ausgehen können, daß die Bezeichnung פחה in der Königszeit wirklich gebraucht wurde.

Sie existiert im Reichsaramäischen[129] und womöglich in einer aramäischen Inschrift des achten Jahrhunderts.[130] Die Bezeichnung פחה ist abzuleiten von assyrisch bēl pīḫāti.[131]

---

128   M. Noth, Könige, S. 228.

129   DISO, S. 226.

130   KAI 215,12; s. KAI II, S. 227f.; die Lesung an der betreffenden Stelle ist allerdings umstritten, s. DISO, S. 226. Auch im Alten Testament wird bei den Aramäern das Amt des פחה vorausgesetzt, 1Reg 20,24. Der Titel ist zudem auf Siegel belegt; N. Avigad, Bullae and Seals from a Post-Judaean Archive (Qedem 4), Jerusalem 1976, S. 5ff.

131   s. dazu E. Forrer, Die Provinzeinteilung des assyrischen Reiches, Leipzig 1920, S. 5ff.; zu der Lautung s. J.A. Brinkman, History, S. 296 Anm. 1940; das Element bel in dem Titel kann auch fehlen, AHw, S. 862.

KAPITEL V

WIRKUNG UND WERTUNG DES BEAMTENTUMS IM ALTEN TESTAMENT

Zur Prosopographie

Filiationsangaben erlauben es uns gelegentlich, festzustellen, aus welchen Kreisen ein zum Staatsdienst berufener Beamter stammt.

In der Liste der Gouverneure, die sich auf die salomonische Zeit bezieht, ist es bemerkenswert, daß zwei der dort genannten נצבים Schwiegersöhne Salomos sind (1Reg 4,11.15).[1] Schwer zu beantworten ist die Frage, ob sich schon in der frühen Königszeit Ansätze der Bindung hoher Ämter an bestimmte Familien erkennen lassen. Zwei Filiationsangaben in der Liste der Bezirksgouverneure können darauf hinweisen: בענא בן אחילוד und בענא בן חושי in 1Reg 4,12.16. Das Patronymikon אחילוד erscheint auch bei dem מזכיר 1Reg 4,3, ein יהושפט בן אחילוד . Handelt es sich bei בענא und יהושפט um Brüder? Ähnlich fraglich ist die Annahme, חושי in 1Reg 4,12 sei mit dem Ratgeber Davids identisch. Hingewiesen sei auch auf den Vorsteher der Provinzgouverneure, עזריהו בן נתן . Ist der als Vater genannte Nathan mit dem Propheten zu identifizieren?[2]

Fest steht dagegen, daß die Ämter des כהן und der ספרים in 1Reg 4 mit den Söhnen ihrer Vorgänger besetzt wurden.[3] Sicheren Boden, was die Prosopographie anbelangt, betreten wir erst mit der Spätzeit des Staates Juda.

In das Blickfeld treten dabei vor allem die Nachkommen des ספר Saphan,[4] der an der Auffindung des Deuteronomiums maßgeblich beteiligt ist (2Reg 22). Auch sein Sohn Ahikam erscheint in diesem Zusammenhang (2Reg 22,12). Dieser Ahikam beschützt später den Propheten Jeremia (Jer 26,24); über ein Amt des Ahikam erfahren wir nichts;[5] dem Zusammenhang von Jer 26 nach zu urteilen gehörte er zu den Ältesten.[6]

---

1 Diese Bindung von Beamten wird uns noch beschäftigen, s.S. 116.

2 vgl. SSO, S. 12.

3 E. Würthwein, Könige, S. 39.

4 Zum folgenden s. die Darstellung von N. Lohfink, Die Gattung der 'Historischen Kurzgeschichte' in den letzten Jahren von Juda und in der Zeit des Babylonischen Exils, ZAW 90 (1978), S. 338ff.

5 N. Lohfink, aaO, S. 338 hält es für möglich, daß er Palastvorsteher war.

6 "Nach 26,17 intervenierten im Tempelprozeß ja einige von den 'Ältesten des Landes' und trugen jene Gründe vor, die zum Freispruch Jeremias führten. Der Name des entscheidenden Mannes aus dieser Gruppe wird zurückgehalten, bis der eingeblendete Bericht über Urija die Bedeutung und Kühnheit dieser Intervention

Dazu gehört nach Ez 8,11 auch ein anderes Mitglied der Saphanfamilie, ein Jaasanja.[7]

In Jer 36 treffen wir weitere Mitglieder dieser Familie an. Gemarja ist ein Sohn Saphans, Micha ein Sohn Gemarjas (Jer 36,11). Ein anderes bedeutendes Mitglied dieser Familie ist Gedalja, der Statthalter Judas nach 586, ein Sohn Ahikams (2Reg 25,22).[8] Ein Sohn Saphans, Eleasa, erscheint in Jer 29,3 als Gesandter Zedekias nach Babel.[9]

Es ließe sich somit folgendes Filiationsschema angeben:[10]

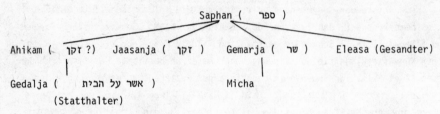

Saphan (ספר)

Ahikam (זקן ?)   Jaasanja (זקן)   Gemarja (שר)   Eleasa (Gesandter)

Gedalja (אשר על הבית)   Micha
(Statthalter)

Eine Angabe von Interesse ist es, daß auch Elnathan, Sohn Achbors, zu den שרים gehört (Jer 36,12); dieser Elnathan ist ein Schwiegervater des Königs.[11] Das Verwandtschaftsverhältnis gemahnt an die beiden נצבים zur Zeit Salomos, die dessen Töchter heirateten; offenbar bestand die ganze Königszeit hindurch die Tendenz, hohe Beamte auch persönlich an das Königshaus zu binden.

Zu einem anderen, gleichfalls interessanten, Ergebnis führt die Betrachtung der Funktionen, die einzelne Mitglieder der Saphansfamilie ausüben; in zwei Fällen sind sie Älteste (זקנים). Das heißt, daß sich einzelne Mitglieder solcher angesehener Familien entweder im Bereich der staatlichen Verwaltung oder in der althergebrachten Institution der Ältesten engagieren konnten.

Dies mag das Nebeneinander von שר und זקן in der prophetischen Sozial-

---

auch genügend ins Licht gerückt hat. Dann kommt die Erzählung noch einmal auf die Intervention zurück und nennt - ganz am Ende des ersten Teils - den Namen, auf den es ankommt. Es war 'die Hand Ahikams, des Sohnes Schafans', die Jeremia beschützte, so daß er 'nicht dem Volk zur Hinrichtung übergeben wurde' (26,24)." (N. Lohfink, aaO, S. 338).

7   s. N. Lohfink, aaO, S. 336 Anm. 46.

8   Wahrscheinlich war Gedalja Palastvorsteher (אשר על הבית), nach einem Siegel (Vatt. 149), N. Lohfink, aaO, S. 335, bes. Anm. 44.

9   s. N. Lohfink, aaO, S. 336 Anm. 46.

10   Der Darstellung von H. Katzenstein, Royal Steward, S. 152ff. folgend könnte man annehmen, auch Eljakim, der Sohn Hilkias (Jes 22,20) gehöre in diese Genealogie; N. Lohfink, aaO, S. 336 mit Anm. 45. Eine genealogische Verknüpfung ist jedoch nicht zu erkennen; Katzensteins Formulierungen sind in dieser Frage nicht ganz deutlich.

11   N. Lohfink, aaO, S. 339 mit Anm. 50.

kritik erklären, in Jes 3,14 und an anderen Stellen.[12] Aber auch die partielle
Gleichsetzung von ‏שׂר‎ und ‏זקן‎ im Kontext von Jud 8 muß nicht darin begründet
sein, daß sich die Bedeutungen beider Wörter überschneiden; diese Erscheinungen
verweisen nicht auf die Semantik, sondern auf den Bereich der Institutionen.

Die Entwicklung des Beamtentums

Schon die vorstaatliche Zeit Israels kennt Ämter: das des ‏זקן‎, des ‏שׂפט‎,
des ‏ראש‎, des ‏קצין‎, des ‏שׂטר‎. Diese Ämter,[13] der Stämmeorganisation zugehörig, leben auch später, in der Königszeit, weiter fort, wie die Belege in den
Prophetenbüchern zeigen.

Mit dem Aufkommen des Königtums unter Saul erscheint eine Reihe neuer Amtsbezeichnungen, so der ‏שׂר הצבא‎ (1Sam 14,50) und der ‏שׂר האלף‎ (1Sam 17,18),
aber auch schon in 1Sam 8,12 der ‏שׂר אלף‎ und der ‏שׂר חמשים‎.[14]

---

12   s.S. 68.141.

13   Das Verständnis dieser "Ämter" wäre noch zu behandeln, vor allem unter
dem Gesichtspunkt, in welchem Maße sie als verfestigt zu betrachten sind, vgl.
dazu die Darstellung nomadischer Institutionen bei W. Thiel, Die soziale Entwicklung Israels in vorstaatlicher Zeit, Neukirchen-Vluyn 1980, S. 10ff.
      Dabei ist zu überlegen, welche politischen und gesellschaftlichen Ideale ein
nichtstaatliches Israel hatte (vgl. F. Crüsemann, Widerstand, S. 194ff.). Es gab
und gibt Gesellschaften, die sich keinen Staat gegeben haben, wobei zu beachten
ist, "daß Herrschaftslosigkeit nicht Ausdruck organisatorischen Unvermögens, sondern gewollt ..." sein kann (Ch. Sigrist, Regulierte Anarchie, Frankfurt am Main
1979, S. XI), "die Macht ist genauso, wie diese Gesellschaften wollten, daß sie
sei." (P. Clastres, Staatsfeinde, Frankfurt/Main 1976, S. 45). Ob dies für das
alte Israel gilt, ist ein Problem, das Crüsemann angeschnitten hat. Legt man diese Anschauung einmal zugrunde, ergeben sich Unterschiede des Amtsverständnisses
vorstaatlicher und staatlicher Zeit. Wesentlich in der vorstaatlichen Zeit ist der
ad hoc-Charakter der Ämter; ist die Aufgabe (Feldzug, Krieg) beendet, hat das Amt
keine Funktion mehr (F. Crüsemann, Widerstand, S. 208). In staatlicher Zeit dagegen sind die Funktionen auf Dauer angelegt. Hier liegt einer der wesentlichen Unterschiede zwischen staatlichen und nicht-staatlichen Gesellschaften: Es ist die
Institutionalisierung der Macht. Nichtstaatliche Gesellschaften kennen Unterschiede: wer gewandt argumentieren und reden kann, vermag in der Dorfversammlung seine
Vorstellungen durchzusetzen und übt damit faktisch Macht aus; dies beruht auf persönlichen Eigenschaften; lassen sie nach, hört der Einfluß, die Machtausübung,
auf. Anführer in nicht - staatlichen Gesellschaften entsprechen am ehesten WEBERs
Typus des charismatischen Führertums (M. Weber, Wirtschaft und Gesellschaft, S.
140ff., S. 654ff.; s. zudem U. Wesel, Kein Staat zu machen. Zur Genealogie von
Macht und Herrschaft, Kursbuch 70 (1982), S. 128; vor allem das Kapitel "Die Institutionalisierung der Macht" in E.R. Service, Ursprünge des Staates und der Zivilisation. Der Prozeß der kulturellen Evolution, Frankfurt/Main 1977, S. 106ff.
Grundlegend jetzt auch C. Schäfer - Lichtenberger, Stadt und Eidgenossenschaft im
Alten Testament (BZAW 156), Berlin, New York 1982).

14   Dabei klammern wir die Frage nach der zeitlichen Einordnung dieses Stük-
kes zunächst aus.

Dabei ist die Betonung darauf zu legen, daß diese Bezeichnungen im deuteronomistischen Geschichtswerk erst von dieser Zeit an erscheinen, eine andere Frage
ist es, ob sie wirklich erst - historisch gesehen - seit dem Anfang des Königtums
existierten. Das Wort שר nennt das deuteronomistische Geschichtswerk schon vorher, allerdings im Zusammenhang mit anderen Völkerschaften oder dann, wenn die
herrschenden Kreise einer Stadt bezeichnet werden sollen.[15]

Auch die Bezeichnung שר הצבא erwähnt das deuteronomistische Geschichts-
werk schon vor der Epoche Sauls, in Jud 4,2.7; aber dabei geht es um die Führer
ausländischer Heere. Von Bedeutung ist der שר צבא יהוה in Jos 5,14f., der
Heerführer Jahwes. Das heißt, daß vor Saul nur fremde Völker und Jahwe selbst
Heerführer haben. Man mag dies vergleichen mit der Darstellung des Königtums im
deuteronomistischen Geschichtswerk: vor Saul haben nur fremde Völker Könige; über
Israel dagegen ist nur Jahwe selbst König. Die Darstellung insinuiert also, daß
Herrschaftsansprüche Jahwes nicht nur auf der Ebene des Königtums, sondern auch
auf der Ebene des Beamtentums usurpiert werden, obwohl dies, man vergleiche etwa
1Sam 8, für das Beamtentum nicht so stark verdeutlicht wird.

Wie das Beispiel des נגיד zeigt, pflegt das deuteronomistische Geschichts-
werk einen Umgang mit Beamtentiteln, der auch zur Darstellung bestimmter eigener
Anschauungen dient; so wird das Wort נגיד zu einem begrifflichen Ausgleich der
Herrschaftsansprüche Jahwes und des Königs verwendet.[16]

Kehren wir zu unserer anfänglichen Fragestellung zurück: Hat der (oder die)
Verfasser des deuteronomistischen Geschichtswerks eine bestimmte Sicht der Dinge,
wenn er unter Saul neue Amtsbezeichnungen einführt, oder führt er sie ein, weil
es sie von da an wirklich gab? Das deuteronomistische Geschichtswerk markiert eine Linie der Diskontinuität zwischen der vorstaatlichen und staatlichen Zeit: beruht sie auf einer wirklichen Diskontinuität oder ist die Darstellung übersteig-
ert?

Es gibt einen Hinweis darauf, daß es auch שרים in der Stämmeorganisation
vorstaatlicher Zeit gab, die שרי ביששכר im Deborahlied, Jud 5,15.[17] Aber für
das Problem der unter Saul neu aufkommenden Titel trägt dies nichts aus; höchstens kann gezeigt werden, daß das Wort שר sprachlich weiter zurückgeht als in
die Königszeit und auch in vorstaatlicher Zeit Leitungsfunktionen umschreiben
kann.

---

15   s.S.43f.

16   s.S.104f.

17   s.S.43 m. Anm. 124.

Die grundsätzliche Frage ist die, in welchem Maße wir uns auf eine antike Geschichtsdarstellung mit den ihr eigentümlichen Tendenzen stützen dürfen, wenn wir ihre Aussagen nicht an anderen Quellen überprüfen können.

Hier eröffnet sich eine Perspektive, denn jene zahlenmäßige Untergliederung des Heeres, die in dem שר אלף zum Ausdruck kommt, läßt sich in Ugarit belegen; eine dem שר הצבא vergleichbare Bezeichnung ist aus der Amarnazeit bekannt; das heißt, es kann als gesichert gelten, daß diese Ämter in dem Bereich einer staatlichen Verwaltung beheimatet sind. Wie einige Beispiele aus vorstaatlicher Zeit zeigen, scheint die Heeresorganisation an Waffengattungen orientiert zu sein.[18] Dies bedeutet, daß zur Zeit Sauls mit einem wirklichen Neubeginn zu rechnen ist; die Darstellung des deuteronomistischen Geschichtswerkes ist eine Verdeutlichung und Betonung einer wirklichen geschichtlichen Erscheinung.

Ein weiteres Problem stellt die Frage nach der Organisationsform des Königtums Sauls dar. In der Zeit Davids gibt es eine gegliederte Verwaltung, deren Spitzenpositionen genannt werden; für die Zeit Sauls scheint es nichts gleichwertiges zu geben.

Doch dieser Eindruck trügt; für die Zeit Sauls ist eine Notiz belegt, die ihrem Charakter nach den Beamtenlisten an die Seite zu stellen ist, in ihren Angaben jedoch solche Verschiedenheiten zeigt, daß sie der Aufmerksamkeit der Exegeten entgangen ist: 1Sam 14,49-51. Hier werden die Söhne, Töchter, die Frau Sauls und einer seiner Beamten, der שר הצבא Abner, der ebenfalls als mit Saul verwandt vorgestellt wird, aufgeführt. Es ergeben sich formale Unterschiede zu den Angaben in den Beamtenlisten, die sich oft nur aus einem Personennamen und einer Funktionsangabe zusammensetzen; so setzt V. 49 ein mit ויהיו בני שאול ; zudem steht vor den Personennamen in dieser Liste meist שם .

Doch soll uns der gleichsam familiäre Ton, der hier angeschlagen wird, nicht darüber hinwegtäuschen, daß hier für die Zeit Sauls das selbe konstatiert werden soll, was die Beamtenlisten für Davids und Salomos Zeit zeigen. Nur geht es in 1Sam 14,49-51 nicht darum, daß Ämter einer Staatsverwaltung aufgeführt werden sollen, sondern Angehörige eines בית , und so sind alle aufgeführten Personen mit Saul verwandt.

Die Annahme, daß das בית die Organisationsform des Königtums Sauls war, läßt sich noch durch einen weiteren Beleg erhärten: 2Sam 3,1, ein Vers, in dem von den Auseinandersetzungen zwischen dem בית Sauls und dem בית Davids berich-

---

18 s.S. 27 m. Anm. 19.

tet wird.[19] Eine weitere Beobachtung kommt hinzu: Saul hat keine שרים , sondern
nur עבדים . Die עבדים sind ein Personenkreis, der sowohl bei jedem gewöhnli-
chen Israeliten als auch bei dem König zu dessen בית gerechnet wird.

Wer also zur Zeit Sauls ein Amt in der Staatsorganisation übernehmen will,
muß zum עבד des Königs werden und sich in eine Beziehung zu Sauls בית bringen. In diesem Zusammenhang ist auch die königskritische Passage in 1Sam 8 bezeichnend mit der Andeutung, daß die Angesprochenen עבדים sein werden. Die Möglichkeit, zu einem שר zu werden[20] und eine Beteiligung an der Herrschaftsausübung zu erlangen, tritt hier nicht in den Blick. Mögen auch einzelne Elemente
der Passage auf einen anderen Entstehungsort oder eine andere Entstehungszeit als
die Sauls verweisen; was diesen Punkt anbetrifft, trifft der Bericht genau die
richtigen Verhältnisse.

Es kommt hinzu, daß sich die staatliche Versorgung nur auf עבדים und
סריסים - letztere wohl ein Anachronismus -[21] erstreckt, nicht jedoch auf שרים !
Das selbe läßt sich aus 1Sam 22,6ff. entnehmen, ein Abschnitt, in dem es um die
Vergabe von Gütern an die עבדים Sauls geht.

Das בית als Organisationsform des Königtums lebt bis zu dessen Ende fort;
durch die ganze Epoche hören wir von den עבדים , die zum בית gehören, von
Usurpatoren, die das בית ihres Vorgängers auslöschen, und noch zur Zeit Jeremias
werden Amtsträger durch Einheirat in das Königshaus eingebunden.

Daneben treten von der Zeit Davids[22] an ganz neue Ämter auf den Plan, die
zur Zeit Salomos in Vollständigkeit aufgeführt sind. Dies läßt nach den Einflüs-
sen fragen, auf Grund derer ein solcher Neueinsatz in davidisch-salomonischer
Zeit zustande kam. Einen Fingerzeit in die Richtung, die die Überlegungen zu nehmen haben, gibt uns die Erwähnung jenes Zadok, der schon nach der ersten Beamtenliste aus Davids Zeit (2Sam 8,17) als Priester amtiert. Nach herrschender Mei-

---

19   Es ist in diesem Zusammenhang bezeichnend, daß sich in 2Sam 3,2-5 eine
Auflistung von Nachkommen Davids anfügt, was darauf beruhen mag, daß in 3,1 das
Stichwort בית דוד genannt ist. Diese Notiz unterscheidet sich von der in 1Sam
14,49-51 darin, daß es bei David um Kinder geht (vgl. 2Sam 5,13-17); die Personen
in 1Sam 14,49ff. sind erwachsen; die Listen sind, was diesen Punkt betrifft,
nicht miteinander zu vergleichen.

20   Die in 1Sam 8,12 erwähnten Beamten wird man nicht zu den שרים rechnen
können, sondern zu den עבדים ; vgl. 1Sam 22,6ff.; s.S. 12 m. Anm. 1.

21   s.S. 100 m. Anm. 30.

22   Zur Geschichte der israelitischen Verwaltung s. G.W. Ahlström, Royal Administration and National Religion in Ancient Palestine (Studies in the History
of the Ancient Near East 1), Leiden 1982.

nung[23] ist in diesem Zadok ein vormaliger Priester des vorisraelitischen Heilig-
tums in Jerusalem zu sehen.

Dies bedeutet, daß an hervorgehobener Stelle jebusitisches Personal in der
Verwaltung zur Zeit Davids erscheint. Zudem verweisen einige Amtsbezeichnungen,
wie die des ספר , des Freundes des Königs, und auch des סכן auf das Jerusalem
der Amarnazeit. Man wird daher nicht fehlgehen, in diesem Neusansatz, der sich in
der ersten Beamtenliste aus Davids Zeit, 2Sam 8, ankündigt, einen spezifisch je-
rusalemischen Einfluß zu sehen, zumal diese erste Liste zeitlich nach der Eroberung Jerusalems durch David im deuteronomistischen Geschichtswerk erscheint. Es
gibt zwei weitere Phänomene, die auf das Vorhandensein nicht-israelitischer Elemente in der neuen Verwaltung hinweisen, so das Wort מם in dem Titel אשר על
המם , offenbar ein Fremdwort mit einem syrisch-palästinischen Hintergrund, daneben das Auftreten von Personenbezeichnungen in 1Reg 4, die nur den Vaternamen
angeben (בן PN), jene "Menschen ohne Namen", auf die ALT in seiner gleichnami-
gen Studie hinwies, eine Bezeichnungsweise, die auch in Ugarit belegt ist.

Mit der Eroberung Jerusalems stellt sich ein Problem der Staatsorganisation.
Die Stadt wurde nicht von Heerbanntruppen erobert und konnte daher als in besonderem Maße dem Königtum zugehörig gelten. Es entstand ein Dualismus zwischen dem
Stadtstaat und dem Land Juda.[24] Dabei wird offenbar das Territorium Jerusalems
nicht einfach zum Krongut geschlagen; die Tenne Araunas wird von David gekauft
und nicht beschlagnahmt (2Sam 24,21ff.). Die Jerusalemer Rechtsordnung, die frei
verkäuflichen Grundbesitz vorsieht, wird nicht verletzt, vielmehr scheint der
König in die Rechtsnachfolge der jebusitischen Könige einzutreten; bestehende Ämter und Funktionsträger werden übernommen.

Eine interessante Frage ist es, ob sich der oben angesprochene Dualismus auch
im Bereich der Verwaltung nachweisen läßt. Einen Hinweis darauf gibt es in Jer
34,19, ein Vers, in dem die שרי ירושלם neben den שרי יהודה genannt sind,
und in den שרי יהודה וירושלם von Jer 29,2. Aber dies kann auch im Sinne einer Zentrale in Jerusalem und von Außenstellen auf dem Lande verstanden werden.

Vergleichen wir alle drei Beamtenlisten,[25] stellt sich eine Entwicklung der
Verwaltung, vor allem unter Salomo, heraus. In der salomonischen Liste erscheinen
erstmalig der Freund des Königs, der על הנצבים und der אשר על הבית . Zumindest diese letzte Bezeichnung können wir bis zum Ende des Staates Juda verfol-

---

23   s. E. Otto, Jerusalem - die Geschichte der Heiligen Stadt, (UrbTB 308),
Stuttgart, Berlin, Köln, Mainz 1980, S. 47.

24   A. Alt, Das Königtum in den Reichen Israel und Juda, Grundfragen, S. 348-
366, bes. S. 361ff.; vgl. S. Herrmann, GI, S. 198ff.

25   SSO, S. 12

gen.

Mit dem Sieg über fremde Völkerschaften stellt sich das Problem der Verwaltung der neu gewonnenen Gebiete. Gelöst wird dies durch ein System von נצבים, Gouverneuren, die nach Ausweis von 1Reg 4 auch über den Norden, Israel, eingesetzt werden. Hinsichtlich der territorialen Fragen der Gaue ist noch kein vollständiger Konsensus erreicht;[26] sie stellen ein Problem der historischen Geographie dar.

Nach anderen als ausschließlich territorialen Gesichtspunkten gliedert sich eine Darstellung der Verwaltung, die David zugeschrieben wird, in 1Chron 27,25ff. Hier sind die Ressorts nach Verwaltungsgegenständen geordnet. Es mag sich bei dieser Notiz allerdings um die Darstellung der Krongutsverwaltung handeln; die Datierungsfragen sind nicht unumstritten.[27]

In dem Verlauf der Geschichte der getrennten Königreiche, eine Epoche, die es nun zu betrachten gilt, ist mit weiteren Entwicklungen im Bereich der Administration zu rechnen. Einmal treten uns Amtsbezeichnungen entgegen, die wir gleichzeitig in den umliegenden Staaten, vor allem bei den Aramäern, finden. Es sind dies der שר גדוד, פקיד, סריס, und vielleicht auch נגיד. Auch diese Staaten treten - wie Israel - nach einer Epoche teilweisen Niederganges die Nachfolge der entwickelten Staatsgebilde des zweiten Jahrtausends an, und es läßt sich tatsächlich eine Anzahl von Amtsbezeichnungen entsprechend zurückverfolgen.[28]

Daneben tritt in Nordsyrien ein beträchtlicher assyrischer Einfluß. Um dies zu belegen, sei kurz auf einige Akkadismen in den uns hier interessierenden aramäischen Inschriften hingewiesen:[29]

KAI 215,6	אסנב	šenēpu	ein Hohlmaß
233,19.20	לבת מלא	malû libbāti	voll Zornes gegen
266,9	פחה	pīḫātu	Statthalter
224,5	סרס	ša rēši	Vorsteher
224,10	נגר	nāgiru (?)	Beamter
224,4	פקד	pāqidu, paqdu	Offizier, Funktionär

Es ist auffällig, daß die meisten Akkadismen auf den administrativen Bereich

26   s. SSO, S. 112ff.

27   W. Rudolph, Chronikbücher, S. 183ff.; P. Welten, Königs-Stempel, S.137ff.

28   S. die Tabelle S. 57 und die Erörterungen zum אשר על הבית und zum Freund des Königs.

29   S. jetzt auch A. Abou-Issaf, P. Bordreuil, A.R. Millard, La statue de Tell Fekherye et son inscription bilingue assyro-araméenne (Etudes Assyriologiques 7), Paris 1982.

verweisen, ja sogar das Maßsystem scheint von dem assyrischen berührt zu sein.

Hier ist es die Frage, in welchem Maße assyrisches Verwaltungswesen auch auf Israel und Juda eingewirkt hat. Für den Fall des סריס ist dergleichen anzunehmen, nur daß hier an eine Vermittlung über das Aramäertum zu denken wäre.

Eine Betrachtung der Titelbildungen auf der Tabelle S. 57 kann unsere Frage leider nicht zur Klärung bringen, da die Bezeichnungen ebenso gut auf kanaanäische Vorbilder zurückgehen können, die oft ihrerseits auf Einrichtungen des Zweistromlandes zurückzuführen sind.

Ein Einfluß kann jedoch darin gesehen werden, daß man in der Königszeit von diesen Ämtern, die assyrischen oft analog sind, nicht abgewichen ist. Deutlicher greifbar wird dieser Einfluß in einer Schicht der Josephsgeschichte, nur wissen wir leider nicht, ob die Bezeichnungen nur in der imaginären Welt der Erzählung oder auch real am Hof existierten.

Dabei handelt es sich um teilweise Übersetzungen der Titel; das Alte Testament ist mit den neuassyrischen und neubabylonischen Ämtern so vertraut, daß es sie auch in Transkription wiedergibt:

רב טבחים	rab tabīhī
רב מג	rab mugi
רב סריס	rab ša rēši
רב שקה	rab šāqê
תרתן	tartānu
טפסר	tupšarru
סגן	šaknu

Diese transkribierten Titel beziehen sich auf Angehörige nicht-israelitischer Verwaltungen. Aber ihr Vorkommen zeigt, daß man sie kannte.

Einen Einblick in administrative Detailfragen erlauben uns die in Palästina gefundenen Verwaltungsdokumente. Seit längerer Zeit sind die Ostraka aus Samaria bekannt, deren Deutung bis in die neueste Zeit nicht unumstritten blieb.[30] Als Ergebnis seiner umfassenden Studie dieser Dokumente faßt LEMAIRE zusammen:

"L'interprétation que nous proposons peut donc se résumer ainsi:
- Les ostraca de Samarie sont des textes de comptabilité,
- écrits par des scribes, à Samarie même
- à deux époques différentes, le premier groupe sous Joas, vers 795-794 av. J.C., et le deuxième sous Jéroboam II, vers 776 av. J.C.
- Ils se rapportent à des entrées dans le magasin du palais royal,
- approvisionné par les domaines royaux,
- dont les divers courtisans étaient titulaires.

---

30 Es sei hier auf die Diskussion der verschiedenen Vorschläge in IH, S. 67 ff. verwiesen (Bibliographie S. 23f.).

- Ils mentionnent le lieu de la propriété royale d'où vient le produit,
- et le nom de l'intendant (n'r) responsable de l'envoi.
- Non liés à l'administration régulière des districts,
- ils permettent cependant de dresser, avec une grande vraisemblance, la carte administrative du territoire de Manassé,
- après le recensement de Jéroboam II." 31

Durch diese Auswertung der Samarischen Ostraka erhalten wir das Bild von Angehörigen des Hofes, die in der Hauptstadt leben und ihre Versorgung von Lehensgütern außerhalb der Stadt beziehen. Die Lieferung von Erträgen aus diesen Gütern erfolgt über eine Zentralstelle der Krongutsverwaltung.[32]

Die in Arad gefundenen Ostraka befassen sich mit der Verteilung von Rationen; größere institutionelle Zusammenhänge werden nicht greifbar. Diese Beobachtung gilt auch für die Lachisch-Ostraka.[33]

Einen Hinweis auf die Versorgung von Militärstützpunkten erhalten wir durch die sogenannten Königsstempel. Als Resultat seiner Untersuchung über diese Stempel faßt WELTEN zusammen:

" im Auftrag des Königs wurden in privaten Töpfereien große Vorratskrüge hergestellt und dort auch gestempelt, möglicherweise durch einen königlichen Beamten mit einem durch/eine Amtsstelle zur Verfügung gestellten Siegel. Von dort kamen die Krüge auf die vier Krongüter, die die Belieferung der Festungen übernommen hatten: Hebron, Ziph, Socho und Mmšt. In Zeiten militärischer Bedrohung wurden darin Öl und Wein in die Festungen zur Versorgung der Besatzung und des Kommandanten gebracht." 34

Die Ostraka verraten zum Teil ägyptischen Einfluß;[35] so werden hieratische Zahlzeichen benutzt; auch die Ikonographie von Siegeln weist auf Ägypten.[36]

---

31   IH, S. 81

32   Vergleichbare Vorgänge finden sich schon in der ugaritischen Verwaltung, s. IH, S. 69-71.

33   Zu diesen Texten s. IH, S. 145-235, S. 83-143.

34   P. Welten, Königs-Stempel, S. 173/4.

35   Dies liegt wahrscheinlich an der Art der Schriftkultur und des Schreibmaterials; zu ägyptischen Fremdworten aus dem Bereich des Schreibwesens, die ins Hebräische eingedrungen sind, s. SSO, S. 49.

36   Beispiele bei P. Welten, Art.: Siegel und Stempel, in: BRL², S.299-307.

Das Beamtentum als sozialer Faktor

Nach der in der alttestamentlichen Wissenschaft nach wie vor gängigen Theorie von ALT und DONNER[1] ist das Beamtentum der auslösende Faktor einer sozialen Entwicklung, deren Auswirkungen die Prophetie des achten Jahrhunderts anprangert. Tatsächlich wirft das israelitische Beamtentum eine Fülle von Problemen auf, deren Lösungen nicht immer zu befriedigen vermögen.

Ein Problem liegt in der Frage, wie der Dienst der Beamten entgolten wurde. Sowohl zwei Passagen im deuteronomistischen Geschichtswerk, 1Sam 8,14 und 1Sam 22,6ff., als auch eine Passage im Verfassungsentwurf des Ezechiel, Ez 46,16-18, verweisen auf eine Belehnung mit Land. Hierbei ist festzustellen, daß es um die Landvergabe an עבדים geht; wie stand es dagegen um die שרים ?

Aus der Tatsache, daß je ein Acker des Königssohnes Absalom und des Heerführers Joab aneinander grenzen, 2Sam 14,28ff., hat ALT schließen wollen, daß es sich um Anteile von Krongut handelt, wobei ein größeres Stück unter die beiden Personen verteilt wurde.

In die selbe Richtung verweist auch die Tatsache, daß Priester wie Abjathar, 1Reg 2,26f. und Amazja, Am 7,17, mit Landbesitz versehen sind. Um Erbbesitz im alten Sinne kann es sich dabei nicht handeln, da Priesterfamilien darauf kein Anrecht haben. Dieser Landbesitz der Priester läßt sich unter der Annahme erklären, daß es sich um einen Teil des Krongutes handelt, der zur Versorgung an die Priester im staatlichen Dienst vergeben wird. Da Abjathar in den Beamtenlisten genannt ist, 2Sam 8,17; 20,25,[2] ist davon auszugehen, daß es sich bei ihm um ein Mitglied der Gruppe der שרים handelt; damit wäre insgesamt auch der Nachweis erbracht, daß auch an שרים Landbesitz vergeben wird.

Aber auch diese Praxis der Vergabe von Kronländereien an Beamte wirft - vor allem für die Frühzeit - Probleme auf. Zum einen kann man sich nicht vorstellen, daß die Landvergabe an eine bestimmte Gruppe von עבדים , nämlich die Angehörigen des stehenden Heeres, eine sinnvolle Maßnahme zur Sicherung ihrer Existenz ist. Denn entweder bearbeiten sie ihren Acker und stehen nicht für den Kriegsdienst zur Verfügung, oder sie führen Krieg und der Acker liegt brach. Die Bearbeitung von Dienstland steht dem Sinn der Errichtung eines stehenden Heeres, näm-

---

1   A. Alt, Anteil des Königtums; H. Donner, Die soziale Botschaft der Propheten im Lichte der Gesellschaftsordnung in Israel, OrAnt 2 (1963), S. 229-245.

2   In 1Reg 4,4 ist die Erwähnung Abjathars ein Zusatz, E. Würthwein, Könige, S. 38.

lich jederzeit verfügbar zu sein, entgegen. Die Versorgung dieses Personenkreises muß grundsätzlich anders geregelt sein. Darüber können wir nur Vermutungen äußern.

Zum anderen ist das Krongut, aus dem heraus die Belehnungen geschehen, eine problematische Größe. Für die Entstehung des Krongutes nimmt ALT an, daß dem König Boden zufällt, der herrenlos ist; die Neuerung des Königtums besteht darin, daß die entsprechenden Grundstücke nicht mehr von der Ortsgemeinde neu verteilt werden können.[3] Nach dieser Auffassung kommt es im Laufe der Königszeit zu einem immer stärkeren Anwachsen des Krongutes, und es ist charakteristisch, daß ALT seine beiden Belege, die Geschehnisse um Naboths Weinberg und die Rückerstattung des Besitzes der Witwe aus Sunem, erst der Zeit der getrennten Königszeit entnehmen konnte.

Nun ist aber schon zur Zeit Davids und Salomos die Verwaltung durchaus ausgeprägt; unter Salomo kommen Investitionen im Tempelbau und bei Festungsanlagen hinzu; kann die ökonomische Basis dafür in einem erst sich entwickelnden Krongut gesehen werden, das bei seinen Anfängen naturgemäß quantitativ am bescheidensten gewesen sein muß?[4]

Die Annahme der Finanzierung all dieser Ausgaben durch Tribute und Abgaben anderer Völkerschaften stellt mehr Probleme, als sie zu lösen imstande ist. Denn der Abfall dieser Nachbarstaaten hätte dann unweigerlich einen wirtschaftlichen Zusammenbruch zur Folge haben müssen.

Aber auch die im deuteronomistischen Geschichtswerk vielgerühmten Handelsaktivitäten Salomos können keine Erklärung liefern; allein die Tatsache, daß Salomo zur Finanzierung des Palast- und Tempelbaus israelitisches Staatsgebiet an Tyros abtreten muß, 1Reg 9,10-14, wirft ein bezeichnendes Licht auf die wirtschaftlichen Verhältnisse dieser Zeit.

Mit all diesen Annahmen ist die Frage nach der Versorgung der Beamtenschaft nicht befriedigend zu lösen. Es scheint von daher sinnvoll, einen anderen Weg zu suchen und einen Blick auf die Bedingungen landwirtschaftlicher Produktion zu werfen.

Die Größe landwirtschaftlicher Betriebe in der Antike hat aufgrund des vorliegenden Zahlenmaterials KIPPENBERG berechnet.[5] Es kommen dabei Betriebsgrößen

---

3   A. Alt, Anteil des Königtums, S. 367ff.

4   Ein anderes Problem kommt hinzu: bei dem ständigen Anwachsen des Krongutes wären die Machenschaften, die die beamtete Oberschicht nach Alt und Donner im achten Jahrhundert unternimmt, um zu mehr Land zu kommen, unverständlich; sie wären viel eher für die frühe Zeit verständlich, in der die Landlose klein gewesen sein müssen.

5   H.G. Kippenberg, Die Typik antiker Entwicklung, in: Seminar: Die Entstehung der antiken Klassengesellschaft, Hg. H.G. Kippenberg (stw 130), Frankfurt am Main 1977, S. 20ff.

um 5,5 ha heraus; eine Rechnung von BEN-DAVID[6] für Palästina nach talmudischen Quellen führt zu 6,26 ha, für Rom ist eine geringere Fläche anzusetzen. Diese Werte beziehen sich auf Familienbetriebe. Eine Landwirtschaft von einer solchen Größe ist in der Lage, sechs bis neun Personen zu versorgen. Interessant ist dabei, daß nach römischen Autoren die Arbeitskraft eines Mannes für 6,25 ha in Anspruch zu nehmen ist.[7]

In der antiken Landwirtschaft reicht, vereinfachend gesagt, die Arbeitskraft eines Menschen aus, um fünf bis acht Personen zu ernähren. Somit ist in den durchschnittlichen Betrieben mit einem Überhang an Arbeitskräften zu rechnen.

Mit dem Übergang zur staatlichen Zeit in Israel bedeutet das Hinüberwechseln von Menschen in die Verwaltung oder das Heerwesen keineswegs eine Schwächung der landwirtschaftlichen Produktion; im Gegenteil, da dort weniger Menschen zu versorgen sind, besteht die Möglichkeit, einen Überschuß (Surplus) an Nahrungsmitteln zu erwirtschaften.[8]

Es muß nun das Bestreben des Staates sein, zur Versorgung seiner Leute diesen Überschuß einzuziehen. Dabei sind die Probleme weniger wirtschaftlicher, sondern vielmehr rechtlicher Natur; es stellt sich die Frage, unter welchem Rechtstitel dies geschehen könnte.

Es hat sich in diesem Zusammenhang in der alttestamentlichen Wissenschaft eingebürgert, von Steuern zu reden,[9] und es mag uns ganz natürlich erscheinen, daß zur Aufrechterhaltung des Staates dieser ein Anrecht auf die materielle Unterstützung seitens seiner Angehörigen hat.

Mag dies dem neuzeitlichen Bewußtsein auch einleuchten, für die Antike und das Mittelalter gilt es nicht.[10]

Der Gedanke, daß der König oder Staat Einkünfte von Besitztümern beziehen kann, die ihm nicht gehören, ist dem antiken Rechtsbewußtsein grundsätzlich

---

6   H.G. Kippenberg, Typik, S. 25.

7   ebd.

8   In Analogie zu ethnographischem Material ist es vorstellbar, daß ein solches Surplus auf den Typ der von SAHLINS beschriebenen "Affluent Society" verweist (M. Sahlins, Stone Age Economics, Chicago 1976²; teilweise ins Deutsche übersetzt: ders., Ökonomie der Fülle - Die Subsistenzwirtschaft der Jäger und Sammler, Technologie und Politik 12 (1978), S. 154-204; ferner P. Clastres, Staatsfeinde, Frankfurt/Main 1976, S. 179ff. 187ff.

9   z.B. F. Crüsemann, Widerstand, S. 68f., 99f., 135, 140f., 148ff., 213ff.; 221.

10   H. Haller, Art.: Steuer 2. Historisches, in: Staatslexikon 7, Freiburg 1962⁶, Sp. 689.

fremd,[11] obwohl es Ausnahmen gibt, zum Beispiel in der römischen Kaiserzeit.

Freie Bürger sind grundsätzlich frei von Steuern;[12] allerdings kann von vermögenden Bürgern in besonderen Fällen eine Vermögenssteuer, Eisphora, erhoben werden. Für die Aufrechterhaltung öffentlicher Einrichtungen existiert daneben das System der Liturgien.[13]

Neben den republikanischen Formen existiert eine Staatsordnung, in der Abgaben und Steuern erhoben werden, die Tyrannis:

"Die Tyrannenwirtschaft endlich, die am wenigsten bedeutsame, aber für den Hellenismus nichtsdestoweniger ebenfalls zukunftsträchtige, staatliche Wirtschaftsform unserer Zeit, kann welthistorisch im wesentlichen als ein Versuch angesehen werden, vom Alten Orient übernommene Steuerprinzipien, die dem Großkönig und seinen Satrapen vorläufig sonst allein noch vorbehalten blieben, auch auf griechische Polisgebiete anzuwenden. Mit indirekten Steuern und Zöllen kamen nur wenige Tyrannen aus, selbst trotz starker Erpressungen und Konfiskationen. Kopfsteuern, Viehsteuern, auch der Zehnte, alles direkte Steuern, machten die Tyrannen bei den Volksmassen unbeliebt, obwohl sie stärker als die Polisdemokratie oder die Polisoligarchie darauf angewiesen waren, durch große Bauten und gelegentliche Geschenke diese auch wieder bei Laune zu halten." [14]

Mit dieser Praxis der Tyrannis sind wir auf orientalische Vorläufer verwiesen, und es scheint geraten, die Verhältnisse in den Bereichen zu betrachten, zu denen das Alte Israel eine enge Berührung im Bereich der Verwaltung zeigt, Mesopotamien und Ugarit.

In Assyrien gab es ein differenziertes Steuer- und Abgabenwesen, dem POSTGATE eine umfängliche Studie gewidmet hat.[15] Der Grundgedanke ist, daß die Krone Eigentümerin des ganzen Landes ist: "It would be generally agreed that in theory all the land in the Assyrian empire was the property of the king; but of course

---

11   F.M. Heichelheim, Wirtschaftsgeschichte des Altertums I, Neudr. d. Ausg. Leiden 1938, Leiden 1969, S. 404/5; S. Lauffer, Privatwirtschaft und Staatswirtschaft in der Antike,(Dialog Schule - Wissenschaft, Klassische Sprachen und Literaturen 5), München 1970, S. 124.138; Th. Pekáry, Die Wirtschaft der griechisch - - römischen Antike (Wissenschaftliche Paperbacks 9 Sozial- und Wirtschaftsgeschichte), Wiesbaden 1979, S. 31; ähnlich die Verhältnisse im alten Rom: J. Bleicken, Verfassungs- und Sozialgeschichte des Römischen Kaiserreiches (UTB 839), Paderborn 1978, S. 99.

12   Es wurden Zölle und Marktgebühren erhoben sowie auch die sogenannten Enzyklika, Steuern auf Güterbewegung und Transport im Staatsgebiet; dies betraf jedoch Händler und Handwerker, die typischen Metökenberufe (F.M. Heichelheim, Wirtschaftsgeschichte, S. 405f.); eine Grund- oder Kopfsteuer gab es normalerweise nicht.

13   Zu der Staatswirtschaft der Polis s. F.M. Heichelheim, Wirtschaftsgeschichte, S. 404-419.

14   F.M. Heichelheim, Wirtschaftsgeschichte, S. 416.

15   J. N. Postgate, Taxation and Conscription in the Assyrian Empire (StP Series Maior 3), Rom 1974.

in practice some was more directly under his ownership than other."[16] Zu einem ähnlichen Ergebnis kommen auch die Studien von DIAKONOFF, die in einem Review Article von PEČÍRKOVÁ zusammengefaßt werden:

"Land which was deserted because of the fighting, as well as the land conquered by the Assyrian armies, became the property of the king, and the people cultivating the land were direct dependents of the monarch. Even if he was not so in theory, in fact the Assyrian ruler was the owner of all land. Taxes and other obligations served to subordinate previously independent communities to the royal power. Yet even at this late stage of Assyrian history small peasant ownership, independent of the state, did not cease to exist. Lots assigned to high officials and to members of the royal family were set aside from the royal land; by royal privilege this land was exempt from taxation and other obligations, and in fact it often passed into private ownership. The land owned by the temples and privileged cities, which were equally free of taxation and other obligations, was also independent of the king." 17

Das Steuerwesen von Ugarit hat HELTZER in einer eingehenden Studie beleuchtet.[18] Auch in Ugarit ist damit zu rechnen, daß die Krone nur von solchen Besitztümern Leistungen fordern konnte, an denen sie Rechte hatte.

Es tritt uns hinsichtlich der Besteuerung von Landbesitz oder der Besteuerung allgemein ein Gedanke entgegen: Der Staat kann nur von solchen Ländereien Abgaben einziehen, die ihm gehören. In den Regionen, denen solche Art von Steuern fremd ist, hat der Staat keinen Grundbesitz; dort, wo es ein ausgeprägtes Grundsteuerwesen gibt, ist er unausweichlich Obereigentümer allen Landes.

Es lohnt sich, unter diesem Gesichtspunkt die Angaben des Alten Testaments zum Besteuerungswesen zu betrachten. Vornehmlich treten dabei zwei Begriffe in das Blickfeld: der Zehnte und die מנחה .

Nach 1Sam 8,15[19] zieht der König von Saaten (זרע) und Weinbergen (כרם)

---

16   J.N. Postgate, aaO, S. 202; vgl. E. Salonen, Über den Zehnten im Alten Mesopotamien (StOr XLIII:4), Helsinki 1972.

17   J. Pečírková, Social and Economic Aspects of Mesopotamian History in the Work of Soviet Historians (Mesopotamia in the first millenium B.C.), ArOr 47 (1979), S. 113. Zu den Steuerbefreiungen s. J.N. Postgate, Neo-Assyrian Royal Grants and Decrees (StP Series Maior 1), Rom 1969, S. 9-16.

18   M. Heltzer, Rural Community, S. 7-47.

19   Das Problem in 1Sam 8,15 besteht darin, ob es formale Gründe gibt, die es erlauben, diesen Vers als Zusatz auszuscheiden, so F. Crüsemann, Widerstand, S. 67f.; anders T. Veijola, Königtum, S. 60f. Für den Aufbau des Abschnittes 11-17 ist festzuhalten, daß sich deutlich sechs Glieder erkennen lassen (11b-12, 13, 14, 15, 16, 17). Jedes dieser Glieder setzt mit einem vorangestellten Objekt ein, wodurch die innere Gliederung des Abschnitts deutlich wird. Aber auch die einzelnen Glieder haben einen klar erkennbaren Aufbau, was sich vor allem an den Verben zeigt. Jedes der Glieder beginnt mit einem Verb, 3. pers. sg. mask. Imperf., die Nachsätze fahren fort mit ל und inf. constr., ל und Nomen oder mit einer Verbform in perf. cons., mit Ausnahme von V. 17:

den Zehnten ein (יעשר); nach V. 17 zusätzlich noch vom Kleinvieh (צאן). Diesem Anspruch des Königtums steht der Jahwes gegenüber, und es sind die selben Abgaben, die an die Heiligtümer zu entrichten sind, so - neben anderem - der Ertrag der Saaten (תבואת זרעך), Dt 14,22, Most (תירש), Dt 14,23 und die Erstgeburt des Kleinviehs (צאן), Dt 14,23.

Deutlich wird dies auch in den Bestimmungen von Lev 27,30ff. Verzehntet wird hier - neben anderem - der Ertrag des Landes (זרע הארץ), die Früchte des Baumes (פרי העץ), wozu auch der Weinstock zu rechnen ist,[20] und das Kleinvieh (צאן).[21]

Eine vergleichbare Beobachtung gilt auch für den Begriff מנחה . Wie schon in dem Kapitel über den נצב gezeigt werden konnte, dient מנחה zur Bezeichnung der Abgaben, die unterworfene Völkerschaften an ihre Bezwinger zu liefern haben,[22] vertretbar erscheint die Annahme, daß in Analogie dazu die Errichtung des Gouverneur-Systems in 1Reg 4 gerade zur Beschaffung der מנחה des Nordteils Israel dient.

Aber auch schon in der frühen Königszeit, zur Zeit Sauls, treffen wir auf diesen Begriff. So heißt es nach Sauls Krönung in Mizpa:

> Einige Nichtswürdige (בני בליעל) aber sprachen: Was kann der uns helfen? Und sie verachteten ihn und brachten ihm keine Gabe (מנחה) ... (1Sam 10,27).

Dies kann in der Umkehrung nur bedeuten, daß normalerweise מנחה an den Kö-

---

... יקח	ושם ... ורצו	11
	ולשום ... ולחרש...ולקצר...ולעשות	12
... יקח	לרקחות ולטבחות ולאפות	13
... יקח	ונתן	14
... יעשר	ונתן	15
... יקח	ויעשה	16
... יעשר	תהיו ...	17

Das Subjekt des Vorder- wie des Nachsatzes - mit Ausnahme der Nachsätze in 11,12, 13,17 - ist der König. Diese Betrachtung der Verben führt zu dem Ergebnis, daß die sechs Glieder in 11-17 in sich zweigliedrig sind (so auch Veijola). Crüsemann erkennt eine "durchgängige Dreigliedrigkeit" (Widerstand, S. 67), muß dafür aber die vorangestellten Objekte mit heranziehen (V. 14) und zu literarkritischen Operationen greifen (in V. 11/12,15,16). Viel deutlicher ist die Zweigliedrigkeit (Veijola) und damit hat V. 15 die selbe Struktur wie die anderen Glieder in 11b- -17; es gibt keinen formalen Grund, ihn aus dem Kontext herauszulösen; vgl. M. Weinfeld, Rez., VT 31 (1981), S. 106.

20   K. Elliger, Leviticus (HAT I 4), Tübingen 1966, S. 391.

21   Es handelt sich in Lev 27,32 um den Zehnten und nicht um die Erstgeburt.

22   Darin geht die Bedeutung von מנחה nicht vollständig auf, s. HAL, S. 568f.

nig zu entrichten ist.[23] מנחה ist zugleich auch ein Terminus der Sakralspra-
che.[24] Wir haben also auch hier wie bei dem Zehnten das Phänomen, daß Jahwe und
der König Anspruch auf die selben Abgaben haben.

Doch worauf kann ein solcher Anspruch beruhen? Im Falle der Abgaben an die
Heiligtümer ist daran zu denken, daß Jahwe als Geber des Landes gilt, insofern
ein Obereigentum über das Land innehat.[25]

Man wird in Analogie dazu annehmen dürfen, daß es etwas Entsprechendes, einen Rechtstitel auf das Land, für das Königtum gegeben hat. Wie die Regelungen im
einzelnen ausgesehen haben, wissen wir nicht; über die grundlegende Vermutung,
daß es dergleichen gegeben haben muß, kommen wir nicht hinaus. Anzunehmen ist,
daß die Bestimmungen im Königsrecht (1Sam 10,25; 8,11) niedergelegt wurden.

Vielleicht gewinnen auf diesem Hintergrund diejenigen Stellen Kontur, an denen davon die Rede ist, daß ein Volk oder ein Volksteil עבד eines Königs wird.
In dem Abhängigkeitsverhältnis des עבד von seinem Herren, hier das Volk von seinem König, kann die Pflicht eingeschlossen sein, Abgaben an den Herren zu liefern.

Der Zustand, der einer solchen Rekonstruktion entspricht, wird in Gen 47,
13ff. geschildert. Dort ist der Pharao Eigentümer fast allen Landes, die Bewohner seine עבדים und ihm steuerpflichtig. Wenn man auch davon ausgehen muß, daß
solche Vorstellungen in dieser ausgeprägten Form niemals in Israel Realität gewesen sind, so verfolgt doch die Erzählung die Absicht, kräftig herauszustreichen,
welche Vorteile eine solche Regelung bietet.[26]

Daß es eine Folge des עבד -Seins ist, מנחה entrichten zu müssen, geht aus
2Sam 8,2.6 hervor.

Dabei bewegen wir uns, was die grundlegende rechtliche Anschauung betrifft,
ganz im Bereich dessen, was im Altertum als allgemein anerkannt gelten konnte;
die politische Frage dagegen, ob man ein derartiges Königtum wollte, führte zu
Auseinandersetzungen.

Sowohl die Zentralisierung der Nahrungsmittelversorgung in Gen 41,34ff.;

---

23   Vgl. die δωροφάγοι/ βασιλῆεs bei Hesiod, Erga 39, 221, 264; zu den Abgaben an den frühgriechischen βασιλεύs s. J. Busolt, Griechische Staatskunde, S.
325f.

24   HAL, S. 568f. In einem Teil der sakralen Belege hat מנחה die Bedeutung
"Huldigungsopfer"; der Gedanke der Huldigung liegt auch dem profanen Gebrauch von
מנחה zugrunde. Es kommt hinzu, daß diejenigen, die Jahwes מנחה mißachten,
analog zu 1Sam 10,27, als בני בליעל bezeichnet werden (1Sam 2,12.17).

25   s. W. Zimmerli, Grundriß der alttestamentlichen Theologie (Theologische
Wissenschaft 3), Stuttgart, Berlin, Köln, Mainz 1972, S. 53-58.

26   vgl. F. Crüsemann, Widerstand, S. 148ff.

47,13ff. als auch das Nehmen und Vergeben von Land und dessen Erträgnissen in
1Sam 8 sind Gesichtspunkte, die in POLANYIs wirtschaftsgeschichtlicher Typologie
auf die Ökonomie der Redistribution verweisen.[27] Dem Übergang von der vorstaatlichen zur staatlichen Zeit entspräche wirtschaftsgeschichtlich der Übergang von
der Reziprozität zur Redistribution.[28]

Die Besteuerungspraxis ist nur eine der Maßnahmen, die zur Versorgung der im
Dienst des Königs stehenden Personen dienen können; daneben ist mit der Verteilung
von Landbesitz zu rechnen, eine Maßnahme, deren Bedeutung durch das Anwachsen des
Krongutes im Verlauf der Königszeit ein immer größer werdendes Gewicht beizumessen ist.

Eine Frage von Gewicht ist es, ob die Vergabe von Dienstland jene Entwicklung
in Gang gesetzt hat, die zur Konzentration des Grundbesitzes in den Händen Weniger und damit zur Verarmung breiter Volksschichten führte, eine Entwicklung, die
die Prophetie des achten Jahrhunderts zum Ausgangspunkt ihrer Kritik macht. Die
Schicht von Grundherren bedient sich der Praxis des Bauernlegens, wie sie von
DIETRICH beschrieben wird:

> "Amos (5,11), Jesaja (5,8) und Micha (2,1f) kritisieren einhellig die Prak-
> tiken, mit denen eine vermögende Oberschicht ehemals freie Bauern von sich
> abhängig macht. Das angewandte Verfahren hat Methode: kapitalkräftige Lati-
> fundienbesitzer leihen in wirtschaftliche Not geratenen Bauern gegen hohe
> Zinsen Geld; können diese die Schulden nicht zurückzahlen, werden sie mit
> ihrer Habe, schlimmerenfalls mit ihrer und ihrer Familien Arbeitskraft haft-
> bar. Mit dem Schein der Legalität reißen die Reichen den Besitz sozial Schwä-
> cherer an sich, erhöhen auf diese Weise den Umfang ihres Produktivvermögens
> wie die Anzahl ihrer Arbeitskräfte, erwirtschaften damit einen hohen Kapi-
> talüberschuß, investieren aufgrund der verbesserten Liquidität noch mehr
> Geld in Hypotheken, die wieder neuen landwirtschaftlichen Familienbetrieben
> den Garaus machen usw." [29]

Es stellt sich zunächst die Frage, in welchem Maße es Privateigentum an Land
im Alten Orient gab. Seit der altbabylonischen Zeit tritt uns ein solches Privat-

---

27 K. Polanyi, The Great Transformation (stw 260), Frankfurt/Main 1978, S.
81ff.; s. zudem T.F. Carney, The Economies of Antiquity, Lawrence 1973, S. 21f.
66ff.; zur Rezeption von POLANYIs Theorie: S. C. Humphreys, Anthropology and the
Greeks, London 1978, S. 31-75; W. Nippel, Die Heimkehr der Argonauten aus der
Südsee. Ökonomische Anthropologie und die Theorie der griechischen Gesellschaft
in klassischer Zeit, Chiron 12 (1982), S. 1-39; M.M. Austin, P. Vidal-Naquet,
Economic and Social History of Ancient Greece, Berkeley 1977, S. 3ff.; W. Schuller, Griechische Geschichte (Oldenbourg - Grundriß der Geschichte 1), München,
Wien, 1982, S. 85ff.

28 T.F. Carney, aaO, S. 59ff.

29 W. Dietrich, Jesaja und die Politik (BETh 74), München 1976, S. 15.

eigentum entgegen.[30] Beherrschend bleibt jedoch in dieser Epoche das Grundeigentum des Palastes, dessen Organisation vielfachen Veränderungen unterworfen ist.[31] In den folgenden Epochen[32] ist mit dem Vorkommen von Privateigentum an Grundbesitz zu rechnen,[33] doch war seine Rolle kaum so stark, daß man von einer Entwicklung zum Frühkapitalismus[34] reden könnte.

Ausgehend von wirtschaftsethnographischen Problemstellungen ist es fraglich, ob für Menschen in einem früheren oder anderen Gesellschaftszustand als dem unsrigen die Erwirtschaftung von Profit, die Anhäufung von Reichtum durch Verzicht auf seinen Genuß, wirklich eine geltende Maxime war. Eine derartige Annahme muß erst bewiesen, darf aber nicht als selbstverständlich vorausgesetzt werden.

Eine der maßgeblichen Studien, mit der wirtschaftsethnographische Fragen aufgeworfen wurden, ist die Untersuchung des Tausches von Schmuckgegenständen auf den Trobriand-Inseln von MALINOWSKI.[35] Diese sind für den außenstehenden Beobachter unansehnlich, verschaffen aber dem - durch den Tausch immer nur kurzfristigen - Besitzer Prestige. Alle Anstrengungen, die im Rahmen dieser Tauschaktivitäten unternommen werden, lange und gefahrvolle Reisen über See, sind vom ökonomischen Standpunkt aus absolut sinnlos; es werden keine in irgendeiner Form notwendigen Gebrauchsgüter beschafft. Im Leben der Menschen jedoch spielt dieser Tausch eine herausragende Rolle.

Dies beruht auf einer ganz anders gearteten Beziehung zum Besitz, bei der nicht das Akkumulieren, sondern das Weitergeben und das Prestige des Gebers der entscheidende Gesichtspunkt ist.[36] Auf eine breitere Basis wurden MALINOWSKIs Beobachtungen durch MAUSS gestellt, der grundsätzlich zu den selben Schlußfolgerungen gelangt:

---

30   D.O. Edzard, in: Die Altorientalischen Reiche I (Fischer Weltgeschichte 2), Frankfurt/Main 1965, S. 193ff.; H. Klengel, Einige Bemerkungen zur sozialökonomischen Entwicklung in der altbabylonischen Zeit, Wirtschaft und Gesellschaft im Alten Vorderasien, Hg. J. Harmatta, G. Komoróczy, Budapest 1976, S. 249-257.

31   H. Klengel, aaO, S. 254f.; H. Klengel, Hammurapi von Babylon und seine Zeit, Berlin 1978, S. 122f.

32   Zur Kassitenzeit s. E. Cassin, in: Die Altorientalischen Reiche II (Fischer Weltgeschichte 3), Frankfurt/Main 1966, S. 45ff.

33   J. Renger, Art.: Großgrundbesitz, in: RlA 3, S. 647-652.

34   so W. Dietrich, Politik, S. 15 Anm. 7. Noch für die assyrische Zeit hält Garelli fest, daß es keine ausgesprochenen Latifundien gab, P. Garelli, Problèmes de stratification sociale dans l'Empire assyrien (Bayerische Akad. d. Wiss. Phil. hist. Kl. NF 75), München 1972, S. 78f.

35   B. Malinowski, Argonauten des westlichen Pazifik, Frankfurt/Main, 1979.

36   B. Malinowski, aaO, S. 88f. 129. 207ff.; s. zudem Polanyi, aaO, S. 71ff.

"Wenn trobriandrische, amerikanische und andamanische Clans, wenn großzügige Hindus, adlige Germanen und Kelten in ihrem Geben und Austeilen auch von ähnlichen Motiven durchdrungen sind, so entstammen diese doch nicht der kalten Berechnung des Kaufmanns, Bankiers oder Kapitalisten. Auch in diesen Kulturen hat man Interessen, aber sie sind von denen unserer Zeit verschieden. Man hortet dort Schätze, aber nur, um sie später auszugeben, um sich Leute zu 'verpflichten', 'Lehnsmänner' zu gewinnen. Man tauscht aus, aber vor allem Luxusgüter wie Kleider und Schmuck oder Feste und sonstige Dinge, die sofort verbraucht werden. Man vergilt mit Zinsen, aber lediglich, um den Geber oder Tauschpartner zu erniedrigen, und nicht deshalb, um ihn für den Verlust zu entschädigen, der ihm aus dem 'aufgeschobenen Verbrauch' erwächst. ... Das Wort 'Interesse' selbst ist jüngeren Datums und geht zurück auf das lateinischen interest, das in den Rechnungsbüchern über den einzunehmenden Einkünften geschrieben stand. ... Es bedurfte des Sieges des Rationalismus und Merkantilismus, damit die Begriffe Profit und Individuum Geltung erlangen und zu Prinzipien erhoben werden konnten." 37

Wie die prophetische Sozialkritik zeigt, lassen sich prestigewirtschaftliche Elemente auch im Alten Testament finden; als Belege sei auf die Sommerhäuser, Winterhäuser und Elfenbeinbeschläge in Am 3,15, die 'Basanskühe' in Am 4,1, die mit Elfenbein verzierten Betten und exquisiten Genüsse in Am 6,4ff. und die Beschreibung von erlesenem Schmuck und Kleidung in Jes 3,16ff. verwiesen. Nicht die Vermehrung des Reichtums durch asketischen Verzicht auf seinen Gebrauch scheint hier das Ziel zu sein, sondern sein Genuß. Vorherrschend sind nicht die Interessen an der Produktion, sondern an der Konsumption.[38] Diesem Ziel dienen letztlich auch die Vorgänge, die die prophetische Sozialkritik des achten Jahrhunderts anprangert.

Es liegt eine große Gefahr darin, Elemente unseres Wirtschaftslebens in der Antike wiederfinden zu wollen.[39] Sie galten selbst in unserem eigenen geographischen Bereich nicht immer, wie ein Blick auf die mittelalterliche Wirtschafts-

---

37   M. Mauss, Die Gabe (Essai sur le Don, dt.) (Theorie 1), Frankfurt am Main 1968, S. 172. Wirtschaftsethnographische Gesichtspunkte berücksichtigen: M. Liverani, "Irrational" Elements in the Amarna Trade, in: ders., Three Amarna Essays (Sources and Monographs. Monographs on the Ancient Near East 1,5), Malibu 1979, S. 21-33; S. Morenz, Prestige-Wirtschaft im Alten Ägypten, Bayerische Akad. d. Wiss., phil.-hist. Kl. Sitzungsber. 1969, Heft 4, München 1969.

38   M. Weber, Wirtschaft und Gesellschaft, S. 727ff.; H.G. Kippenberg, Typik, S. 15f.

39   "Das methodische Postulat, das aus solchem Problem folgt, besteht nicht in dem Verzicht auf die neuzeitlichen Erklärungsmethoden. Es ist lediglich zu fordern, daß eine Darstellung der antiken Ökonomie und der antiken Gesellschaft insgesamt immer auch das kritische Moment in der Beziehung der Antike auf uns freilegt: Kritik nicht als einseitige Unterwerfung der Antike unter neuzeitliche Geschichtskonstruktionen, sondern als Negation moderner Rationalität durch Bezug auf die Antike und umgekehrt." H. G. Kippenberg, Typik, S. 19. Vgl. zudem R. Koselleck, Einleitung, zu: Geschichtliche Grundbegriffe. Historisches Lexikon zur politisch - sozialen Sprache in Deutschland, Bd. 1, Stuttgart 1972, S. XIIIff.; zum Problem einer Wirtschaftsgeschichte: O. Brunner, Das "Ganze Haus" und die alteuropäische "Ökonomik", ders. Neue Wege der Verfassungs- und Sozialgeschichte, Göttingen 1980³, S. 121f.

und Gesellschaftsordnung zeigen kann,[40] um so weniger im räumlich und zeitlich weiter entfernten Alten Vorderasien. Dies gilt nicht nur für die Entwicklung zum Kapitalismus, sondern auch für uns so geläufige Begriffe wie zum Beispiel den der Steuern. In einer sozialgeschichtlich vorgehenden Exegese ist nichts so gefährlich wie vordergründige Plausibilität. Auch soziale, ökonomische und politische Begriffe haben eine Geschichte, die es zu erfassen gilt, um sie sachgerecht zu verwenden.

Wenden wir uns nun der Frage zu, ob der wesentliche Faktor in den sozialen Umschichtungen des achten Jahrhunderts in dem Beamtentum zu suchen ist. Dies ist eine in der Nachfolge von ALT häufig vertretene These:

> "Aber so viel ist wohl sicher, daß die Beamten/besonders durch ihre Beleihung mit Ländereien aus dem Krongut zwangsläufig in die Beteiligung am wirtschaftlichen Leben der Umgebung ihrer Amtslehen hineingezogen wurden und daß sie dann, zumal wenn sich die Ämter in ihren Familien vererbten, in die Versuchung gerieten, noch über ihre Lehensgüter hinaus durch die Hinzugewinnung weiteren Landes auf Kosten der einheimischen Bevölkerung größere Grundherrschaften aufzubauen. So kam es durch sie im Lauf der Zeit zur Entstehung der Situation, die die Propheten vom achten Jahrhundert an vor Augen haben und in ihren Scheltworten bekämpfen." 41

Tatsächlich sind in einem Teil der Belege שרים Adressaten der prophetischen Sozialkritik, jedoch nicht in allen![42] Meist wird der Adressat nicht benannt, sondern durch den Aufweis seines Verhaltens kenntlich gemacht; daneben stehen auch andere Personenkreise als die Beamtenschaft im Brennpunkt der Kritik.[43]

In diesem Zusammenhang ist es interessant, daß ALT von einer Oberschicht spricht, einer sozialen Größe also, die er allerdings sogleich mit dem Beamtentum identifiziert.[44]

Dabei kommt die Möglichkeit in den Blick, daß diese Entwicklung des achten Jahrhunderts nicht dem Beamtentum allein anzulasten ist. In diese Richtung geht implizit die Untersuchung von KIPPENBERG, die Vergleiche zu der Entwicklung der griechischen Gesellschaft zieht.[45] Die Umwälzungen im Palästina des achten Jahr-

---

40   Sehr anregend ist G. Duby, Krieger und Bauern. Die Entwicklung von Wirtschaft und Gesellschaft im frühen Mittelalter, Frankfurt/Main 1977.

41   A. Alt, Anteil des Königtums, S. 369/370.

42   s.S. 138ff.

43   z.B. in Jes 3.

44   A. Alt, Anteil des Königtums, S. 353.

45   S. dazu H. Bengtson, Griechische Geschichte (Handbuch der Altertumswissensch. III,4), München 1977⁵, S. 102ff.; F. Gschnitzer, Griechische Sozialgeschichte (Wissenschaftliche Paperpacks 16. Sozial- und Wirtschaftsgeschichte), Wiesbaden 1981, S. 75ff.; M.M. Austin, P. Vidal-Naquet, aaO, S. 49ff.

hunderts sind in einen Rahmen einzuordnen, den KIPPENBERG als antik bezeichnet.[46] Es handelt sich um eine neu einsetzende Bewegung, die ihre Ursachen nicht etwa in der Errichtung des Königtums im zehnten Jahrhundert hat.

Es ergibt sich ein qualitativer Unterschied der vorausgehenden, 'asiatischen', Ordnung und den neu einsetzenden antiken Bedingungen:

"Die Herrschenden in den asiatischen Reichen verfügten zwar über ein bestimmtes Quantum an Arbeit und Erzeugnissen der Dörfer. Sie verfügten jedoch nicht - und das ist im Blick auf die antike Entwicklung hervorzuheben - über die Produktionsfaktoren selbst: über Saatgut, Vieh und Geräte, Land und Wasser. ... Die Bauern hatten zwar die Kontrolle über das häusliche und dörfliche Surplus verloren, aber nicht (oder nur in geringem Ausmaß) über die Produktionsfaktoren Saatgut, Vieh und Geräte, Arbeitskraft und Land. Tritt dies jedoch ein - was gerade in der Antike der Fall war -, dann hat der bäuerliche Produzent auch die Entscheidung darüber verloren, was er anbaut (ob Lebensmittel für sich oder Waren für den Handel) und mit welchen Handwerkern und Händlern er im Austausch steht." [47]

Die ökonomische Ungleichheit, die sich im Laufe der Entwicklung herausbildet, beruht darauf, daß sich eine Aristokratie Institutionen und gesetzliche Regelungen zunutze macht und ihren Gehalt verändert; KIPPENBERG beschreibt diese Veränderungen unter den Gesichtspunkten der Transformation des Grundeigentums, der Abhängigkeit und der Zirkulation.[48] Gegen POLANYI wäre zu fragen, ob sich nicht auch in Griechenland und Palästina Vorläufer einer Geld- und Marktwirtschaft[49] mit den von POLANYI beschriebenen Folgen[50] zeigen. Wäre der Übergang von der Stämmegesellschaft zum Königtum gekennzeichnet durch den Übergang von einer reziproken zu einer redistributiven Wirtschaft, so bedeutete die neue Entwicklung den Übergang zu einer Art Geld- und Marktwirtschaft. Damit hätte Israel Anteil an einem auf breiter Basis stattfindenden Prozeß, dessen Ursprünge schon im kanaanäischen Bereich liegen[51] und erst ab dem achten Jahrhundert - mit Phasenverschiebun-

---

46   H. G. Kippenberg, Typik, S. 9.29ff.

47   H. G. Kippenberg, Typik, S. 32.

48   H. G. Kippenberg, Typik, S. 35ff.

49   Vgl. S. Lauffer, aaO, S. 123; T.F. Carney, aaO, S. 71ff.

50   K. Polanyi, aaO, S. 106ff. Die wesentliche Folge ist, daß Arbeit sowie Grund und Boden Waren werden.

51   Dort gibt es die Tendenz, sich von den Abgaben und Verpflichtungen, die der König von dem Land im Rahmen seiner lehensartigen Oberhoheit fordert, zu befreien (C. Boyer, Étude Juridique, PRU III, S. 299f.; B. Kienast, Art.: Kauf. E. In Alalah und Ugarit, in: RlA 5, S. 532). Der Weg scheint zu einer Privatisierung zu führen. Zugleich gibt es auch Anzeichen für eine Konzentration von Besitz (P. Vargyas, aaO, S. 178f.).

gen ist zu rechnen - zur Wirkung gelangen.[52] Die hinter diesem Prozeß stehenden Interessen sind nicht - wie ein moderner Beobachter geneigt wäre, zu vermuten - produktiver, sondern konsumptiver Natur. Es handelt sich um eine Besitzakkumulation in einer nicht-kapitalistischen Gesellschaft.

Einer der entscheidenden Punkte bei ALTs Argumentation ist die Frage, ob sich die Lehensgüter als Grundlage für einen Latifundienbesitz eignen. Wie die samarischen Ostraka zeigen, hatte die Krone Kontrolle über die Besitztümer, die an Beamte vergeben wurden. Zudem zeigt eine Bestimmung im Verfassungsentwurf des Ezechiel (Ez 46,17), daß der Gedanke der Verfügung des Königs über das Dienstland später betont wieder aufgegriffen wurde.[53] Dies bedeutet, daß es fraglich ist, ob die Beamten diese Ländereien als ihr Eigentum betrachten konnten, als Grundstock zum Aufbau eines größeren Landbesitzes. Gegen eine Ableitung der Umbrüche im achten Jahrhundert aus den Verhältnissen, die mit der Errichtung des Königtums zusammenhängen, spricht zudem, daß die Kritik am Königtum, wie sie sich in der Jothamfabel und in 1Sam 8 zeigt, keinen Zusammenhang mit der prophetischen Sozialkritik zeigt, so sind die Belehnungspraxis und ihre Folgen ein Ausgangspunkt der Kritik am Königtum; in der Sozialkritik kommen sie nicht vor. Auf diese Diskontinuitäten weist CRÜSEMANN hin:

> "Beide Richtungen stimmen überein, daß das Königtum im 8.Jahrhundert mit den damals virulenten sozialen Problemen nicht direkt in Zusammenhang gebracht werden kann. Wer das Königtum, aus welchen Gründen auch immer, grundsätzlich kritisch betrachtet, stößt damit noch lange nicht auf die entscheidende sozialen Auseinandersetzungen. Wer umgekehrt diese im Blick hat und nach ihren Ursachen fragt, findet sie nicht beim Königtum. Das ist aber völlig anders in den Texten, die im ersten Teil dieser Arbeit untersucht wurden, am deutlichsten wohl in 1Sam 8,11-17."   54

Dennoch hält CRÜSEMANN an ALTs Konstruktion fest;[55] aber zeigen nicht gerade die Unterschiede, die CRÜSEMANN aufzeigt, daß ALTs Bild nicht an allen Punkten stimmig ist? Gerade die Tatsache, daß das Königtum nicht in den Blick der prophe-

---

52 s. J. Renger, Art.: Großgrundbesitz, in: RlA 3, S. 649f.; E. Ebeling, Art.: Bankhaus, in: RlA 1, S. 397. In Jes 5,8 werden die politischen Konsequenzen angeprangert; die Anzahl der Vollbürger verringert sich (zu יֹשֵׁב hof. s. H. Wildberger, Jesaja, S. 183). Die antike Verfassungstypologie würde dies als den Übergang zur Oligarchie kennzeichnen (s.a. B. Duhm, Das Buch Jesaia (Göttinger Handkommentar zum AT 3.1), Göttingen 1968⁵, S. 57); zu יֹשֵׁב hof. vgl. auch die Bezeichnung γεωμόροι für die herrschende Adelsgesellschaft in Samos und Syrakusai, H. Bengtson, aaO, S. 108; J. Boerner, Art.: Γεωμόροι (γαμόροι), Grundbesitzer, in: PW VII, 1 Sp. 1219-1221.

53 Gerade die Vererbbarkeit (vgl. das Zitat von A. Alt, S. 135) ist hier ausgeschlossen.

54 F. Crüsemann, Widerstand, S. 88.

55 ebd.

tischen Sozialkritik gerät, obwohl es ja der auslösende Faktor für die beanstan-
deten Entwicklungen sein soll, hat schon ALT Verlegenheit bereitet.[56]

Die naheliegende Lösung scheint es zu sein, im Gefolge von KIPPENBERG die Umwälzungen des achten Jahrhunderts nicht im Zusammenhang mit dem Königtum und dem
Beamtentum zu sehen, sondern als eine ganz neu einsetzende Entwicklung, die auch
sonst in der Antike belegten Tendenzen folgt.

שרים kommen in der prophetischen Sozialkritik vor, und als Angehörige der
Oberschicht werden sie ihre Rolle bei den zugrunde liegenden Vorgängen gespielt
haben, ob sie allein beziehungsweise eine bestimmte Praxis ihrer Besoldung, die
Vergabe von Krongut, die Ursache für die Umbrüche bilden, scheint fraglich.[57]

Um die damit verbundenen Probleme zu beleuchten, erscheint es geraten, die
Beurteilung des Beamtentums im alttestamentlichen Schrifttum zu betrachten.

Zur Beurteilung des Beamtentums im Alten Testament

Im Amosbuch kommen שרים nur an zwei Stellen, Am 1,15 und Am 2,3, vor. Die
beiden Verse gehen auf Amos selbst zurück.[1] Im Zusammenhang des Spruchs gegen die
Ammoniter sagt der Prophet an, daß der König zusammen mit seinen שרים in die
Verbannung ziehen soll (1,15). Die שרים sind durch ein Personalsuffix auf den
מלך bezogen; sie sind Minister des Königs, ein Personenkreis, der in besonderer
Weise mit dem Königtum verbunden ist.

In Am 2,3 liegt demgegenüber eine andere Sicht zugrunde. In dem Spruch gegen
Moab ist im massoretischen Text שר mit einem femininen Suffix versehen und be-

---

56   A. Alt behilft sich mit der Auskunft, daß das Königtum zwar die soziale
Bewegung ins Rollen gebracht hat, ihm die späteren Entwicklungen jedoch über den
Kopf gewachsen sind, und es deshalb auch nicht als verantwortlich betrachtet wur-
de.

57   Es scheint eher so zu sein, daß die Mitglieder angesehener Familien sich
in verschiedenen Bereichen, im staatlichen Beamtentum, in der althergebrachten
Sippenorganisation und der Rechtsprechung im Tor engagieren konnten. Man wird von
daher verstehen können, warum nicht nur Beamte in der prophetischen Sozialkritik
genannt sind und andererseits die Angesprochenen durch die Beschreibung ihres Tuns
charakterisiert werden. Nur dadurch kann eine Gruppe, die sich auf viele gesell-
schaftliche Aktivitäten verteilt, zielsicher angesprochen werden.

1   H.W. Wolff, Dodekapropheton 2. Joel und Amos (BK XIV/2), Neukirchen-
-Vluyn 1969, S. 158ff.

zieht sich entweder auf Moab oder auf Kerijoth.[2] Es wird hier also - im Gegensatz zu 1,15 - nicht die Zugehörigkeit zum Herrscher,[3] sondern zum Land betont.

In den Fremdvölkersprüchen werden Verfehlungen angeklagt; die Konsequenz tragen Herrscher und שרים . Im Amosbuch, auch an den Stellen, an denen in Israel soziales Fehlverhalten angeprangert und künftiges Unheil angesagt wird, kommen שרים sonst nicht vor.

Im Michabuch ist das Wort שר nur ein einziges Mal, in Mi 7,3, belegt. Dabei erscheint der שר im Zusammenhang mit dem juristischen Bereich. Es ist allerdings fraglich, ob der Abschnitt, in dem dieser Vers steht, auf Micha zurückgeht und auf die Verhältnisse seiner Zeit verweist.[4] Dagegen gehen die Kapitel 1-3 - wahrscheinlich mit Ausnahme von 2,12f. - auf den Propheten Micha zurück.[5]

Micha hat die Kreise, gegen die er sich richtet, genau bezeichnet: es sind die ראשי (בית) יעקב וקציני בית ישראל (3,1.9) oder die ראשים (3,11). Die ראשים sind nicht als Angehörige der staatlichen Verwaltung zu verstehen, sondern als die führenden Männer in der Gentilverfassung.[6] Das selbe ist auch für den קצין geltend zu machen, der im deuteronomistischen Geschichtswerk nur als vorstaatliches Amt erscheint; charakteristisch ist Jud 11,11, eine Stelle, an der Jephta sowohl die Würde eines ראש als auch eines קצין erhält. Zudem geht es bei Micha um das בית יעקב beziehungsweise בית ישראל und nicht um das בית המלך . Dies sind Verfassungsbegriffe, die auch bei Hosea greifbar werden.[7] Es sind gerade die Häupter der altehrwürdigen Sippenordnung , die Micha angreift, und der Vorwurf, den er erhebt, ist ungeheuerlich: sie reißen dem Volk das Fleisch von den Knochen, um es zu verzehren.

Im Hoseabuch tritt das Wort שר insgesamt neunmal auf, in Hos 3,4; 5,10; 7,3.5.16; 8,4.10; 9,15; 13,10.

Hos 5,10 spricht davon, daß die שרי יהודה denen gleichen, die Grenzen verrücken. Die Formulierung gemahnt an Bestimmungen des Deuteronomiums (Dt 19,14;

---

2   Zu den textlichen Problemen s. K. Koch und Mitarbeiter, Amos. Untersucht mit den Methoden einer strukturalen Formgeschichte (AOAT 30), Kevelaer, Neukirchen-Vluyn 1976, Einzelbögen, S. 116.

3   Es ist in 2,3 ein שופט , kein מלך .

4   vgl. O. Kaiser, Einleitung in das Alte Testament, Gütersloh 1978[4], S. 209f.; R. Smend, Entstehung, S. 178ff.

5   R. Smend, Entstehung, S. 179.

6   vgl. H.W. Wolff, Dodekapropheton. Micha (BK XIV/Lfg.12), Neukirchen-Vluyn 1980, S. 67.

7   s.u.

27,17); den Hintergrund des Spruches bildet jedoch ein außenpolitischer, nicht ein innenpolitischer Vorgang.[8]

Ein Wortspiel, das im achten Jahrhundert recht verbreitet gewesen sein muß – es findet sich auch bei Jesaja –, ist in Hos 9,15 zu finden: כל שריהם סררים, was die Zürcher Bibel schön wiedergibt mit "All ihre Führer sind Aufrührer". Es geht hier um eine Eigentümlichkeit hoseanischen Verfassungsdenkens; es sind "ihre" שרים, nicht die שרים des Königs. Es liegt, wie in 7,16, ein Bezug auf das Staatsvolk vor. Eine solche Bindung von שרים vom König weg auf das Volk beziehungsweise auf das Land begegnet schon in Am 2,3.

Die Eigenart hoseanischen Verfassungsdenkens hat UTZSCHNEIDER herausgestellt.[9] Es ist bei Hosea auffallend, daß er nicht innerhalb des Volkes für eine bestimmte Gruppe Partei ergreift: "Bei Hosea sind keine Gruppen oder Institutionen im Volk erkennbar, für die er gegen die Herr/schenden (Notable, Propheten, Priester usf.) ausdrücklich Partei ergriffen hätte. Besonders Amos hat sich unmißverständlich auf die Seite des צדיק (Am 2,6b; 4,1; 5,12), der דלים (4,1), der אביונים (2,6b; 5,12), der עשקים (3,9) gestellt."[10]

Hoseas Kritik trifft Israel insgesamt, nicht nur die Oberschicht; auch der König ist nur ein Exponent des Volkes: "Der Gegensatz ist hier, wie in den beiden in diesem Zusammenhang besprochenen Texten (Hos 8,4; 10,3f.) als Gegensatz Jahwes zu Israel verstanden. Die Wendung gegen die Könige und die herrschenden Schichten ist nur ein Aspekt dieses - nun in der Tat radikalen - Gegensatzes."[11] "Was nun das Verhältnis Hoseas zum Königtum betrifft, so scheint uns erwiesen, daß Hosea das Königtum seiner Zeit nicht anders beurteilte als das Israel seiner Zeit. Die Verwerfung des Königtums ist ebenso prinzipiell und radikal wie die des Volkes oder irgendeiner seiner Institutionen; - nicht mehr aber auch nicht weniger."[12]

Der König tritt fast immer als "ihr" König auf; betont wird nicht das Verhältnis zu Jahwe, sondern die Tatsache, daß das Königtum eine Einrichtung ist, die das Volk geschaffen hat.[13] Die selbe Beobachtung gilt auch für die שרים.[14]

---

8 H.W. Wolff, Dodekapropheton 1. Hosea (BK XIV/1), Neukirchen-Vluyn 1965², S. 144f.

9 H. Utzschneider, Hosea. Prophet vor dem Ende (OBO 31), Freiburg/Schweiz, Göttingen 1980.

10 H. Utzschneider, Hosea, S. 221/2.

11 H. Utzschneider, Hosea, S. 125.

12 H. Utzschneider, Hosea, S. 128.

13 H. Utzschneider, Hosea, S. 133f.

14 H. Utzschneider, Hosea, S. 134ff.

König, שרים und andere Institutionen gehören dem Volk an und sind mit ihm un-
trennbar verbunden; eine Parteinahme gegen diese Gruppen für das Volk oder einzelne seiner Schichten ist nicht Hoseas Anliegen. Eine solche Sicht begegnet später in charakteristischen Reihenbildungen.[15]

Auch Jesaja greift - wie Hosea - das Schlagwort שריך סוררים auf (Jes 1,23)
und wirft den שרים im Fortgang seines Spruches vor, Gesellen der Diebe zu sein,
Bestechungen geneigt zu sein und die Rechte von Witwen und Waisen zu mißachten.
In Jes 22,15ff. haben wir den ganz seltenen Fall, daß eine namentlich genannte
Person, der סכן Sebna, angegriffen wird.[16] Der Hintergrund der Anklage ist je-
doch dunkel.

Eine Anklage gegen die שרים und die זקנים ergeht in Jes 3,14.[17] Bezogen
sind beide Gruppen auf das Volk (עם); es wird gegen sie im Namen des Volkes eine Anklage erhoben, die sich an Bestimmungen orientiert, die im Bundesbuch (Ex
22,4) und in der Weisheit (Prov 22,22f.) niedergelegt[18] sind. Es ist hier nicht
wie bei Hosea der Gegensatz zwischen Jahwe und dem Volk, teils repräsentiert durch
seine Exponenten, König und שרים , bestimmend, sondern der zwischen Jahwes Volk
(עמי , 3,15) und dessen זקנים und שרים . Dabei trifft Jesajas Anklage die
Vertreter der alten Sippenordnung und die der Staatsverwaltung gleichermaßen,[19]
die vom sozialen Blickwinkel aus gesehen zu der selben Schicht gehören.[20]

In Jes 1,23 sind die שרים nicht auf den König bezogen - es heißt dort
שריך -, sondern auf die Stadt Jerusalem. Es geht Jesaja nicht darum, daß die
שרים als Institution verschwinden, sondern es soll שפטים (Richter oder Herrschende?) und יעציט , Ratgeber, wie vor Zeiten geben, Jes 1,26. Diese Ämter werden "Dir" gegeben, der Stadt Jerusalem. Jesaja hält hier an der Einrichtung der
staatlichen Verwaltung fest; die sozialen Mißstände, die sie mit verursacht, werden dadurch behoben, daß bessere שרים eingesetzt werden. Es darf von daher nicht
verwundern, daß die Wörter שר und משרה in der Verheißung Jes 9,5 erscheinen.
Nicht die Institution wird in Frage gestellt, sondern ihre Vertreter.[21]

---

15   s.S. 66f.

16   s.S. 79.

17   s. dazu M. Schwantes, Das Recht der Armen (BET 4), Frankfurt am Main,
Bern, Las Vegas 1977, S. 108f.

18   W. Dietrich, Politik, S. 16f.

19   M. Schwantes, aaO, S. 108f.

20   s.S. 116f. 138 Anm. 57.

21   Nach W. Dietrich, Politik, S. 50ff. entwickelt sich Jesajas Sicht der
Verhältnisse zunehmend zum Negativen; eine Wendung zum Guten kommt später nicht
mehr in Betracht.

Dies gilt - geradezu in der Umkehrung - auch für Jes 3,1ff. Das Ende der staatlichen Institutionen, Herrschaftslosigkeit, bedeutet für Jesaja Anarchie,[22] und zwar in einem negativen Sinn. Hier liegt eine grundsätzlich andere Einstellung vor als bei den Trägern einer königskritischen Haltung in der frühen Königszeit. Herrschaftslosigkeit, regulierte Anarchie, "Auf, zu deinen Zelten, Israel" (1Reg 12,16), dies bedeutet für Jesaja nicht ein politisches Ideal, sondern das Chaos. Dies gilt nicht nur für Jesaja, sondern es ist vorauszusetzen, daß auch die Hörer seiner Botschaft die selben Grundvoraussetzungen teilen.

Es liegt hier aber nicht nur ein Gegensatz zu dem politischen Ideal des vorstaatlichen Israel vor, sondern auch zu einem Verfassungsdenken, das bereit ist, auf die Einrichtungen königlicher Herrschaft zu verzichten: das des Deuteronomiums. Einen ersten Hinweis auf die Auffassung des Deuteronomiums erhalten wir in dem Königsgesetz Dt 17,14-20. "Aus der Mitte deiner Brüder" (Dt 17,15) soll der König genommen werden; zwar soll das angesprochene Volk den König über sich setzen; festgehalten wird jedoch, daß sich sein Herz nicht über seine Brüder erheben soll (V. 20). Innerhalb des Abschnitts wird insgesamt dreimal festgestellt, daß der König ein Bruder ist; ein Anspruch des Königs auf eine bevorrechtigte Stellung wird damit abgewehrt.[23] Dies geschieht auch dadurch, daß eine Hofführung des Königs nur in einem kleinen Rahmen eingeräumt wird, mit wenigen Frauen, wenigen Pferden und wenig Geld (V. 16f.). Dieser König, ein eifriger Leser[24] und Befolger des Deuteronomiums (V. 18-20) hat keinerlei Befugnisse; Steuern und andere Einkünfte, Gegenstände des Rechts des Königs in 1Sam 8, sind für ihn nicht vorgesehen, in dem wichtigen Bereich der Rechtspflege ist für ihn kein Platz vorgesehen, und er hat nicht einmal das Oberkommando über die Streitkräfte.

Deshalb kann ALT für den Verfasser des Deuteronomiums festhalten:

"Irgendwelche positiven Funktionen, die für eine gedeihliche Entwicklung des Volkslebens unentbehrlich wären, vermag er den Königen nicht zuzuschreiben, weder auf dem Gebiet der Kriegführung noch auf dem Gebiet der Rechtspflege, die er doch beide als integrierende Bestandteile der Volksordnung betrachtet und dementsprechend verhältnismäßig eingehend behandelt. Seine Meinung muß also wohl die sein, daß dem Volke Israel nichts vorenthalten geblieben und

---

22   Trotz Dietrichs Einwand (W. Dietrich, Politik, S. 50ff., bes. S. 53 Anm. 60) erscheint Wildbergers Deutung (H. Wildberger, Jesaja I, S. 120), die von einem rein innenpolitischen Vorgang ausgeht, plausibel. Wie sollten V. 4 und V. 6 unter einer assyrischen Oberhoheit zu verstehen sein?

23   Vgl. zum Begriff des Bruders im Deuteronomium E. Jenni, Art.: אָח 'ah Bruder, in: THAT I, Sp. 98-104, bes. 4c.

24   Zum Verfassungsdenken des Deuteronomiums s. N. Lohfink, Die Sicherung des Gotteswortes durch das Prinzip der Schriftlichkeit der Tora und durch das Prinzip der Gewaltenteilung nach den Ämtergesetzen des Buches Deuteronomium, Testimonium Veritati, F.S. W. Kempf, Hg. W. Wolter (Frankfurter Theologische Studien 7), Frankfurt am Main 1971, S. 143-155.

nichts verloren gegangen wäre, was für den Bestand seiner Eigenart konstitutiv ist, wenn es den Weg zur Errichtung von Staatswesen mit monarchischer
Verfassung nie gefunden hätte, und er gibt diesem Urteil einen sehr zuge-
spitzten Ausdruck, indem er den Trieb zur Übernahme von Institutionen anderer Völker als das einzige Motiv für den Entschluß zur Einführung des Königtums in Israel hinstellt." 25

Es sind dies Beobachtungen, die nicht nur für das Königtum, sondern auch für
das Beamtentum gelten. Alle Beamten, die das deuteronomistische Geschichtswerk in
1Reg 4 - nicht ohne Stolz, wie es scheint - nennt, kommen im Deuteronomium nicht
vor, und dies ist ganz konsequent: ein König, der keine Befugnisse hat, braucht
auch keine Beamten.

Allerdings kennt das Deuteronomium Ämter: das des שפט , שטר , זקן , Propheten und Priesters. Sie sind aber, wie das Beispiel der שפטים und שטרים zeigt,
nicht auf das Königtum, sondern auf die Stämme bezogen, Dt 16,18. Auch die שרי
צבאות , sicherlich nicht mit dem שר הצבא zu identifizieren,[26] die in Dt 20,9
an die Spitze (ראש) des Volkes gestellt werden, sind nicht dem König unterstellt.
Besonders deutlich wird dies in Dt 1,15;[27] die militärischen Ränge, sonst dem
staatlichen Heerwesen zugehörig, werden als ראשי שבטיכם bezeichnet. Die alte
vorstaatliche Stämmegesellschaft mit ihren politischen und gesellschaftlichen Idea-
len findet noch einmal Ausdruck im Deuteronomium. Das Deuteronomium ist allerdings
nicht eine einfache Fortsetzung dieser Vorstellungen; es gibt naturwüchsige Ge-
meinschaftsbeziehungen, über die es sich hinwegsetzt.[28]

Das deuteronomistische Geschichtswerk stellt keineswegs die Durchsetzung der
Forderungen des Deuteronomiums in der Geschichte Israels dar. Im Bereich des Kult-
wesens ist zu beobachten, daß sich das deuteronomistische Geschichtswerk nicht an
die Forderung der Kultuszentralisation hält; es gibt Erzählungen über Opfer an
allerlei Stätten wieder, ohne dies zu kritisieren.[29] Kritisiert dagegen werden
die Könige, die bei Amos, Jesaja und Micha ausgespart werden. Irgendwelche Nachrichten über die sozialen Vorgänge, die die Propheten des achten Jahrhunderts an-
prangern, überliefern die Verfasser nicht. Es gibt keine nennenswerte Kritik an
den שרים ; das Verhältnis zwischen den שרים und den Propheten wird als durchaus positiv dargestellt. So errettet der אשר על הבית Obadja hundert Propheten

---

25   A. Alt, Die Heimat des Deuteronomiums, KS II, S. 264.

26   s.S. 36.

27   Zu den Einleitungsfragen s. R. Smend, Entstehung, S. 69ff.

28   K. Koch, Die Profeten II (UrbTB 281), Stuttgart, Berlin, Köln, Mainz
1980, S. 17f.

29   M. Noth, Überlieferungsgeschichtliche Studien, Darmstadt 1967³, S. 106f.

vor dem Zugriff der Königin Isebel (1Reg 18,7ff.). Waren die שרים für Hosea und Jesaja noch סררים , Aufrührer, hier sind sie die Bewahrer der Propheten in Israel, ein Zug, der auch in den Jeremiaerzählungen durchscheint.

Das deuteronomistische Geschichtswerk markiert - was die Ämter betrifft - eine Linie der Diskontinuität zwischen vorstaatlicher und staatlicher Zeit. So kommen der שטר , קצין und שפט in dem Erzählungszusammenhang Dt 1 bis 2Reg 25 nur als vorstaatliche Ämter vor; die mit שר gebildeten Titel erscheinen in Israel - mit Ausnahme von Dt 1,15 - erst ab der Königszeit. Es hat damit den Anschein, als ob die Verfassung des Deuteronomiums höchstens in vorstaatlicher Zeit als gültig gedacht ist; mit der Errichtung des Königtums treten eine Fülle von Erscheinungen auf wie das Beamtentum, Steuerwesen, Frondienst, Hofführung und Königsideologie, die im Deuteronomium nicht vorgesehen sind. Das deuteronomistische Geschichtswerk stellt, was die Verwaltung betrifft, eine Entwicklungslinie heraus; Saul hat nur עבדים ; David der Sache nach schon שרים , während שרים in einer Beamtenliste explizit erst bei Salomo erwähnt werden.

Es sei hier kurz auf einen Propheten eingegangen, der vor der Reform des Josia wirkte: Zephanja. In 1,8 kritisiert er שרים und Königssöhne, weil sie sich in ausländischer Tracht kleiden; in 3,3 kommt ein sozialkritisches Moment hinzu; in dem Spruch gegen Jerusalem werden die שרים mit Löwen verglichen, ein Motiv, das in Ez 22,27 wieder aufgegriffen wird.

Im Jeremiabuch erscheinen die שרים fast nur in Reihenbildungen;[30] eine Kritik, die sich an sie allein richtet, ist kaum nachzuweisen. In den Erzählungen über Jeremia ist der Prophet einbezogen in die Vorgänge am Hofe. In Jer 36 sind es die שרים , die über den Inhalt der Baruchrolle erschüttert sind; dagegen reagieren die עבדים wie der König. Fraktionsbildungen am Hofe werden an den Begriffen עבד und שר festgemacht, wobei die שרים in Jer 36 Jeremia positiv gegenüberstehen. Dies ist völlig anders in Jer 37f.; so schlagen ihn die שרים (37,15), legen ihn ins Gefängnis (37,15), wollen ihn töten (38,4ff.) und verhören ihn (38, 27f.). Zur Zeit Zedekias sind andere שרים an der Macht als zur Zeit Jojakims,[31] und es ist anzunehmen, daß der Umschwung in der Behandlung des Propheten darauf zurückzuführen ist.[32]

Basierend auf den Erfahrungen der Königszeit unterwirft der Verfassungsentwurf des Ezechiel die Belehnungspraxis der Beamten einer Neuregelung. Das Land,

---

30   s.S. 66f.

31   vgl. 38,1 mit 36,11ff.

32   vgl. N. Lohfink, 'Historische Kurzgeschichte', S. 334ff.

das der Herrscher vergibt, soll nicht im Besitz des Beamten verbleiben, sondern nach einer Anzahl von Jahren an den Herrscher zurückfallen (Ez 46,16-18).[33] שׂרים gibt es in dem Verfassungsentwurf nicht; die Passage handelt von den עבדים des Königs. Es ist hier entscheidend, daß - ganz im Gegensatz noch zum Deuteronomium - nicht nur der Existenz eines Beamtentums in einem Verfassungsentwurf überhaupt Rechnung getragen ist, sondern daß darüber hinaus auch sogar die Modalitäten der Besoldung rechtlich fixiert werden.

Unbefangen steht die Chronik dem Beamtentum gegenüber. Im Gegensatz zum deuteronomistischen Geschichtswerk markiert die Chronik im Bereich der Administration keinen Bruch zwischen vorstaatlicher und staatlicher Zeit; der שׂטר und שׁפט sind auch in staatlicher Zeit belegt. Darüber hinaus differenziert die Chronik im Sprachgebrauch nicht zwischen שׂר und ראשׁ ; die Unterscheidung zwischen der alten Gentilverfassung und der staatlichen Verfassung entfällt damit.[34] Dies mag auf eine ganz andere Verfassungswirklichkeit hinweisen als die der israelitischen Königszeit. Es ist denkbar, daß die Anbindung der שׂרים an die Volksorganisation auf den staatsrechtlichen Begriff des ethnos verweist,[35] jedoch bedarf der Verfassungsdenken der Chronik einer eigenen Untersuchung.

Auffallend ist das starke Zurücktreten der עבדים des Königs in der Chronik;[36] dies beruht wohl darauf, daß der Chronist die These, daß Salomo von den Israeliten niemanden zum עבד machte, übernommen (2Chron 8,9) und seiner gesamten Darstellung zugrunde gelegt hat. Von daher wird zu verstehen sein, daß der Chronist gelegentlich zu verstehen gibt, ein עבד des Königs sei ausländischer Herkunft (2Chron 24,25f.). Zudem wird dargelegt, daß die Zahl der עבדים Salomos nicht groß gewesen sein kann; eine überschlägige Berechnung nach den Angaben in Neh 7,46-60, bezogen auf die Anzahl der Geschlechter, kommt auf 93 Nachkommen der עבדים Salomos, gegenüber 4991 Angehörigen des Tempelpersonals, wenn man die entsprechenden Angaben zusammenrechnet. Allein schon aus diesem Zahlenverhältnis wird man schließen müssen, daß der Chronist die עבדים Salomos als einen nicht ins Gewicht fallenden Faktor darstellen wollte.

Der Chronist zeigt eine Trennungslinie, die das deuteronomistische Geschichtswerk so nicht kennt: die zwischen Staats- und Tempelverwaltung, die gleichberech-

---

33   s. J.H. Ebach, Utopie, S. 158ff.

34   S. die Aufstellung S. 46f.

35   S. dazu die Textauswahl bei H.G. Kippenberg, G.A. Wewers, Hg., Textbuch zur neutestamentlichen Zeitgeschichte (GNT 8), Göttingen 1979, S. 21-23; Th. Fischer, Seleukiden und Makkabäer, Bochum 1980, S. 1ff.

36   s.S. 13.

tigt nebeneinander stehen. So prüfen in 2Reg 12,11 der סֹפֵר , ein Beamter des Königs, und der Hohepriester die Tempelkasse; in 2Chron 24,11 schickt der Hohepriester seinen פָּקִיד , Beauftragten; das heißt: der Hohepriester arbeitet nicht auf der gleichen Ebene mit dem סֹפֵר zusammen, sondern Hohepriester und König beauftragen je ihren Mann mit dieser Aufgabe. Der Hohepriester ist nicht dem סֹפֵר , sondern dem König gleichrangig; dies wird schon in 1Chron 29,22 deutlich; Salomo wird zum König gesalbt und zugleich Zadok zum Priester; diese letzte Information steht so nicht im deuteronomistischen Geschichtswerk.[37]

Die Beurteilung des Beamtentums im Alten Testament ist vielschichtig; sie hängt zum einen von der Wertung des Königtums oder der Staatlichkeit ab, zum anderen - vor allem in der Prophetie - von den Folgen, die von ihm ausgingen. Insofern ist das Beamtentum in eine ständige Auseinandersetzung einbezogen, bei der es letztlich um die Frage geht, wie in einem Gemeinwesen die Gewaltenteilung sachgemäß vollzogen ist, um seinem Bestand zu dienen und den Menschen in ihren Lebensverhältnissen gerecht zu werden.

---

37 Ein solches Nebeneinander von Priester und Herrscher hat Vorläufer, s. K. Koch, Profeten II, S. 166ff.

LITERATURVERZEICHNIS

<u>Vorbemerkung</u>. Die Abkürzungen richten sich nach: M. Dietrich, O. Loretz, P.-R. Berger, J. Sanmartin, Ugarit-Bibliographie 1928-1966, Teil 4: Indizes, (Alter Orient und Altes Testament 20/4), Kevelaer, Neukirchen-Vluyn 1973, S. 727-856. Assyrische und babylonische Texte werden nach dem Abkürzungssystem bei W. von Soden, Akkadisches Handwörterbuch I, Wiesbaden 1965, S. X-XVI, zitiert.

Für häufiger benutzte Werke sind Kurztitel eingeführt; sie sind jeweils durch Unterstreichung im Literaturverzeichnis kenntlich gemacht.

Bei der ersten Erwähnung wird jede Untersuchung ausführlich zitiert, sonst wird entweder der Kurztitel (bei häufig benutzten Arbeiten) oder die Abkürzung "aaO" benutzt.

Große wissenschaftliche Sammelwerke und Wörterbücher sind aus pragmatischen Gründen - wie in dem obigen Abkürzungsverzeichnis und anderen Verzeichnissen dieser Art - nur mit dem Titel und dem Erscheinungsort angegeben.

<u>TEXTAUSGABEN, HILFSMITTEL UND WEITERE ABKÜRZUNGEN</u>

ABLAK   M. Noth, Aufsätze zur biblischen Landes- und Altertumskunde, Hg. H.W. Wolff, Neukirchen-Vluyn I, II, 1971.

Abou-Assaf, A., Bordreuil, P., Millard, A.R., La statue de Tell Fekherye et son inscription bilingue assyro-araméenne (Etudes Assyriologiques 7), Paris 1982.

AD   G.R. Driver, Aramaic Documents of the Fith Century B.C. (Abridged and Revised Edition), Oxford 1965².

AHw   Akkadisches Handwörterbuch. Unter Benutzung des lexikalischen Nachlasses von B. Meissner (1868-1947) bearbeitet von W. von Soden, Wiesbaden.

AlT   The Alalakh Tablets, Hg. D.J. Wiseman (OPBIAA 2), London 1953.

ANET   Ancient Near Eastern Texts Relating to the Old Testament, Hg. J.B. Pritchard, Princeton 1969³.

AOAT   Alter Orient und Altes Testament. Veröffentlichungen zur Kultur und Geschichte des Alten Orients und des Alten Testaments, Kevelaer, Neukirchen-Vluyn.

Arad   J. Aharoni (‎מחקרי מדבר יהודה‎) ‎כתובות ערד‎ Jerusalem 1975.

AThANT   Abhandlungen zur Theologie des Alten und Neuen Testaments, Zürich u.a.

Bergsträßer, G. Einführung in die semitischen Sprachen. Sprachproben und grammatische Skizzen, München 1928.

BET   Beiträge zur biblischen Exegese und Theologie, Frankfurt am Main, u.a.

BHH   Biblisch-historisches Handwörterbuch. Landeskunde, Geschichte, Religion, Kultur, Literatur, Hg. B. Reicke, L. Rost, Göttingen I 1962, II 1964, III 1966.

BHK   Biblia Hebraica, Hg. R. Kittel, Stuttgart 1968[15].

BHS   Biblia Hebraica Stuttgartensia, Hg. K. Elliger, W. Rudolph, Stuttgart 1967/77.

BL   H. Bauer, P. Leander, Historische Grammatik der hebräischen Sprache, Nachdr. d. Ausg. Halle 1922, Hildesheim 1965.

Borger, R. Assyrisch-babylonische Zeichenliste. Unter Mitarbeit von F. Ellermeier (AOAT 33), Kevelaer, Neukirchen-Vluyn 1978.

BRL[1]   K. Galling, Biblisches Reallexikon (HAT I/1), Tübingen 1937.

BRL[2]   Biblisches Reallexikon, Hg. K. Galling (HAT I/1), Tübingen 1977[2].

Brockelmann, C. Grundriß der vergleichenden Grammatik der semitischen Sprachen, I Laut- und Formenlehre, Berlin 1908, II Syntax, Berlin 1913.

Buxtorf, J.: Johannis Buxtorfi Lexicon Hebraicum et Chaldaicum ... editio novissima ... Basileae 1735.

CAD   The Assyrian Dictionary of the Oriental Institute of the University of Chicago, Chicago, u.a.

CB OTS Coniectanea Biblica. Old Testament Series, Lund.

CIS   Corpus Inscriptionum Semiticarum, Paris.

Coccejus, J.: Johannis Coccei ... Lexicon & Commentarius Sermonis Hebraici et Chaldaici editio novissima ... Operâ atque studiô Johannis Henrici Maji ... Francofurti et Lipsiae 1714.

Cowl.   A. Cowley, Aramaic Papyri of the Fifth Century B.C., Nachdr. d. Ausg. Oxford 1923, Osnabrück 1967.

DBAT   Dielheimer Blätter zum Alten Testament, Dielheim.

Degen, R. Altaramäische Grammatik Altaramäische Grammatik. Der Inschriften des 10.-8. Jh. v. Chr. (AKMo 38,3), Wiesbaden 1969.

DISO   Ch.-F. Jean, J. Hoftijzer, Dictionnaire des inscriptions sémitiques de l'ouest, Leiden 1965.

EA   J.A. Knudtzon, Die El-Amarna Tafeln, I, II bearb. v. O. Weber, E. Ebeling, Neudr. d. Ausg. 1915, Aalen 1964.

EKL   Evangelisches Kirchenlexikon[2], Göttingen.

Fischer, B.   Novae Concordantiae Bibliorum Sacrorum iuxta Vulgatam Versionem Cri-
          tice Editam, IV, Stuttgart-Bad, Cannstadt 1977.

GAG   W. von Soden, Grundriss der akkadischen Grammatik samt Ergänzungsheft zum
          Grundriss der akkadischen Grammatik (AnOr 33[2]/47), Rom 1969.

Gelb, I.J.   Glossary of Old Akkadian (MAD 3), Chicago 1973[2].

Ges.-Buhl   Wilhelm Gesenius' Hebräisches und Aramäisches Handwörterbuch über das
          Alte Testament ... bearbeitet von F. Buhl, Neudr. d. Ausg. 1915[17], Berlin,
          Göttingen, Heidelberg 1962.

GM   Göttinger Miszellen. Beiträge zur ägyptologischen Diskussion, Göttingen.

GNT   Grundrisse zum Neuen Testament, Göttingen.

Grundfragen   A. Alt, Grundfragen zur Geschichte des Volkes Israel. Eine Auswahl
          aus den 'Kleinen Schriften'. Studienausgabe, Hg. S. Herrmann, München
          1970.

HAL   Hebräisches und Aramäisches Lexikon zum Alten Testament von L. Köhler und
          W. Baumgartner. Neu bearbeitet von W. Baumgartner, Lfg. I, Leiden 1967,
          Lfg. II herausgegeben von B. Hartmann, Ph. Reymond, J.J. Stamm, Leiden
          1974.

Hatch-Redp.   E. Hatch, H.A. Redpath, A Concordance to the Septuagint and the other
          Greek Versions of the Old Testament (Including the Apocryphal Books), Ox-
          ford, I 1897, II 1897, III 1906.

HdSW   Handwörterbuch der Sozialwissenschaften, Stuttgart u.a.

Herr   Herr, L.G.   The Scripts of Ancient Northwest Semitic Seals (Harvard Semi-
          tic Monographs 18), Missoula/Montana 1978.

HW   J. Friedrich, Hethitisches Wörterbuch. Kurzgefasste kritische Sammlung
          der Deutungen hethitischer Wörter, Heidelberg 1952.

IH   A. Lemaire, Inscriptions Hébraïques, Tome I Les Ostraca (Littératures
          anciennes du Proche - Orient 9), Paris 1977.

IOS   Israel Oriental Studies, Tel Aviv.

IRAQ   Iraq. British School of Archaeology in Iraq, London.

JANES   Journal of the Ancient Near Eastern Society of Columbia University, New
          York.

Jastrow, M.   A Dictionary of the Targumim, the Talmud Babli and Yerushalmi and
          the Midrashic Literature, I, II, New York 1950.

KAI   Kanaanäische und aramäische Inschriften, Hg. H. Donner, W. Röllig. Mit einem Beitrag von O. Rössler.
I: Texte, Wiesbaden 1971[3] (zitiert nach Nummern)
II: Kommentar, Wiesbaden 1973[3] (zitiert: KAI II, S.   )
III: Glossare, Indizes, Tafeln, Wiesbaden 1969[2].

KBL   L. Köhler, W. Baumgartner, Lexicon in Veteris Testamenti Libros, Leiden 1958; dies. Supplementum ad Lexicon in Veteris Testamenti Libros, Leiden 1958.

KlWbdÄ   W. Helck, E. Otto, Kleines Wörterbuch der Ägyptologie, Wiesbaden 1970[2].

König, E. Hebräisches und aramäisches Wörterbuch zum Alten Testament, Wiesbaden 1936[7].

Krael.   The Brooklyn Museum Aramaic Papyri. New Documents of the Fifth Century B.C. from the Jewish Colony at Elephantine, Hg. E.G. Kraeling, New Haven 1953.

KS   A. Alt, Kleine Schriften zur Geschichte des Volkes Israel, München I 1968[4] II 1964[3] III Hg. M. Noth, 1968[2].

KTU   Die keilalphabetischen Texte aus Ugarit. Einschließlich der keilalphabetischen Texte außerhalb Ugarits, Teil 1 Transkription, Hg. M. Dietrich, O. Loretz, J. Sanmartín (AOAT 24/1), Kevelaer, Neukirchen-Vluyn, 1976.

Lanckisch, M. Friedrich, Concordantiae Bibliorum Germanico-Hebraico-Graeca ... ausgestellt von M. Christiano Reineccio, Leipzig und Franckfurth 1718.

LAW   Lexikon der Alten Welt, Hg. C. Andresen e.a., Stuttgart 1965.

LdÄ   Lexikon der Ägyptologie, Wiesbaden.

LdM   Lexikon des Mittelalters, München und Zürich.

LSS   Leipziger semitistische Studien, Leipzig.

Luther, Martin Die gantze Heilige Schrifft Deudsch. Wittenberg 1545. Letzte zu Luthers Lebzeiten erschienene Ausgabe. Herausgegeben von H. Volz unter Mitarbeit von H. Blanke Textredaktion F. Kur, München 1972.

LXX   Septuaginta, Hg. A. Rahlfs, Stuttgart 1962[7].

Mandelkern, S. Veteris Testamenti Concordantiae hebraicae atque chaldaicae, Berlin 1937.

MD   E.S. Drower, R. Macuch, A Mandaic Dictionary, Oxford 1963.

Meyer, R. Grammatik Hebräische Grammatik I Berlin 1952[2], II Berlin 1969[3], III Berlin, New York 1972[3], IV Berlin 1972[3].

Moscati, S. (Hg.) An Introduction to the Comparative Grammar of the Semitic Languages. Phonology and Morphology (PLONS 6), Wiesbaden 1964.

Niermeyer, J.F. Mediae Latinitas Lexicon Minus, Leiden 1976.

NWL   J.V. Kinnier Wilson, The Nimrud Wine Lists. A Study of Men and Administration at the Assyrian Capital in the Eigth Century, B.C., London 1972.

OBO   Orbis Biblicus et Orientalis, Freiburg/Schweiz, Göttingen.

OGIS   Orientis Graeci inscriptiones selectae, Hg. W. Dittenberger, Leipzig I 1903, II 1905.

Pape, W. Griechisch-deutsches Handwörterbuch, Nachdr. d. 3. Aufl. bearb. v. M. Sengebusch, Graz 1954.

Reclams Bibellexikon, Hg. K. Koch e.a., Stuttgart 1978.

RSP   Ras Shamra Parallels, Rom.

RTAT   Religionsgeschichtliches Textbuch zum Alten Testament, Hg. W. Beyerlin (Grundrisse zum Alten Testament 1), Göttingen 1975.

RlA   Reallexikon der Assyriologie und Vorderasiatischen Archäologie, Berlin.

Simon, J.: Ioh. Simonis Lexicon Manuale Hebraicum et Chaldaicum ... editio altera ... Halae Magdeburgicae 1771.

SSO   T.N.D. Mettinger, Solomonic State Officials. A Study of the Civil Government Officials of the Israelite Monarchy (CB OTS 5), Lund 1971.

Stock, C.: Christiani Stockii Clavis Linguae Sanctae Veteris Testamenti ... sextum edita cura Ioh. Frider. Fischeri, Lipsiae 1753.

TGI[3] Textbuch zur Geschichte Israels, Hg. K. Galling, Tübingen 1979[3].

THAT   Theologisches Handwörterbuch zum Alten Testament, Hg. E. Jenni, C. Westermann, München, Zürich, I 1971, II 1976.

ThWbAT Theologisches Wörterbuch zum Alten Testament, Stuttgart u.a.

TRE   Theologische Realenzyklopädie, Berlin.

UF   Ugarit-Forschungen, Kevelaer, Neukirchen-Vluyn.

UT   Ugaritic Textbook, Hg. C.H. Gordon (AnOr 38), Rom 1965.

UrbTB   Urban Taschenbücher, Stuttgart, u.a.

Vatt.   F. Vattioni, I sigilli ebraici, Biblica 50 (1969), S. 357-388, I sigilli ebraici II, Augustianum 11 (1971), S. 447-454, Sigilli ebraici III, AION 38 (1978), S. 227-254.

WbÄS   Wörterbuch der ägyptischen Sprache, Hg. A. Erman, H. Grapow, Berlin.

von Wilpert, G. Sachwörterbuch der Literatur (KrTA 231), Stuttgart 1969[5].

WUS   J. Aistleitner, Wörterbuch der ugaritischen Sprache (BSAW 106/3), Berlin 1963.

Zorell, F. Lexicon hebraicum et aramaicum Veteris Testamenti, Rom 1956.

Zürcher Bibelkonkordanz. Vollständiges Wort-, Namen-, und Zahlen-Verzeichnis zur Zürcher Bibelübersetzung. Mit Einschluß der Apokryphen, bearb. v. K. Huber, H.H. Schmid, Zürich 1969ff.

SEKUNDÄRLITERATUR

Aharoni, J.   103-101 , (1967) 8 ישראל - ארץ ,מערד ממלכתיים פקידים של חותמות

כתובות ערד (מחקרי מדבר יהודה) ,Jerusalem 1975

Ahlström, G.W. Royal Administration and National Religion in Ancient Palestine (Studies in the History of the Ancient Near East 1), Leiden 1982.

Albright, W.F. Cuneiform Material for Egyptian Prosopography 1500-1200 B.C., JNES 5 (1946), S. 7-25.

The Seal of Eliakim and the Latest Preëxilic History of Judah, with Some Observations on Ezekiel, JBL 51 (1932), S. 77-106.

Alt, A. Anteil des Königtums Der Anteil des Königtums an der sozialen Entwicklung in den Reichen Israel und Juda, KS III, S. 348-372.

Die Heimat des Deuteronomiums, KS II, S. 250-275.

Die Rolle Samarias bei der Entstehung des Judentums, KS II, S. 316-337.

Hohe Beamte in Ugarit, KS III, S. 186-197.

Israels Gaue unter Salomo, KS II, S. 76-89.

Das Königtum in den Reichen Israel und Juda, Grundfragen, S. 348-366.

Menschen ohne Namen, KS III, S. 198-213.

Die Staatenbildung der Israeliten in Palästina, KS II, S. 1-65.

Andersen, F.I. The Socio - Juridical Background of the Naboth Incident, JBL 85 (1966), S. 46-57.

Astour, M.C. The Merchant Class of Ugarit (Bayerische Akad. d. Wiss. Phil.-Hist. Kl. NF 75), München 1972, S. 11-26.

Austin, M.M., Vidal-Naquet, P. Economic and Social History of Ancient Greece, Berkeley 1977.

Avigad, N. An Inscribed Bowl from Aram Dan, PEQ 100 (1968), S. 42-44.

    Baruch the Scribe and Jerahmeel the King's Son, IEJ 28 (1978), S. 52-56.

    שר-העיר , Quadmoniot 10 (1977), S. 68-69.

    Governor The Governor of the City, IEJ 26 (1976), S. 178-182.
בולה שנייה של שר-העיר נ. ברקאי
    Quadmoniot 10 (1977), S. 69-71.

Bartlett, J.R. Title The Use of the Word ראש as a Title in the Old Testament, VT 19 (1969), S. 1-10.

Graf Baudissin, W.W. Adonis und Esmun. Eine Untersuchung zur Geschichte des Glaubens an Auferstehungsgötter und an Heilgötter, Leipzig 1911.

Begrich, J. Sōfēr und Mazkīr Sōfēr und Mazkīr. Ein Beitrag zur inneren Geschichte des davidisch-salomonischen Großreiches und des Königreiches Juda, Ges. Stud., Hg. W. Zimmerli (TB 21), München 1964, S. 67-98.

Bengtson, H. Griechische Geschichte (Handb. d. Altertumswiss. III,4), München 1977[5].

Bennett, C.M. Excavations at Buseirah, Southern Jordan, 1972: Preliminary Report, Levant 6 (1974), S. 1-24.

Bess, S.H. Systems of Land Tenure in Ancient Israel, Diss. Michigan 1963.

Biran, A. Tell Dan. Five Years Later, BiAr 43 (1980), S. 168-182.

Bleicken, J. Verfassungs- und Sozialgeschichte des Römischen Kaiserreiches, 1 (UTB 838), Paderborn 1978, 2 (UTB 839), Paderborn 1978.

Boecker, H.J. Erwägungen Erwägungen zum Amt des Mazkir, ThZ 17 (1961), S. 212-216.

de Boer, P.A.H. The Counsellor, VTS 3 (1955), S. 42-71.

Boerner, Art.: Γεωμόροι (γαμόροι), Grundbesitzer, in: PW VII, 1 Sp. 1219-1221.

Bordreuil, P. Inscriptions sigillaires ouest-sémitiques II. Un cachet hébreu récemment acquis par le Cabinet des Médailles de la Bibliothèque Nationale, Syria 52 (1975), S. 107-118.

Borger, R. Die Inschriften Asarhaddons Königs von Assyrien (BAfO 9), Nachdr. d. Ausg. 1956 o.O. Osnabrück 1967.

Boyer, C. Étude Juridique, PRU III, S. 283-308.

Bright, J. The Organization and Administration of the Israelite Empire, Magnalia
      Dei The Mighty Acts of God, FS G.E. Wright, Hg. F.M. Cross e.a., New York
      1976, S. 193-208.

Brinkman, J.A. History A Political History of Post-Kassite Babylonia 1158-722
      B.C. (AnOr 43), Rom 1968.

Brunner, O. Das "Ganze Haus" und die alteuropäische "Ökonomik", in: ders. Neue
      Wege der Verfassungs- und Sozialgeschichte, Göttingen 1980³, S. 103-127.

Buccellati, G. Cities and Nations of Ancient Syria. An Essai on Political Insti-
      tutions with Special Reference to the Israelite Kingdoms (StSem 26), Rom
      1967.

      note Due note ai testi accadici di Ugarit (1. ZUR = sar$_x$ 2. MAŠKIM = sā-
      kinu), OrAnt 2 (1963), S. 223-228).

Bunte, W. Art.: Entmannung, in: BHH I, Sp. 413-414.

Busolt, G. Griechische Staatskunde Griechische Staatskunde (Handb. d. Altertums-
      wiss. IV.1.1.1.), München 1920.

Caquot, A. Art.: Préfets., in: DBS 8, Sp. 273-286.

Carlson, R.A. David, the chosen King. A Traditio-Historical Approach to the
      Second Book of Samuel, Uppsala 1964.

Carney, T.F. The Economies of Antiquity, Lawrence 1973.

Cazelles, H. Institutions Institutions et terminologie en Deut. I 6-17, VTS 15
      (1966), S. 97-112.

Childs, B.S. Memory and Tradition in Israel (StBibTh 37), London 1962.

Clastres, P. Staatsfeinde, Frankfurt/Main 1976.

Coats, G.W. From Canaan to Egypt. Structural and Theological Context for the
      Joseph Story (CBQ Monograph Series 4), Washington 1976.

Cody, A. A History of Old Testament Priesthood (AnBib 35), Rom 1969.

      Le titre égyptien et le nom propre du scribe de David, RB 72 (1965), S.
      381-393.

Cross, F.M. Canaanite Myth and Hebrew Epic, Cambridge/Massachusetts 1973.

Crown, A.D. Messengers and Scribes; The ספר and מלאך in the Old Testament,
      VT 24 (1974), S. 366-370.

Crüsemann, F. Widerstand Der Widerstand gegen das Königtum. Die antiköniglichen
      Texte des Alten Testamentes und der Kampf um den frühen israelitischen
      Staat (WMANT 49), Neukirchen-Vluyn 1978.

Dandamayev, M. State and Temple in Babylonia in the First Millenium B.C., State and Temple Economy in the Ancient Near East II, Hg. E. Lipiński (Orientalia Lovaniensia Analecta 6), Leuven 1979, S. 589-596.

Delcor, M. Le personnel du temple d'Astarté à Kition d'après une tablette phénicienne (CIS 86 A et B), UF 11 (1979), S. 147-164.

Delitzsch, F. Commentar über das Buch Jesaia (Biblischer Commentar über das Alte Testament III/1), Leipzig 1889⁴.

Delling, G. Art.: ἄρχω κτλ ., in: ThWbNT I, S. 476-488.

Del Olmo Lete, G. Notes on Ugaritic Semantics I., UF 7 (1975), S. 89-102.

Diem, W. Das Problem von ש im Althebräischen und die kanaanäische Lautverschiebung, ZDMG 124 (1974), S. 221-252.

Dietrich, M. Die Aramäer Südbabyloniens in der Sargonidenzeit (700-648) (AOAT 7), Kevelaer, Neukirchen-Vluyn 1970.

Dietrich, M., Loretz, O. Epigraphische Probleme in KTU 4.609:10-11, UF 10 (1978), S. 423.

Dietrich, M., Loretz, O., Sanmartin, J. Zur ugaritischen Lexikographie (XII). Lexikographische Einzelbemerkungen, UF 6 (1974), S. 39-45.

Dietrich, W. Politik Jesaja und die Politik (BETh 74), München 1976.

Donner, H. "Freund des Königs" Der 'Freund des Königs', ZAW 73 (1961), S. 269-277.

Die soziale Botschaft der Propheten im Lichte der Gesellschaftsordnung in Israel, OrAnt 2 (1963), S. 229-245.

Studien Studien zur Verfassungs- und Verwaltungsgeschichte der Reiche Israel und Juda, Diss. Leipzig 1956.

Driver, G.R. Three Notes, VT 2 (1952), S. 356-357.

Driver, G.R., Miles, J.C., The Assyrian Laws, Oxford 1935.

Driver, S.R. Notes Notes on the Hebrew Text and the Topography of the Books of Samuel with an Introduction on Hebrew Palaeography and the Ancient Versions, Oxford 1960².

Duby, G. Krieger und Bauern Krieger und Bauern. Die Entwicklung von Wirtschaft und Gesellschaft im frühen Mittelalter, Frankfurt am Main 1977.

van Dülmen, R. Entstehung des frühneuzeitlichen Europa 1550-1648 (Fischer Weltgeschichte 24), Frankfurt/Main 1982.

Duhm, B. Das Buch Jesaia (Göttinger Handkommentar zum AT 3.1), Göttingen 1968⁵.

Ebach, J.H. Utopie Kritik und Utopie. Untersuchungen zum Verhältnis von Volk und Herrscher im Verfassungsentwurf des Ezechiel (Kap. 40-48), Diss. Hamburg 1972.

Ebeling, E. Art.: Bankhaus, in: RlA 1, S. 397.

Edzard, D.O. Art.: Herrscher. A. Philologisch. §1-§6, in: RlA 4, S. 335-342.

Eising, H. Art.: זָכַר zākar usw., in: ThWbAT II, Sp. 571-593.

Art.: חַיִל hajil, in: ThWbAT II, Sp. 902-911.

Elliger, K. Deuterojesaja Deuterojesaja 1. Teilband. Jes 40,1-45,7 (BK XI/1), Neukirchen-Vluyn 1978.

Leviticus (HAT I 4), Tübingen 1966.

Euler, K.F. Königtum und Götterwelt Königtum und Götterwelt in den altaramäischen Inschriften Altsyriens. Eine Untersuchung zur Formsprache der altaramäischen Inschriften und des Alten Testamentes, ZAW 56 (1938), S. 272-313.

Finet, A. Termes militaires Accadiens dans l'A.T. conservé dans la LXX, IRAQ 25 (1963), S. 191-192.

Fischer, Th. Seleukiden und Makkabäer. Beiträge zur Seleukidengeschichte und zu den politischen Ereignissen in Judäa während der 1. Hälfte des 2. Jahrhunderts v. Chr., Bochum 1980.

Forrer, E. Die Provinzeinteilung des assyrischen Reiches, Leipzig 1920.

Friedrich, J., Meyer, G.R., Ungnad, A., Weidner, E.F. Die Inschriften vom Tell Halaf. Keilschrifttexte und aramäische Urkunden aus einer assyrischen Provinzhauptstadt (BAfO 6), Nachdr. d. Ausg. 1940, o.O., Osnabrück 1967.

Fritz, V. Die Deutungen des Königtums Sauls in den Überlieferungen von seiner Entstehung I Sam 9-11, ZAW 88 (1976), S. 346-362.

Fulco, W.J. A Seal from Umm el Qanāfid, Jordan; g'lyhw 'bd hmlk, Or 48 (1979), S. 107-108.

Galling, K. Art.: Siegel., in: BRL¹, Sp. 481-490.

Die Halle des Schreibers. Ein Beitrag zur Topographie der Akropolis von Jerusalem, PJB 27 (1931), S. 51-57.

Staatsverfassung Die israelitische Staatsverfassung in ihrer vorderorientalischen Umwelt, Der Alte Orient 28, Heft 3/4, Leipzig 1929.

Garelli, P. Hofstaat Art.: Hofstaat. B. Assyrisch., in: RlA IV, S. 446-452.

Problèmes de stratification sociale dans l'Empire assyrien (Bayerische Akad. d. Wiss. Phil. hist. Kl. NF 75), München 1972, S. 73-79.

Gemser, B. Sprüche Salomos (HAT I 16), Tübingen 1963².

Gerleman, G. Esther Esther (BK XXI), Neukirchen-Vluyn 1973.

Gese, H. Die Religionen Altsyriens, in: RelM 10, 2, Stuttgart, Berlin, Köln, Mainz 1970.

Ginsberg, H.L. Gleanings in First Isaiah: VI. The Shebna - Eliakim Pericope, 22,15-22, M.M. Kaplan Jubilee Volume 1953, S. 252-257.

Gray, J. Feudalism in Ugarit and Early Israel, ZAW 64 (1952), S. 49-55.

I & II Kings. A Commentary (OTL), London 1970².

Gross, W. Bileam. Literar- und formkritische Untersuchung der Prosa in Num 22-24 (SANT 38), München 1974.

Gschnitzer, F. Art.: Archon, Archonten., in: LAW, Sp. 287.

Griechische Sozialgeschichte (Wissenschaftliche Paperbacks 16. Wirtschafts- und Sozialgeschichte),Wiesbaden 1981.

Hachmann, R. Kamid el-Lōz - Kumidi, Kamid el-Loz - Kumidi. Schriftdokumente aus Kamid el-Loz, Hg. D.O. Edzard, e.a. (Saarbrücker Beiträge zur Altertums- kunde 7), Nonn 1970, S. 63-94.

Haller, H., Steinki, P. Art.: Steuer, in: Staatslexikon. Recht Wirtschaft Gesell- schaft 7, Freiburg 1962⁶, Sp. 688-697.

Hamp, V. Art.: דִּין dîn, in: ThWbAT II, Sp. 200-207.

Heeg, Art.: Eunuchen., in: PWS III, Sp. 449-455.

Heichelheim, F.M. Wirtschaftsgeschichte Wirtschaftsgeschichte des Altertums. Vom Paläolithikum bis zur Völkerwanderung der Germanen, Slaven und Araber I, Neudr. d. Ausg. Leiden 1938, Leiden 1969.

Helck, W. Beamtentum Art.: Beamtentum., in: LdÄ I, Sp. 672-675.

Beziehungen Die Beziehungen Ägyptens zu Vorderasien im 3. und 2. Jahr- tausend v. Chr. (ÄgAb 5), Wiesbaden 1971².

Verwaltung Zur Verwaltung des Mittleren und Neuen Reichs (Probleme der Ägyptologie 3), Leiden, Köln 1958.

Militär Art.: Militär., in: LdÄ IV, Sp. 128-134.

Heltzer, M. On the Akkadian Term rēšu in Ugarit, IOS 4 (1974), S. 4-11.

Rural Community The Rural Community in Ancient Ugarit, Wiesbaden 1976.

Ugaritsko - akkadskie etimologii (mûdu//md) Semitskie Jazyki II,1 Materi- aly Pervoj konferencii po semitskim jazykam 1964, Moskva 1965, S.335-358.

The Internal Organization of the Kingdom of Ugarit, Wiesbaden 1982.

Henshaw, R.A. The Office of Šaknu in Neo - Assyrian Times I, JAOS 87 (1967),
    S. 517-525; II, JAOS 88 (1968), S. 461-483.

Herrmann, S. Krise Die Bewältigung der Krise Israels. Bemerkungen zur Interpre-
    tation des Buches Jeremia, Beiträge zur Alttestamentlichen Theologie, FS
    W. Zimmerli, Hg. H. Donner, R. Hanhart, R. Smend, Göttingen 1977, S. 164-
    178.

    GI Geschichte Israels in alttestamentlicher Zeit, München 1980².

    Israel in Ägypten, ZÄS 91 (1964), S. 63-79.

    Joseph Joseph in Ägypten. Ein Wort zu J. Vergotes Buch 'Joseph en Egypte',
    ThLZ 85 (1960), Sp. 827-830.

Hestrin, R., Dayagi, M. Seal Impression A Seal Impression of a Servant of King
    Hezekiah, IEJ 24 (1974), S. 26-29.

    Inscribed Seals, Jerusalem 1979.

Hoffmann, H.-D. Reform und Reformen. Untersuchungen zu einem Grundthema der deu-
    teronomistischen Geschichtsschreibung (AThANT 66), Zürich 1980.

Hoffner, H.A. Art.: בַּיִת , in: ThWbAT I, Sp. 629-638.

Holladay, W.L. Prototype and Copies: A New Approach to the Poetry - Prose Pro-
    blem in the Book of Jeremiah, JBL 79 (1960), S. 351-367.

Hossfeld, F.-L., Meyer, I. Der Prophet vor dem Tribunal. Neuer Auslegungsversuch
    von Jer 26, ZAW 86 (1974), S. 30-50.

Hossfeld, F.-L. Der Dekalog (OBO 45), Freiburg/Schweiz, Göttingen 1982.

Humphreys, S.C. Anthropology and the Greeks, London 1978.

Hunger, H. Babylonische und assyrische Kolophone (AOAT 2), Kevelaer, Neukirchen-
    -Vluyn 1968.

Ishida, T. The Royal Dynasties in Ancient Israel. A Study on the Formation and
    Development of Royal - Dynastic Ideology (BZAW 142), Berlin, New York 1977.

Jenni, E. Art.: אָח 'āh Bruder, in: THAT I, Sp. 98-104.

Junge, E. Der Wiederaufbau des Heerwesens des Reiches Juda unter Josia (BWANT
    75), Stuttgart 1937.

Kaiser, O. Jesaja 13-39 Der Prophet Jesaja. Kapitel 13-39 (ATD 18), Göttingen
    1973.

    Einleitung in das Alte Testament. Eine Einführung in ihre Ergebnisse und
    Probleme, Gütersloh 1978⁴.

Katzenstein, H.J. Royal Steward The Royal Steward (Asher ʿal ha-Bayith), IEJ 10
    (1960), S. 149-154.

Kellermann, D. Die Priesterschrift von Numeri 1_1 bis 10_{10} literarkritisch und traditionsgeschichtlich untersucht (BZAW 120), Berlin 1970.

Kienast, B. Art.: Kauf E. In Alalaḫ und Ugarit, in: RlA 5, S. 530-541.

Kinnier Wilson, J.V. NWL The Nimrud Wine Lists. A Study of Men and Administration at the Assyrian Capital in the Eigth Century, B.C., London 1972.

Kippenberg, H.G. Typik Die Typik antiker Entwicklung, in: Seminar: Die Entstehung der antiken Klassengesellschaft, Hg. H.G. Kippenberg (stw 130), Frankfurt am Main 1977, S. 9-61.

Kippenberg, H.G., Wewers, G.A. Textbuch zur neutestamentlichen Zeitgeschichte (GNT 8), Göttingen 1979.

Klauber, E. Beamtentum Assyrisches Beamtentum nach Briefen aus der Sargonidenzeit (LSS V Heft 3), Leipzig 1910.

Klengel, H. Geschichte 2 Geschichte Syriens im 2. Jahrtausend v.u.Z. Teil 2. Mittel- und Südsyrien (DAWIO 70), Berlin 1969.

Einige Bemerkungen zur sozialökonomischen Entwicklung in der altbabylonischen Zeit, Wirtschaft und Gesellschaft im Alten Vorderasien, Hg. J. Harmatta, G. Komoróczy, Budapest 1976, S. 249-257.

Königtum und Palast nach den Alalaḫ-Texten, Le palais et la royauté (Archéologie et Civilisation) (XIXe rencontre assyriologique internationale, Paris, 29 juin - 2 juillet 1971), Hg. P. Garelli, Paris 1974, S.273-282.

Hammurapi von Babylon und seine Zeit, Berlin 1978.

Die Palastwirtschaft in Alalaḫ, State and Temple Economy in the Ancient Near East II, Hg. E. Lipiński (Orientalia Lovaniensia Analecta 6), Leuven 1979, S. 435-457.

Knierim, R. Exodus 18 Exodus 18 und die Neuordnung der mosaischen Gerichtsbarkeit, ZAW 73 (1961), S. 146-171.

Koch, K. Profeten II Die Profeten II. Babylonisch - persische Zeit, (UrbTB 281), Stuttgart, Berlin, Köln, Mainz 1980.

Koch, K. und Mitarbeiter Amos. Untersucht mit den Methoden einer strukturalen Formgeschichte (AOAT 30), Kevelaer, Neukirchen-Vluyn 1976.

Köhler, L. Die hebräische Rechtsgemeinde, in: ders., Der hebräische Mensch, unv. Nachdr. d. Ausg. Tübingen 1953, Darmstadt 1976, S. 143-171.

Koselleck, R. Einleitung, zu: Geschichtliche Grundbegriffe 1, S. XIII-XXVII.

Kraus, F.R. Vom mesopotamischen Menschen der altbabylonischen Zeit und seiner Welt. Eine Reihe Vorlesungen (MKAWL 36/6), Amsterdam, London 1973.

Kühne, C. Die Chronologie der internationalen Korrespondenz von El-Amarna (AOAT 17), Kevelaer, Neukirchen-Vluyn 1973.

Kümmel, H.M. Familie, Beruf und Amt im spätbabylonischen Uruk (ADO 20), Berlin 1979.

Ugaritica Hethitica, UF 1 (1969), S. 159-165.

Lauffer, S. Privatwirtschaft und Staatswirtschaft in der Antike (Dialog Schule - Wissenschaft, Klassische Sprachen und Literaturen 5), München 1970, S. 118-143.

Lemaire, A. Essai sur cinq sceaux phéniciens, Semitica 27 (1977), S. 29-40.

Levin, Ch. Der Sturz der Königin Athalja (SBS 105), Stuttgart 1982.

Lindhagen, C. The Servant Motif in the Old Testament. A Preliminary Study to the 'Ebed-Yahweh Problem' in Deutero-Isaiah, Uppsala 1950.

Lipiński, E. Nāgīd, der Kronprinz, VT 24 (1974), S. 497-499.

skn et sgn skn et sgn dans le sémitique occidental du nord, UF 5 (1973), S. 191-207.

Liverani, M. Histoire Art.: Ras Shamra II. Histoire, in: DBS 9, Sp. 1295-1348.

"Irrational" Elements in the Amarna Trade, in: ders. Three Amarna Essays (Sources and Monographs. Monographs on the Ancient Near East 1,5), Malibu 1979, S. 21-33.

Lohfink, N. 'Historische Kurzgeschichte' Die Gattung der 'historischen Kurzge-schichte' in den letzten Jahren von Juda und in der Zeit des Babyloni-schen Exils, ZAW 90(1978), S. 319-347.

Die Sicherung des Gotteswortes durch das Prinzip der Schriftlichkeit der Tora und durch das Prinzip der Gewaltenteilung nach den Ämtergesetzen des Buches Deuteronomium, Testimonium Veritati, FS W. Kempf, Hg. W. Wolter (Frankfurter Theologische Studien 7), Frankfurt am Main 1971, S. 143-155.

Mc Kane, W. Prophets and Wise Men (StBibTh 44), London 1965.

Macholz, G.Ch. Die Stellung des Königs in der israelitischen Gerichtsverfassung, ZAW 84 (1972), S. 157-182.

NAGID NAGID - der Statthalter, 'praefectus',   ספר רנדטרף FS R. Rend-torff, Hg. K. Rupprecht (DBAT Beih. 1), Dielheim 1975, S. 59-72.

Justizorganisation Zur Geschichte der Justizorganisation in Juda, ZAW 84 (1972), S. 314-340.

Malamat, A. Military Rationing in Papyrus Anastasi I and the Bible, Melanges Bibliques rédigés en l'honneur de André Robert (Travaux de l'Institut Catholique de Paris), Paris 1957, S. 114-121.

Malinowski, B. Argonauten des westlichen Pazifik, Frankfurt/Main 1979.

Manitius, W. Das stehende Heer der Assyrerkönige und seine Organisation, ZA 24
        (1910), S. 97-149, S. 185-224.

Marrassani, P. Considerazioni sulle sibilanti semitiche: il caso della šin,
        Egitto e Vicino Oriente 1 (1978), S. 161-177.

Mastin, B. Was the šālîš the Third Man in the Chariot?, VTS 30 (1979), S. 125-154.

Matthiae, P. Ebla. An Empire Rediscovered, London, e.a., 1980.

Mauss, M. Die Gabe. Form und Funktion des Austauschs in archaischen Gesellschaf-
        ten (Essai sur le don, dt.) Vorwort von E.E. Evans-Pritchard (Theorie 1),
        Frankfurt am Main 1968.

Mayer, W. Gedanken zum Einsatz von Streitwagen und Reitern in neuassyrischer
        Zeit, UF 10 (1978), S. 175-186.

Mazar, B. e.a. 'Ein Gev. Excavations in 1961, IEJ 14 (1964), S. 1-49.

Mendenhall, G.E. The Census Lists of Numbers 1 and 26, JBL 77 (1958), S. 52-66.

Mettinger, T.N.D. King and Messiah King and Messiah. The Civil and Sacral Legi-
        timation of the Israelite Kings (Coniectanea Biblica Old Testament Series
        8), Lund 1976.

        SSO Solomonic State Officials. A Study of the Civil Government Officials
        of the Israelite Monarchy (Coniectanea Biblica Old Testament Series 5),
        Lund 1971.

Michel, E. Die Assur-Texte Salmanassers III. (858-824) 3. Fortsetzung, WO 1
        (1949), S. 255-271.

Montgomery, J.A. A Critical and Exegetical Commentary on the Book of Daniel
        (ICC), Edinburgh 1964.

Morenz, S. Joseph Joseph in Ägypten, ThLZ 84 (1959), Sp. 401-416.

        Prestige-Wirtschaft im Alten Ägypten (Bayerische Akademie der Wissenschaf-
        ten, phil.-hist. Kl. Sitzungsber. Jahrg. 1969, Heft 4), München 1969.

Mosis, R. Untersuchungen zur Theologie des chronistischen Geschichtswerkes (Frei-
        burger theologische Studien 92), Freiburg, Basel, Wien 1973.

Müller, H.-P. Art.: רֹאשׁ roš Kopf, in: THAT II, Sp. 701-715.

Müller, W. Vom Irrationalen in der Geschichte, Unter dem Pflaster liegt der
        Strand 5 (1978), S. 7-31.

Na'aman, N. A Royal Scribe and his Scribal Products in the Alalakh IV Court,
        OrAnt 19 (1980), S. 107-116.

Nippel, W. Die Heimkehr der Argonauten aus der Südsee. Ökonomische Anthropologie
        und die Theorie der griechischen Gesellschaft in klassischer Zeit, Chiron
        12 (1982), S. 1-39.

Noth, M. Krongut Das Krongut der israelitischen Könige und seine Verwaltung,
ABLAK I, S. 159-182.

Das zweite Buch Mose. Exodus (ATD 5), Göttingen 1968⁴.

IP Die israelitischen Personennamen im Rahmen der gemeinsemitischen Namengebung (BWANT III 10), Stuttgart 1928.

Geschichte Israels, Göttingen 1969⁷.

Könige Könige I. Teilband (BK IX/1), Neukirchen-Vluyn 1968.

Überlieferungsgeschichtliche Studien. Die sammelnden und bearbeitenden
Geschichtswerke im Alten Testament. Darmstadt 1967³.

Nougayrol, J. Guerre et paix à Ugarit, IRAQ 25 (1963), S. 110-123.

Oppenheim, A.L. A Note on ša rēši, JANES 5 (1972), S. 325-334.

Otto, E. Jerusalem - die Geschichte der Heiligen Stadt. Von den Anfängen bis zur
Kreuzfahrerzeit (UrbTB 308), Stuttgart, Berlin, Köln, Mainz 1980.

Parpola, S. Review (zu J.V. Kinnier Wilson, The Nimrud Wine Lists), JSS 21
(1976), S. 165-174.

Pauritsch, K. Die neue Gemeinde: Gott sammelt Ausgestossene und Arme (Jes 56-
-66). Die Botschaft des Tritojesaja-Buches literar-, form-, gattungskri-
tisch und redaktionsgeschichtlich untersucht (AnBib 47), Rom 1971.

Pecīrková, J. Social and Economic Aspects of Mesopotamian History in the Work of
Soviet Historians (Mesopotamia in the first millenium B.C.), ArOr 47
(1979), S. 111-122.

Organization The Administrative Organization of the Neo-Assyrian Empire,
ArOr 45 (1977), S. 211-228.

Pedersen, J. Israel. Its Life and Culture I-II, Nachdr. d. Ausg. London, Copenhagen 1926, København 1964.

Pekáry, Th. Die Wirtschaft der griechisch - römischen Antike, Wiesbaden 1979.

Penna, A. Amico Amico del re, RivBibl 14 (1966), S. 459-466.

Peters, I.-M. Art.: Beamtenwesen A.I., in: LdM I, Sp. 1720-1721.

Plöger, J.G. Literarkritische, formgeschichtliche und stilkritische Untersuchungen zum Deuteronomium (BBB 26), Bonn 1967.

Plöger, O. Das Buch Daniel (KAT XVIII), Gütersloh 1965.

van der Ploeg, J. Les šōṭᵉrîm d'Israël, OTS 10 (1954), S. 185-196.

Les chefs du peuple d'Israël et leurs titres, RB 57 (1950), S. 40-61.

Polanyi, K. The Great Transformation (stw 260), Frankfurt/Main 1978.

Porten, B. Archives Archives from Elephantine. The Life of an Ancient Jewish Military Colony, Berkeley and Los Angeles 1968.

Postgate, J.N. Neo-Assyrian Royal Grants and Decrees (StP Series Maior 1), Rom 1969.

Taxation and Conscription in the Assyrian Empire (StP Series Maior 3), Rom 1974.

von Rad, G. Deuteronomium Das fünfte Buch Mose. Deuteronomium (ATD 8), Göttingen 1968².

Rainey, A.F. Compulsory Labour Gangs Compulsory Labour Gangs in Ancient Israel, IEJ 20 (1970), S. 191-202.

El Amarna Tablets 359-379. Supplement to J.A. Knudtzon, Die El-Amarna-Tafeln (AOAT 8), Kevelaer, Neukirchen-Vluyn 1978².

MAŠKIM LÚMAŠKIM at Ugarit, Or 35 (1966), S. 426-428.

The Military Personnel of Ugarit, JNES 24 (1965), S. 17-27.

The Samaria Ostraca in the Light of Fresh Evidence, PEQ 99 (1967), S. 32-41.

The Scribe at Ugarit. His Position and Influence, Proceedings of the Israelite Academy of Sciences and Humanities, Vol. III, no. 4, Jerusalem 1968, S. 126-147.

Social Stratification The Social Stratification of Ugarit, Diss. Brandeis University, 1962.

Ratschow, C.H. Werden und Wirken. Eine Untersuchung des Wortes hajah als Beitrag zur Wirklichkeitserfassung des Alten Testaments (BZAW 70), Berlin 1941.

Redford, D.B. Study A Study of the Biblical Story of Joseph (Gen 37-50). (VTS 20), Leiden 1970.

Studies Studies in Relations between Palestine and Egypt during the first Millenium B.C. I. The Taxation System of Solomon, in: Studies in the Ancient Palestinian World, FS F.V. Winnett, Hg. J.W. Wevers, D.B. Reford (Toronto Semitic Texts and Studies 2), Toronto and Buffalo 1972, S. 141-156.

Rehm, M. Die Beamtenliste der Septuaginta in 1 Kön 2,46h, in: Wort, Lied, Gottesspruch. Beiträge zur Septuaginta (FS J. Ziegler), Hg.: J. Schreiner (FzB 1), Würzburg 1972, S. 95-101.

Renger, J. Art.: Hofstaat. A. Bis ca. 1500 v. Chr., in: RlA IV, S. 435-446.

Art.: Großgrundbesitz, in: RlA 3, S. 647-652.

Graf Reventlow, H. Art.: Hofstaat 1., in: BHH II, Sp. 733-734.

    Amt Das Amt des Mazkir, ThZ 15 (1959), S. 161-175.

Richter, W. Die sogenannten vorprophetischen Berufungsberichte. Eine literatur-
wissenschaftliche Studie zu 1Sam 9,1-10,16, Ex 3f. und Ri 6,11b-17 (FRLANT
101), Göttingen 1970.

    Formel Die nāgīd-Formel. Ein Beitrag zur Erhellung des nāgīd-Problems,
BZNF 9 (1965), S. 71-84.

    Traditionsgeschichtliche Untersuchungen zum Richterbuch (BBB 18), Bonn
1966[2].

Riesener, I. עבד Der Stamm עבד im Alten Testament. Eine Wortuntersuchung unter Berücksichtigung neuerer sprachwissenschaftlicher Methoden (BZAW 149),
Berlin, New York 1979.

Röllig,W. Alte und neue Elfenbeininschriften, Neue Ephemeris für Semitische Epigraphik 2 (1974), S. 37-64.

    Die Amulette von Arslan Taṣ, Neue Ephemeris für Semitische Epigraphik 2
(1974), S. 17-36.

Rost, L. Vorstufen Die Vorstufen von Kirche und Synagoge im Alten Testament.
Eine wortgeschichtliche Untersuchung (BWANT 76), Stuttgart 1938.

Rouault, O. Mukanniṧum. L'administration et l'économie palatiales à Mari (ARM
XVIII), Paris 1977.

Rudolph, W. Chronikbücher Chronikbücher (HAT I 21), Tübingen 1955.

    Die Einheitlichkeit der Erzählung vom Sturz der Athalja (2Kön 11), FS A.
Bertholet, Hg. W. Baumgartner e.a., Tübingen 1950, S. 473-478.

    Jeremia Jeremia (HAT I 12), Tübingen 1968[3].

    Micha - Nahum - Habakuk - Zephanja (KAT XIII 3), Gütersloh 1975.

Saggs, H.W.F. Assyrian Warfare in the Sargonid Period, IRAQ 25 (1963), S. 145-
-154.

Sahlins, M. Stone Age Economics, Chicago 1976[2].

Salonen, E. Art.: Heer., in: RlA 4, S. 244-247.

    Über den Zehnten im Alten Mesopotamien. Ein Beitrag zur Geschichte der
Besteuerung (StOr XLIII:4), Helsinki 1972.

    Zum altbabylonischen Kriegswesen, BiOr 25 (1968), S. 160-162.

Sasson, V. An Unrecognized Juridical Term in the Yabneh-Yam Lawsuit and in an
Unnoticed Biblical Parallel, BASOR 223 (1978), S. 57-63.

Sauer, G. Die Ugaritistik und die Psalmenforschung II, UF 10 (1978), S. 357-386.

Schäfer - Lichtenberger, C. Stadt und Eidgenossenschaft im Alten Testament (BZAW 156), Berlin, New York 1982.

Schenkel, W. Die Einführung der künstlichen Felderbewässerung im Alten Ägypten, GM 11 (1974), S. 41-46.

Schmidt, L. Initiative Menschlicher Erfolg und Jahwes Initiative. Studien zu Tradition, Interpretation und Historie in Überlieferungen von Gideon, Saul und David (WMANT 38), Neukirchen-Vluyn 1970.

Schmitt, H.-Ch. Josephsgeschichte Die nichtpriesterliche Josephsgeschichte. Ein Beitrag zur neuesten Pentateuchkritik (BZAW 154), Berlin, New York 1980.

v. Schoeffer, Art.: Archontes ('Ἄρχοντες)., in: PW II,1, Sp. 565-599.

Schottroff, W. Art.: פקד pqd heimsuchen, in: THAT II, Sp. 466-486.

'Gedenken' 'Gedenken' im Alten Orient und im Alten Testament. Die Wurzel zākar im semitischen Sprachkreis (WMANT 15), Neukirchen-Vluyn 1964.

Soziologie und Altes Testament, VF 19 (1974), S. 46-66.

Schramm, W. Einleitung in die assyrischen Königsinschriften (HdOEbd 5), Leiden, Köln 1973.

v. Schuler, E. Eine hethitische Rechtsurkunde aus Ugarit, UF 3 (1971), S. 223--234.

Dienstanweisungen Hethitische Dienstanweisungen für höhere Hof- und Staatsbeamte. Ein Beitrag zum antiken Recht Kleinasiens (BAfO 10), Nachdr. d. Ausg. 1957 o.O., Osnabrück 1967.

Schulman, A.R. Organization Military Rank, Title, and Organization in the Egyptian New Kingdom (MÄS 6), Berlin 1964.

Schuller, W. Griechische Geschichte (Oldenbourg - Grundriß der Geschichte 1), München, Wien 1982.

Schwantes, M. Das Recht der Armen (BET 4), Frankfurt am Main, Bern, Las Vegas 1977.

Seebaß, H. Joseph - Erzählung Geschichtliche Zeit und theonome Tradition in der Joseph - Erzählung, Gütersloh 1978.

Sekine, M. Beobachtungen zu der Josianischen Reform, VT 22 (1972), S. 361-368.

van Selms, A. The Origin of the Title 'The King's Friend', JNES 16 (1957), S. 118-123.

Service, E.R. Ursprünge des Staates und der Zivilisation. Der Prozeß der kulturellen Evolution, Frankfurt/Main 1977.

Sigrist, Ch. Regulierte Anarchie. Untersuchungen zum Fehlen und zur Entstehung politischer Herrschaft in segmentären Gesellschaften Afrikas, Frankfurt am Main 1979.

Smend, R. Entstehung Die Entstehung des Alten Testaments (Theologische Wissenschaft 1), Stuttgart, Berlin, Köln, Mainz 1978.

v. Soden, W. Die Assyrer und der Krieg, IRAQ 25 (1963), S. 131-144.

Soggin, J.A. The Davidic - Solomonic Kingdom, in: Israelite and Judaean History, Hg. J.H. Hayes, J.M. Miller (OTL), London 1977.

Stähli, H.-P. Art.: יעץ j's raten, in: THAT I, Sp. 748-753.

Knabe - Jüngling - Knecht Knabe - Jüngling - Knecht. Untersuchungen zum Begriff נער im Alten Testament (BET 7), Frankfurt am Main, Bern, Las Vegas 1978.

Stamm, J.J. Hebräische Frauennamen, VTS 16 (1967), S. 301-339.

Stoebe, H.J. Art.: Krethi und Plethi, in: BHH II, Sp. 1003.

Samuelis Das erste Buch Samuelis (KAT VIII 1), Gütersloh 1973.

Stolz, F. Jahwes und Israels Kriege. Kriegstheorien und Kriegserfahrungen im Glauben des alten Israel (AThANT 60), Zürich 1972.

Strobel, A. Zum Verständnis von Rm 13, ZNW 47 (1956), S. 67-93.

Tadmor, H. The Southern Border of Aram, IEJ 12 (1962), S. 114-122.

Thiel, W. Die soziale Entwicklung Israels in vorstaatlicher Zeit, Diss. Berlin o.J.

Zur gesellschaftlichen Stellung des mudu in Ugarit, UF 12 (1980), S. 349--356.

Entwicklung Die soziale Entwicklung Israels in vorstaatlicher Zeit, Neukirchen-Vluyn 1980.

Timm, S. Die Dynastie Omri (FRLANT 124), Göttingen 1982.

Unger, E. Babylon. Die heilige Stadt nach der Beschreibung der Babylonier, Berlin 1970[2].

Vandervorst, J. Art.: Dispersion ou Diaspora, in: DBS II, Sp. 432-445.

Utzschneider, H. Hosea Hosea. Prophet vor dem Ende. Zum Verhältnis von Geschichte und Institution in der alttestamentlichen Prophetie (OBO 31), Freiburg/Schweiz, Göttingen 1980.

Vargyas, P. Le mudu à Ugarit. Ami du Roi?, UF 13 (1981), S. 165-179.

de Vaux, R. Lebensordnungen Das Alte Testament und seine Lebensordnungen, Freiburg, Basel, Wien I 1960 II 1962.

Les livres de Samuel (La Sainte Bible), Paris 1961².

Veijola, T. Königtum Das Königtum in der deuteronomistischen Historiographie. Eine redaktionsgeschichtliche Untersuchung (AASF Ser B 198), Helsinki 1977.

Dynastie Die ewige Dynastie. David und die Entstehung seiner Dynastie nach der deuteronomistischen Darstellung (AASF Ser B 193), Helsinki 1975.

Vergote, J. Joseph Joseph en Égypte. Genèse chap. 37-50 à la lumière des études égyptologiques récentes (OBL 3), Louvain 1959.

Wagner, M. Aramaismen Die lexikalischen und grammatikalischen Aramaismen im alttestamentlichen Hebräisch (BZAW 96), Berlin 1966.

Weber, M. Das antike Judentum (Gesammelte Aufsätze zur Religionssoziologie III), Tübingen 1920; 6. photomechan. gedr. Aufl. Tübingen 1976.

Wirtschaft und Gesellschaft Wirtschaft und Gesellschaft. Grundriss der verstehenden Soziologie, Studienausgabe, besorgt von J. Winckelmann, Tübingen 1976⁵.

Weidner, E. Hof- und Harems - Erlasse assyrischer Könige aus dem 2. Jahrtausend v. Chr., AfO 17 (1954-1956), S. 257-293.

Weinfeld, Judge and Officer Judge and Officer in Ancient Israel and in the Ancient Near East, IOS 7 (1977), S. 65-88.

Rez.: F. Crüsemann, Der Widerstand gegen das Königtum, VT 31 (1981), S. 99-106.

Wellhausen, J. Die Composition des Hexateuchs und der historischen Bücher des Alten Testaments, Berlin 1963⁴.

Prolegomena zur Geschichte Israels, Berlin 1905⁶.

Welten, P. Art.: Siegel und Stempel, in: BRL², S. 299-307.

Königs - Stempel Die Königs - Stempel. Ein Beitrag zur Militärpolitik unter Hiskia und Josia (Abhandlungen des Deutschen Palästina - Vereins), Wiesbaden 1969.

Geschichte und Geschichtsdarstellung in den Chronikbüchern (WMANT 42), Neukirchen-Vluyn 1973.

Wesel, U. Kein Staat zu machen. Zur Genealogie von Macht und Herrschaft, Kursbuch 70 (1982), S. 119-132.

Westermann, C. Das Buch Jesaja. Kapitel 40-66 (ATD 19), Göttingen 1970².

Wildberger, H. Jesaja I Jesaja. I. Teilband. Jesaja 1-12 (BK X/1), Neukirchen-Vluyn 1972.

Jesaja II Jesaja. 2. Teilband. Jesaja 13-27 (BK X/2), Neukirchen-Vluyn 1978.

Wittfogel, K.A. Orientalische Despotie Die Orientalische Despotie. Eine ver-
         gleichende Untersuchung totaler Macht (Oriental Despotism, dt.), Frank-
         furt/M, Berlin, Wien 1977.

Wolff, H.W. Hosea Dodekapropheton 1. Hosea (BK XIV/1), Neukirchen-Vluyn 1965[2].

         Dodekapropheton 2. Joel und Amos (BK XIV/2), Neukirchen-Vluyn 1969.

         Dodekapropheton. Micha (BK XIV Lfg. 12), Neukirchen-Vluyn 1980.

Würthwein, E. Könige Das erste Buch der Könige. Kapitel 1-16 (ATD 11,1), Göt-
         tingen 1977.

         Die Erzählung von der Thronfolge Davids - theologische oder politische
         Geschichtsschreibung? (TS 115), Zürich 1974.

Wyatt, Atonement Theology in Ugarit and Israel, UF 8 (1976), S. 415-430.

Yadin, Y. Four Epigraphical Queries, IEJ 24 (1974), S. 30-36.

         Warfare The Art of Warfare in Biblical Lands in the Light of Archaeolo-
         gical Discovery, London 1963.

         Scroll The Scroll of the War of the Sons of Light against the Sons of
         Darkness, Oxford 1962.

Yamauchi, E.M. Was Nehemiah the Cupbearer a Eunuch?, ZAW 92 (1980), S. 132-142.

Zenger, E. Exodus Das Buch Exodus (Geistliche Schriftlesung 7), Düsseldorf 1978.

Zimmerli, W. Grundriß der alttestamentlichen Theologie (Theologische Wissen-
         schaft 3), Stuttgart, Berlin, Köln, Mainz 1972.

DIE BEAMTENTITEL DER JOSEPHSGESCHICHTE IN IHRER LITERARISCHEN EINORDNUNG

		REDFORD				SCHMITT			SEEBASS	
		Original story	Judah-expansion	Later additions	Genesis editor	Juda-Israel Schicht	Ruben-Jakob Schicht	spätere jahwistische Bearbeitung	Jahwist	Elohist
שר האפים	40,2	x					x			x
	16	x					x			x
	20	x					x			x
	22	x					x			x
	41,10	x					x			x
שר המשקים	37,36	Nachtrag,S.136							Glosse,S.73	
	39,1			x				x	Zusatz,S.125	
	40,3	x					x			x
	4	x					x			?
	41,10	x					x			x
	12	x					x			x
שר הטבחים	40,2	x					x			x
	9	x					x			x
	20	x					x			x
	21	x					x			?
	23	x					x			x
	41,9	x					x			x
שר בית הסהר	39,21			x				x	x	
	22			x				x	x	
	23			x				x	x	
שר מקנה	47,6		x			x			P-Tradition,S.61	
אפה	40,1				x			x	x	
	40,5				x			x	x	
משקה	40,1				x			x	x	
	40,5				x			x	x